Nikolaus v. Vormann · Der Feldzug in Polen

DER FELDZUG 1939

IN POLEN

Die Operationen des Heeres

von

NIKOLAUS v. VORMANN

General der Panzertruppe a. D.

PRINZ-EUGEN-VERLAG · WEISSENBURG

Umschlag und Karten:
Paul Petersen

D
765
.V66
1958

Ma.1998

INHALT

ANLAGEN

VERZEICHNIS DER KARTEN UND SKIZZEN

Von Versailles zu Hitler

Die Abrechnungen der Geschichte
pflegen noch pünktlicher einzutreffen,
als die der preußischen Oberrechenkammer.

Bismarck

Die Abrechnungen des Zweiten Weltkrieges, die b i s h e r vorliegen, zeigen ein Chaos seltenen Ausmaßes. Das Britische Empire hat sich aufgelöst, praktisch sind England, Frankreich, Italien, Japan und Deutschland aus dem Kreis der Großmächte ausgeschieden. Ihre weitere teilweise Anerkennung als solche ist, neben einem Akt der Höflichkeit, lediglich eine Taktikfrage in dem politischen Spiel der beiden übriggebliebenen wirklichen Großmächte — Rußland und Amerika —, die sich drohend und rüstend gegenüberstehen. Wann daneben das volkreiche China und Indien, die arabische und indonesische Welt, das erwachende Afrika und Südamerika ihre Ansprüche erfolgreich anmelden, ist ausschließlich eine Frage der Zeit. Das kunstvoll in kleine und kleinste Staatsgebilde mittelalterlich zerstückelte Europa hat seine weltbeherrschende Stellung verloren und — untereinander um überlebte Begriffe hadernd — eine neue Form des Zusammenlebens noch nicht gefunden.

Dem Historiker ist es selten vergönnt, neben den Ursachen sogar die genaue Geburtsstunde derartig umstürzender Vorgänge angeben zu können. Der Zweite Weltkrieg mit seinen Folgen bildet eine Ausnahme. Seine Geburtsstunde ist der 28. Juni 1919, als der deutsche Außenminister, Graf v. Brockdorf-Rantzau, seinen Namen in Versailles unter das Friedensdiktat der Alliierten setzen mußte. Er zog dazu Handschuhe an, die er anschließend liegen ließ.

Diese Unterschrift unter ein Dokument, das ein Höchstmaß politischer Unklugheit darstellt, war von Deutschland erpreßt durch Fortsetzung der Hungerblockade, Zurückhaltung der Kriegsgefangenen, verschärften Druck der Besatzungsmächte und dergl. Ein Zerfall des Reiches zeichnete sich bereits ab. Clemenceau, Frankreich, hatte auf der ganzen Linie gesiegt. Er forderte damals wie heute „Sicherheit" für sein Land durch andere — das typische Zeichen des Niederganges eines Volkes — und kannte für die Verwirklichung dieses Zieles nur eine Lösung: Die Zeitenuhr möglichst auf den Frieden von Münster und Osnabrück, zumindest aber auf das 18. Jahrhundert zurückzustellen. Richelieus Testament war unvergessen. Es galt Schwächung des östlichen Nachbarn durch alle nur denkbaren Mittel.

Um Wortbruch — die 14 Wilsonpunkte des Waffenstillstandes —, Raub und Erpressung zu bemänteln, um einen rechtlichen Vorwand zu schaffen für demütigende Forderungen, die zu erfüllen außerhalb jeder Möglichkeit lag, wurde von Deutschland auch die Anerkennung des Artikels 231 erzwungen. Er lautete wörtlich:

„Die alliierten und assoziierten Regierungen erklären, und Deutschland erkennt an, daß Deutschland und seine Verbündeten als Urheber für alle Verluste und Schäden verantwortlich sind, die die alliierten und assoziierten Regierungen und ihre Staatsangehörigen infolge des Krieges, der ihnen durch den Angriff Deutschlands und seiner Verbündeten aufgezwungen wurde, erlitten haben."

Alle Beteiligten, im besonderen gerade die geistigen Väter des Diktates, wußten, daß die Behauptung der Alleinschuld Deutschlands am Kriege eine historische Lüge war. Auf einer absoluten Unwahrheit als Fundament ist es aber nicht möglich, an Stelle des Krieges „... einen festen, gerechten und dauerhaften Frieden treten zu lassen" (Präambel des Friedensvertrages).

Schon während der Verhandlungen erklärte Lloyd George (Ministerpräsident Englands), daß die Grenzregulierungen im Osten „... früher oder später zu einem neuen Krieg in Osteuropa führen müßten". Auf die Frage, wo der nächste Krieg ausbrechen werde, zeigte der französische Oberbefehlshaber, Marschall Foch, auf die Nordspitze des polnischen Korridors an der Ostsee und sagte: „Dort liegen die Wurzeln eines neuen Krieges!" Verärgert und resignierend ob soviel Unvernunft zog sich der Idealist Wilson (Präsident der USA) zurück. Sein Land ratifizierte den Vertrag auch nicht. Vergeblich warnte er 1919, kurz vor seinem Schlaganfall, in öffentlicher Rede:

„Gibt es denn jemand, Mann oder Weib, ja gibt es ein Kind, das nicht wüßte, daß der Keim des Krieges in der modernen Welt industrielle und kommerzielle Rivalität ist? Dieser Krieg war ein Industrie- und Handelskrieg."[1]

Es gab solche Kinder. Zu verlockend klang das französische „Le boche payera tout" in den Ohren. Am 3. 3. 1921 ließ England durch seinen Ministerpräsidenten amtlich erklären:

„Für die Alliierten ist die deutsche Verantwortung für den Krieg grundlegend. Es ist die Basis, auf der der Bau des Vertrages von Versailles errichtet ist, und wenn dieses Eingeständis abgelehnt oder aufgegeben wird, ist der Vertrag zerstört. Wir wünschen es daher, ein für allemal, daß die deutsche Verantwortung für den Krieg von den Alliierten als eine chose jugée behandelt werden muß."

Es scheint in dem Zusammenhang angebracht, die Namen dieser Alliierten der Vergessenheit zu entreißen, für die der englische Ministerpräsident Lloyd George sprach, und die für Freiheit und Demokratie in den Krieg eingetreten waren, weil Deutschland sie überfallen oder bedroht hatte. Neben den Hauptmächten: Die Vereinigten Staaten von Amerika, das Britische Reich, Frankreich, Italien und Japan waren es folgende alliierte und assoziierte Mächte: Belgien, Bolivien, Brasilien,

---

[1]) Grenfell. Bedingungsloser Haß?, S. 119.

China, Cuba, Ecuador, Griechenland, Guatemala, Haiti, Hedschas, Honduras, Liberia, Nicaragua, Panama, Peru, Polen, Portugal, Staat der Serben-Kroaten-Slowenen, Siam, die Tschecho-Slowakei und Uruguay.

Der kleine Schönheitsfehler, daß ein Teil dieser Staatsgebilde allerdings während des Krieges 1914—1918 noch gar nicht bestanden hatte, war unbeachtlich.

Die Feststellung, die England für diese Mächte abgab, war gewiß eineindeutig, für das Friedensdiktat selbst jedoch gefährlich, denn allmählich fing der künstlich erzeugte Nebel der Kriegspsychose an zu weichen. Für die abgehackten Kinderhände und Frauenbrüste fanden sich ebensowenig Beweise, wie für den im Lichtbild gezeigten Diebstahl von Tafelsilber durch den Kronprinzen des Deutschen Reiches höchstpersönlich. Je weiter sich die Archive öffneten, je mehr Licht in das dunkle Treiben der Geheimdiplomatie seit der Jahrhundertwende fiel, um so hinfälliger wurde die Grundlage, auf der das ganze Friedensdiktat ruhte.

Schon in den zwanziger Jahren wagte kein ernsthafter Historiker mehr, Deutschland als Urheber und Alleinschuldigen des Krieges hinzustellen. Dem gesamten Friedensdiktat war längst — wie die Alliierten es selbst festgelegt hatten — die Rechtsgrundlage entzogen. Eine Änderung der unerfüllbaren und demütigenden Bestimmungen wäre damals nicht eine Frage des Anstandes, sondern der Weisheit gewesen. Allein die Gier nach Beute siegte. Da die Fehler von 1918/19 nicht wahr gewesen sein durften, hielt man an der historischen Lüge fest, statt zuzugeben, daß die Ursache in dem Versagen der Völker lag, aus den ungeheuerlichen Umwälzungen des 20. Jahrhunderts rechtzeitig politische Konsequenzen zu ziehen.

Nicht mit der Ermordung des Erzherzog-Thronfolgers Franz Ferdinand in Serajewo am 28. 6. 1914 nahm das Unheil seinen Lauf. Das war nur der Anlaß, der frevelhaft von den Serben, unter Rückendeckung durch Rußland, herbeigeführt wurde. Bei einer kriegerischen Auseinandersetzung großer Völker ist aber zu unterscheiden zwischen dem äußeren Anlaß und den tatsächlichen Gründen, der Ursache.

Der äußere Anlaß wird von den Politikern und Demagogen für ihre Propagandareden genutzt und ausgewalzt. Ihre tönenden Phrasen reichen dabei von Ehre, Thron und Altar bis Freiheit und Selbstbestimmungsrecht der Völker. Mit der wirklichen Ursache hat das nichts zu tun, sie wird offenbar erst mit den Bedingungen des Friedensvertrages. Deutschland hatte nach seiner Einigung um die Jahrhundertwende seine Ansprüche mit einer Verspätung von 300 Jahren den klassischen Großmächten gegenüber angemeldet, als die Güter dieser Welt bereits verteilt waren. Das war lästig, minderte den eigenen Gewinn und war infolgedessen zu verhindern. So blieb die Alleinschuld Deutschlands wider alle Vernunft und wider alles Recht eine chose jugée. Noch 1946 war es den Angeklagten vor dem Alliierten Militär-Tribunal in Nürnberg verboten, den Versailler Vertrag irgendwie heranzuziehen. Amerika, Frankreich, England und Rußland „richteten" hier angesichts der zerstörten alten Freien Reichsstadt, und während noch die Elendszüge von 12 Millionen Vertriebener über die Straßen zogen, über Verbrechen gegen Humanität und Menschlichkeit nach eigens dazu geschaffenen Gesetzen, denen rückwirkende Kraft verliehen war. „Macht verdummt, absolute Macht verdummt absolut."

Vergebens kämpften die rasch wechselnden deutschen Regierungen um Bedingungen, die es dem Volk ermöglichten, am Leben zu bleiben. Was sie erreichten, faßte Stresemann hellseherisch in die Worte zusammen: „Zu wenig und zu spät."

Nach dem Davis-Plan 1924, der die unsicheren Reparationen des Staates kaufmännisch sehr geschickt in Industrieobligationen, Pfandbriefe und Hypotheken — also in Privatschulden — umwandelte, setzte der Young-plan die deutschen Zahlungen für die Zeit von 1930—1988 auf 114,5 Milliarden Goldmark fest. Die geistlose Zerreißung von Völkern und Staaten führte daneben zur Vernichtung der im Laufe langer Jahrhunderte eingespielten wirtschaftlichen Produktions- und Handelsgemeinschaften, dadurch zum Zwang autarker Selbständigkeitsbestrebungen und damit wieder zur Vernichtung der Wirtschaft überhaupt. Deutschland ging stempeln. Neben ungezählten Kurzarbeitern gab es 1932 fast 7 Millionen registrierte Arbeitslose.

Nach Beendigung eines Krieges bieten sich — wie die Geschichte immer wieder lehrt — nur zwei Möglichkeiten für die Gestaltung eines Friedens von Dauer: Entweder wird der Unterlegene ausgerottet oder versöhnt. Als klassische Beispiele gelten die Zerstörungen Karthagos durch Rom und das Verhalten Preußens gegen Österreich nach der Schlacht von Königgrätz. Dem teuflischen Morgenthau-Plan, der 1945 unter Ausrottung der Bevölkerung aus dem Ruhrgebiet Kartoffeläcker machen wollte, ist deshalb Konsequenz und Logik keineswegs abzusprechen.

1919 glaubten die Alliierten so weit noch nicht gehen zu können. Den Mittelweg, den sie wählten, gibt es aber nicht. Es ist unmöglich, ein Kulturvolk von 80 Millionen, das auf eine tausendjährige ruhmvolle Geschichte zurückblickt, über drei Generationen hinweg — bis 1988 — mit unerfüllbaren Reparationen zu belasten, nur als Heloten weiter leben lassen zu wollen. Von keiner großen Nation kann man erwarten, daß sie anhaltende Demütigung, Diffamierung und einen Zustand minderen Rechtes auf die Dauer hinnimmt. Je größer der Druck und die Vergewaltigung, um so heftiger wird schließlich die Erhebung auf der Suche nach nationaler Freiheit und Selbstachtung sein.

Das Jahr 1932 brachte die Krisis. Zwei Reichspräsidentenwahlen, zwei Reichstagswahlen, die Wahlen zu einer Reihe von Länderparlamenten und Gemeinderäten, mit einem Höchstaufgebot von Propaganda, gaben ihm das Gepräge. Zu den Urnen ging ein hungerndes Volk, das von politischem Fieber geschüttelt war.

Zwar siegte noch einmal Hindenburg mit 19 359 633 Stimmen (53 %) über seinen Gegenkandidaten Hitler mit 13 418 051 Stimmen (36,8 %), aber in den ersten Reichstag dieses Jahres (31. 7. 32) zogen ein 230 Nationalsozialisten. (46 % aller Sitze.) Ihren 196 Abgeordneten des zweiten Reichstages (6. 11. 32) standen genau 100 Kommunisten gegenüber. Um eine immer schwächer werdende bürgerliche Mitte rüsteten rechts und links die radikalen Parteien offen zum Bürgerkrieg. Nicht nur SA und SS marschierten, sondern auch Stahlhelm, Reichsbanner, Rotfront und eine

Unzahl sonstiger Wehrverbände. Die Kanzler wechselten in einem Tempo, wie sonst nur in Frankreich üblich, ohne den Terror der Straße brechen zu können.

Die Zeit war erfüllt, der Boden vorbereitet für den Auftritt eines einzigartigen Phänomens in der deutschen Geschichte. Adolf Hitler wurde am 30. Januar 1933 Reichskanzler.

Es ist zu billig, ihn als Narren oder Verbrecher abtun zu wollen. Er war die Manifestation seiner Zeit, das Endprodukt einer komplizierten, wirren Rechnung, deren einzelne Faktoren mit Verzweiflung und Hoffnung, Hunger und Trotz, Resignation und Glaube nur unvollkommen umschrieben sind. Es ist verständlich, daß ungewöhnliche Staatsmänner nicht mit der Elle bürgerlicher Moral gemessen werden können, sie werden gehaßt und verehrt. Bei ihm war alles übersteigert, der Haß bis zur Mordbereitschaft, die Verehrung bis zur Vergottung. Im In- und Ausland. Für Moral, für irgendeine sittliche Bindung überhaupt, fehlte ihm der Sinn.

Er hielt sich für einen Propheten, dem seine Mission von einer überirdischen Macht übertragen war, und verlangte blinden Gehorsam. Seine Theorien, wie seine politischen Forderungen vertrat er mit Intoleranz, mit Ausschließlichkeit und Fanatismus. Das alles war bekannt, seine Ansichten über Anwendung von Gewalt in der Politik und seine politischen Ziele überhaupt konnten im übrigen nachgelesen werden in „Mein Kampf". Trotzdem hoben die gewählten Vertreter des Volkes ihn als Diktator auf den Schild. Am 23. 3. 1933 stimmten nur 94 Sozialdemokraten — von 120 — mannhaft gegen das berüchtigte Ermächtigungsgesetz, 441 Abgeordnete des Reichstages, darunter alle bürgerlichen Parteien, stimmten dafür. Diese freiwillige Selbstentmannung krönten die politischen Parteien noch durch Selbstmord, indem sie sich in den nächsten Wochen nacheinander auflösten. Den Abschluß bildete das Zentrum am 5. 7. 33. Der Weg für Hitler war frei.[2])

Nach der Katastrophe ist die Forderung erhoben worden, daß es nunmehr Sache der Wehrmacht, insbesondere des Heeres gewesen wäre, sich einer Entwicklung entgegenzustemmen, die, angeblich vom ersten Tage ab erkennbar, in den Abgrund führen mußte. Nach eigenem Versagen eine derartige Forderung zu stellen, ist unmoralisch, zudem auch widersinnig, denn das Heer steht nicht außerhalb. Es ist ein Teil des Volkes, sein Spiegelbild. Und dieses Volk hatte durch seine berufenen Vertreter gesprochen, darüber hinaus mehrfach in Volksabstimmungen mit weit über 90 Prozent die Handlungen des Diktators gebilligt. „Die Politik ist das Schicksal", meinte der Fachmann Napoleon im Gespräch mit Goethe. Den Soldaten als Richter über die Politik seines Landes zu bestellen, ist ein Unding.

Napoleon sei noch einmal zitiert: „Wenn sich nicht jeder in den Grenzen seiner Befugnisse hält, so ist das Ganze nur noch Verwirrung." Das

---

[2]) Nach dem Krieg ist die Frage aktuell geworden, ob diejenigen Abgeordneten, die für das Ermächtigungsgesetz gestimmt haben, sich der Begünstigung des Hitlerregimes schuldig gemacht haben, und als belastet anzusehen sind. Parlamentsausschüsse und Spruchkammern haben die Frage, wenn sie sich mit ihr bei den Entnazifizierungsverfahren beschäftigten, verneint. Die Jasager haben einen politischen Fehler begangen, den man aber in die Kategorie der nichtschuldhaften menschlichen Unzulänglichkeiten einreihen darf.

gilt für den Soldaten dem Politiker gegenüber — aber auch umgekehrt. Der Fall, daß Politiker nach Versagen oder Mißerfolgen auf ihrem eigenen Gebiet nunmehr als Strategen glänzen wollen, ist — wie die Geschichte zeigt — erheblich häufiger, als daß Soldaten sich freiwillig in die Politik stürzen.

Auf Hitlers Programm stand offen und eindeutig an erster Stelle: Beseitigung des Unrechts von Versailles. Die Mittel, die er in diesem Kampf einsetzte, waren fragwürdig, die Wege neuartig, seine Sprache allem Herkommen, allen diplomatischen Gepflogenheiten widersprechend — aber offensichtlich wurde er besser verstanden als seine Vorgänger. Nur lahme Proteste erklangen, als er einen Artikel des üblen Diktates nach dem anderen zerriß und für null und nichtig erklärte, einen Stein nach dem anderen aus dem Vertragsgebäude herausbrach.

Innenpolitisch waren seine Erfolge einmalig und unwahrscheinlich anmutend. Es ging wie ein Rausch über das aus der Agonie erwachende Land. Anstelle der Arbeitslosigkeit mit ihrem Elend und Hunger trat nach wenigen Monaten schon Vollbeschäftigung. Der Parteienhader schwand schlagartig.

Außenpolitisch wurde aus dem lästigen Bittsteller, der bestenfalls als Zuhörer auf den internationalen Konferenzen an der Tür stehen durfte, ein umworbener Partner, dessen Forderungen katzbuckelnd Gehör fanden. Die Leichenfledderungen an den Grenzen hörten auf. Während der Olympiade 1936 in Berlin huldigte dem „Führer" die Prominenz der ganzen Welt.

Mißstände, soweit sie damals überhaupt der Masse des Volkes bekannt wurden, und Übergriffe häßlicher Art der „Partei" wurden als Geburtswehen, als unvermeidliche revolutionäre Erscheinungen gedeutet, die wohl oder übel im Interesse der Gesamtlinie vorübergehend in Kauf zu nehmen waren. Die Materialisten waren zufrieden mit Gewinnen, die alle ihre Erwartungen überstiegen, und die Idealisten trösteten sich mit dem Wissen, daß bei jeder Umwälzung naturgemäß das Unterste nach oben kommt, und der hochgeschwemmte Unrat abgeschöpft werden muß.

Der tausendjährige Wunschtraum deutscher Patrioten von einem geeinten Reich im Herzen Europas schien Wirklichkeit werden zu wollen. Frankreich, England, Italien, Spanien, Rußland usw. hatten diese nationale Einigung in blutigen, brutalen Bürgerkriegen erkämpft. Die USA zählten 1865 noch 600 000 Tote neben der völligen Verwüstung der Südstaaten als Preis dafür, in Deutschland beschränkten sich die Opfer bisher auf wenige Hundert.

Die Münchner Konferenz zeigte Hitler auf einer Machthöhe, die Schwindel erregt. Wenn man rückblickend seine kometenhafte Bahn betrachtet, so bedeuten diese Septembertage 1938 den Zenit. Bisher waren alle Erfolge erzielt worden, ohne vitale Interessen der Nachbarvölker zu verletzen, das Einverständnis zur Besetzung des Sudetenlandes war jedoch durch Kriegsdrohung erpreßt, und die Haltung der Großmächte hatte keinen Zweifel gelassen, daß die äußerste Grenze erreicht war. Der Marsch nach Prag am 16. 3. 39 ging darüber hinweg. Die Folgen waren zwangsläufig.

Mit dem Verstand allein ist Hitlers Politik seit München nicht mehr zu erklären. Sie wird so irrational, daß die Annahme einer geistigen Erkrankung durchaus in den Bereich der Möglichkeit rückt. Das Altertum sprach noch schlicht von Cäsarenwahnsinn, heute umschreiben die Ärzte ähnliche Erscheinungen mit Paralysis agitans, Gehirntumor, Parkinsonsche Krankheit und anderen geheimnisvollen Namen. Wachsender Größenwahn, tagtäglich gestärkt durch den byzantinischen Kult, den seine nächste Umgebung um ihn entfaltete, lag zweifellos vor. Mit zunehmender Macht wuchs unheilvoll eine Hybris, die neben der eigenen Person überhaupt nichts mehr gelten ließ. Das asketische Leben des Vegetariers, Nichtrauchers und Antialkoholikers, in dem Frauen ausglättend keine Rolle spielten, war zum mindesten als anormal anzusprechen. Der immer schwammiger werdende Mann machte die Nacht zum Tage, Spritzen, die sein Leibarzt ausgiebig spendete, und übermäßig heiße Bäder mußten ihn hochpeitschen. Im Kriege folgte diesem Leben zwangsläufig ein körperlicher Verfall, der abschreckend wirkte auf jeden, der ihn in längeren Abständen sah.

Menschlich völlig vereinsamt, besaß er keinen Freund, niemand stand ihm persönlich nah. Es gab und gibt deshalb auch keinen Menschen, der Auskunft geben könnte, was Hitler wirklich glaubte und plante, wie es in ihm aussah. Selbst die ältesten Kämpfer und höchsten Würdenträger erfuhren jeweils nur Stückwerk, nur das, was in ihr Ressort fiel und im Augenblick zu erledigen war. Seine Reden waren reinste Sophistik, die Rückschlüsse nicht zulassen. So wird alles Suchen nach einer Erklärung für sein Tun immer Vermutung bleiben.

Bei seinem hochentwickelten politischen Instinkt könnte jedoch sehr wohl unterstellt werden, daß er den Urteilsspruch der Welt über sich fühlte, aber die eigene Schuld, die groben Mißgriffe seiner Gewaltpolitik nicht wahr haben, und vor sich selbst nicht zugeben wollte. Für diesen Zustand fand Nietzsche die Worte:

„Mein Gedächtnis sagt mir: Das habe ich getan.

Mein Geltungsbedürfnis sagt: Das kann ich nicht getan haben. Schließlich gibt das Gedächtnis nach."

Ein Diktator Hitlerschen Formats kann niemals zugeben, daß sein Kurs falsch gewesen war. Der Verlust des Glaubens an sich selbst käme einer Abdankung gleich. Hitler blieb tief durchdrungen von seiner „Mission", strafte lieber Gedächtnis und eigenen Verstand der Lüge und — so darf wohl unterstellt werden — suchte Rettung vor dem erahnten Unheil im weiteren Ausbau seiner Macht. In hektischem Fieber trieb er sich und sein Volk weiter in atemberaubendem Tempo. Er wußte, daß er unter Zeitdruck handelte, das gröbste Hindernis für jeden Staatsmann, und glaubte trotzdem, das Unmögliche auch gegen die ganze Welt erzwingen zu können.

Bekannt sind seine stetig wiederholten Formulierungen: „Ich bin jetzt mit 50 Jahren auf der Höhe meines Lebens. Ich habe nicht mehr viel Zeit zu verlieren. Meine Nachfolger werden nicht die gleiche Energie haben wie ich. Sie werden zu schwach sein, die schweren Entschlüsse zu fassen, die gefaßt werden müssen. Das muß ich zu meinen Lebzeiten selber tun."

„Wenn Fortuna, die Glücksgöttin, auf ihrer goldenen Kugel vorbeischwebt, muß man entschlossen springen, um den Zipfel ihres Gewandes zu erfassen. Tut man es nicht, dann entschwindet sie für immer."

13

Das klingt mehr nach Entschuldigung vor dem eigenen schlechten Gewissen und nötigenfalls vor der Nachwelt, als nach dem stolzen Bekenntnis eines selbstsicheren Mannes zu kühnem Wagen. Es ist das Gestammel eines Spielers, der nicht zugeben will, daß er verloren hat, und nach Gründen sucht, um Rechtmäßigkeit und Notwendigkeit eines letzten, verzweifelten Einsatzes zu begründen.

Nur wirre Zeiten, in denen Schuld von a l l e n Seiten lange angehäuft ist, heben derartige Männer in Stellungen, in denen sie die Welt bewegen können. Ihr Auftreten ist die Abrechnung, die die Geschichte vorlegt für Unterlassungen und Fehler ganzer Generationen in der Vergangenheit, — — vielleicht um den Boden wieder aufzubrechen, das Leben aus der Erstarrung hergebrachter Formen zu reißen. Als Einzelerscheinung ist ihr Wirken unverständlich und unerklärbar, scheint Verhängnis und Zufall. Doch die Geschichte kennt keine Zufälle, denn nicht Männer machen Geschichte, sondern die Geschichte macht Männer, „wenn die Zeit erfüllet ist".

Denn es erzeugt nicht gleich
Die Welt den Halbgott und das Ungeheuer.
Erst eine Reihe Böser oder Guter
Bringt endlich das Entsetzen,
Bringt die Freude der Welt hervor.

(Goethe, Iphigenie.)

Polens Geschichte

Wir können also die Gegensätze der Völker nicht in Maximen suchen, sondern in der ganzen Summe ihrer geistigen und materiellen Verhältnisse zueinander; und darüber ist es wohl ratsam, die Geschichte zu befragen.

Carl v. Clausewitz

Die Piasten

Die Polanen, ein westslawischer Stamm, der in dem engen Raum zwischen Weichsel, Warthe und Netze siedelte, tauchen erstmalig 963 in der Geschichte auf. Der Name ist abgeleitet von pole = Feld, Ebene. Diese Feldbewohner brechen in der zweiten Hälfte des 10. Jahrhunderts plötzlich und überraschend nach allen Himmelsrichtungen erobernd vor.

Unter Misika I. und Boleslaus Chrobry, aus dem sagenhaften Geschlecht der Piasten, entsteht nach dem Jahre Tausend ein Königreich, das von der Elbe bis Kiew, von Schlesien und Krakau bis zur Ostsee westlich der Weichsel reicht. Dieses Großreich ist der Glanz und der Traum der polnischen Chauvinisten geblieben, aus dem sie heute noch Rechtsansprüche herleiten. Es zerfällt mit dem Tode von Boleslaus Chrobry 1025 in derselben Schnelligkeit, in der es entstanden war, als dessen Nachfolger sich trotz geschworener Lehenseide und Pakte von dem Heiligen Römischen Reiche Deutscher Nation abwenden. Das kulturlose Bauernvolk allein ist nicht imstande, ein derartiges Werk zu tragen.

Die wenigen erhaltenen Nachrichten aus dem 11. und 12. Jahrhundert zeigen einen erschreckenden Verfall auf allen Gebieten und die Unfähigkeit, aus eigener Kraft Abhilfe zu schaffen. Um die Mitte der 12. Jahrhunderts ist der noch verbliebene Raum in vier Herrschaften aufgeteilt: Masowien (Warschau), Großpolen (Gnesen), Krakau (Kleinpolen) und Sandomir (Kleinpolen). Vergebens sucht der designierte „princeps" in Krakau den Zusammenhalt zu wahren. Gerade der Kampf um dieses Seniorat zersplittert das Reich in Bürgerkriegen völlig. Der Großfürst aus Krakau flieht zu seinem Schwager, dem Deutschen Kaiser Konrad III. Aus einem Feldzug, den Kaiser Friedrich I. 1157 über die Oder führt, erhebt sich das D e u t s c h e Herzogtum Schlesien.

Die hier von ihm wieder eingesetzten Piasten haben — wenn auch durch Erbfolge vielfach geteilt — das Land bis 1675 als Deutsche Fürsten regiert. Ihr bekanntester Vertreter ist Herzog Heinrich II., der Fromme, von Liegnitz. Er war ein Sohn der Hl. Hedwig, einer Gräfin von Andechs, und direkter Vetter der Hl. Elisabeth von Thüringen. Die auf ihn gesetzten großen Hoffnungen gingen nicht in Erfüllung. Er fällt nach dreijähriger Regierung 1241 auf der Walstatt bei Liegnitz, zusammen mit dem größten Teil des abendländischen Ritterheeres, im Kampf gegen die Mongolen.

Dieser Vorstoß der asiatischen Reiter hat auch im Norden die Völker in Bewegung gebracht. Der Teilfürst von Masowien kann die Grenzen seines Gebietes am Narew und an der Drewenz nicht mehr halten. Es ist bezeichnend für die anarchischen Zustände im eigenen Lande und für die Stellung des Kaisertums im hohen Mittelalter überhaupt, daß sich Herzog Konrad I. mit der Bitte um Hilfe nicht an seinen Oberfürsten im nahen Krakau, sondern unmittelbar an den Deutschen Kaiser in Palermo auf dem fernen Sizilien wendet. Diese Tat, veranlaßt aus der Not des Augenblicks, wird weltgeschichtliche Bedeutung gewinnen und endlose Kriege zeitigen, die über die Kraft Polens hinausgehen.

Seine Gesandtschaft trifft in der Lombardei Hermann von Salza, Freund und Ratgeber Friedrich II., aber zugleich auch Hochmeister des Deutschen Ordens von St. Marien. Dieses nachgeborene Kind des alten Rittertums hatte nach dem Fall von Akkon 1191 und nach einem mißglückten Versuch, in Siebenbürgen 1211—1225 ein neues Tätigkeitsfeld zu finden, seinen Daseinszweck, die kriegerische Heidenbekämpfung, verloren.

> *„Kleider aus, Kleider an,*
>
> *Essen, Trinken, Schlafen gahn,*
>
> *Ist die Arbeit, so die Deutschen Herren han",*

sang man in der derzeitigen Residenz Venedig.

Hermann von Salza ergreift sofort die Gelegenheit, seinem Orden eine neue Aufgabe und eine neue Heimat zu schaffen. Auf sein Drängen verleiht Friedrich II. dem Deutschen Orden von Sankt Marien das Kulmerland und alle zukünftigen Eroberungen in Preußen mit aller Gerichtsbarkeit und Herrlichkeit eines Reichsfürsten. 1230 tritt Konrad I. von Masowien sein Kulmerland feierlich an den Orden ab. 1231 überschreitet der erste Landmeister, Hermann Balk, die Weichsel und beginnt einen, von der Kirche mit allen Mitteln unterstützten Kreuzzug, dessen planmäßige Führung für die damalige Zeit einzigartig ist. Seine Erfolge sind so groß, daß Hermann von Salza 1234 einen Erlaß des Papstes Gregor IX. erreicht, der das ganze Land als „Eigentum Sankt Petri" erklärt und dem Orden gegen einen mäßigen Kammerzins überläßt.

Mit dieser päpstlichen Schenkung endet jede Unterstützung von Seiten der Polen. Sie fürchten, den Zugang zur Ostsee zu verlieren. Nur die eigene Zerrissenheit und Unsicherheit verhindert, daß sie sofort gegen den Orden, den sie selbst gerufen, antreten. Ihr Land versinkt völlig in Anarchie. Das junge Volk scheint den Beweis einer nationalen Daseinsberechtigung nicht erbringen zu können, und in seinen Sümpfen und Urwäldern wieder zurückzufallen in geschichtsloses Dämmern. Die Mongolen brechen 1259 und 1287 erneut ein und verbrennen Krakau. Der König wird 1296 ermordet. Ein Fremdling, Wenzel II. von Böhmen, trägt von 1300—1306 die polnische Krone. An Oder, Warthe, Netze, in Preußen und Pommerellen schwelen sinnlose Kriege und Fehden.

Rettung vor Aufteilung und Untergang bringt noch einmal Kasimir (1333—70), der letzte Piast auf dem polnischen Königsthron und der einzige Fürst, dem sein Volk den Titel „Der Große" verliehen hat. Er trägt ihn mit Recht. Erstmalig erkennt ein polnischer Herrscher, daß sein Land nur blühen kann, wenn es sich auf die alten Kulturen des Westens stützt,

16

und an den Grenzen für Frieden sorgt, statt uferlosen Eroberungsplänen nachzujagen. Im Vertrage von Trentschin verzichtete er 1335 auf alle Rechte in Schlesien, und im Vertrage von Kalisch 1343 zugunsten des Deutschen Ordens feierlich auf das Kulmerland, das Michelauerland und auf Pommerellen. Das Herzogtum Pommerellen von 1343 entspricht etwa dem Korridor von 1918.

Innenpolitisch folgt er dem Beispiel der schlesischen Vettern und öffnet sein Herrschaftsgebiet weit der deutschen Einwanderung. In das vernichtete und verbrannte, brach und z. T. herrenlos liegende Land werden nun, bis in das 16. Jahrhundert hinein, Tausende deutscher Ritter, Bauern, Bürger und Handwerker „gen Ostland fahren". Deutsch bestimmte Klöster bildeten Mittelpunkte geistigen Schaffens. Dörfer und Städte werden zu Magdeburger Recht gegründet. Das polnische Städtewesen ist durchweg deutschen Ursprungs. Zahlreiche Lehnwörter aus allen Bereichen der Kultur, der Wirtschafts- und Lebensformen zeugen noch heute von dieser Einwirkung. Auf der Burg in Krakau entsteht ein Obergericht zu Deutschem Recht. Diese Krönungsstadt der polnischen Könige wird zu dem „Nürnberg des Ostens". Alle Bauten, die hier die Jahrhunderte überdauert haben, sind deutsch, nicht polnisch: die langgestreckten gotischen Tuchhallen, das Rathaus, die Stadtbefestigung, der Universitätsbau, die Reihe der alten Paläste und Wohnhäuser und besonders die Marienkirche. Bis 1527 wird in ihr deutsch gepredigt vor dem berühmten Flügelaltar von Veit Stoß. Die Werke von Peter Vischer, Matthias Stoß, Jörg Huber, Hans Süß, Michael Lenz, Johann Behem, Hans Dürer, dem Bruder des großen Albrecht Dürer, und viele andere sprechen noch heute eine unvergängliche und unverfälschbare Sprache.

Die 1364 gegründete Universität verdankt ihre Blüte der großen Zahl deutscher Professoren und Studenten, die zeitweilig 70 Prozent betrug. Auch Nikolaus Copernikus hat hier studiert. Für eine Zeitlang entstand in diesen Jahrzehnten tatsächlich so etwas wie ein polnischer Kulturstaat.

Nach dem Tode Kasimirs trägt wieder ein Fremder, Ludwig von Anjou, zugleich König von Ungarn, zwölf Jahre lang die polnische Krone. Zum Segen des Landes — und auch von Ungarn — hält er fest an der Politik seines Onkels. Der große verhängnisvolle Wechsel erfolgte erst, als mit der Heirat seiner Tochter Hedwig 1386 Ladislaus Jagiello, Großfürst von Litauen, nach erfolgter Taufe König von Polen wird.

Die Jagiellonen

Fast 200 Jahre lang, bis 1572, werden jetzt die Jagiellonen die Geschicke des Landes bestimmen. Sie folgen der weisen Politik des Großen Kasimir nicht. Zwar zeigen die schwimmenden Grenzen gegen das noch nicht gefestigte Rußland über ihren Besitz Weißrußland und Kleinrußland am oberen und mittleren Dnjepr den Weg nach Osten, dem sie auch folgen, aber gleichzeitig führen sie blutige, endlose Kriege im Süden gegen die Türken, im Westen gegen Böhmen, im Norden in Kurland, Livland und Preußen.

Der Deutsche Ritterorden wird 1410 bei Tannenberg vernichtend geschlagen. Es ist das unselige Jahr, das dem wankenden Heiligen Römischen Reiche Deutscher Nation vier Kaiser bringt (Wenzel, Ruprecht von der Pfalz, Jobst von Mähren und Sigismund), die mit, gegen und für vier Päpste kämpfen (Johann XXIII., Gregor XII., Benedikt XIII. und Alexander V.), die teils schon wieder in Rom regieren, teils sich von Avignon noch nicht haben trennen können.

Zwischen zwei schwachen Nachbarn scheint so damals die Sternenstunde Polens angebrochen. Es ist dem Umfang nach **die** Großmacht, zumindest des Ostens, als 1569 Sigismund II. August (1548—72) in der Lubliner Union 940 000 Quadratkilometer zu einem einzigen Staat zusammenfaßt. Aber die errungenen Siege sind Pyrrhussiege und der Schein trügt. Die eigene Volkskraft ist weit überspannt, die ungleichartigen Teile streben auseinander. Die Verhältnisse im Innern sind ungesund und faul.

Polen ist offiziell Wahlkönigtum. Zwar sind die Jagiellonen stark genug, ihre Wiederwahl sechsmal hintereinander durchzusetzen, aber jede Krönung, jede Einladung der selbstherrlichen Magnaten zu Kriegsdiensten hat immer wieder neue Privilegien gekostet. Das Ergebnis ist eine unbeschränkte Adelsherrschaft, in der die Staatsautorität tatsächlich bereits erloschen ist. Der Adel ist steuerfrei, ihm allein ist die Unverletzlichkeit der Person verbürgt, er hat das Recht über Krieg und Frieden zu entscheiden, bei ihm liegt die Münzhoheit, er hat sogar das Recht, sich zur Durchsetzung des Willens einer Partei in bewaffneten „Konföderationen" gegen den König zusammenzuschließen und dgl. mehr. Der Bauer ist leibeigen. Die Zahl der freien Bürger ist gering, ihre wenigen Abgeordneten im Reichstag haben nichts zu sagen. Eine ungeheure Mißwirtschaft ist die Folge, wozu noch Glaubenskämpfe kommen.

Mitte des 16. Jahrhunderts sind fünf Sechstel der Bevölkerung, das sind über 80 Prozent, evangelisch. Die Parole von der „Freiheit des Christenmenschen" mag bei der unterdrückten Masse des Volkes zu dem Religionswechsel beigetragen haben. Die offizielle Einführung der Reformation in Preußen und die Erklärung des „Eigentums Sankt Petri" zu einem weltlichen Herzogtum unter polnischer Lehnshoheit stellt also keineswegs eine Überraschung dar. Sie erfolgt durch den Hochmeister, den Markgrafen Albrecht von Brandenburg-Ansbach, 1525, unter ausdrücklicher Zustimmung und Billigung seines Onkels, des polnischen Königs Sigismund I.

Für Rom ist es ein weithin leuchtendes Feuer, das schnellstens ausgetreten werden muß. Den neuen Herzog trifft der Bannstrahl des Papstes, und nach erfolgter Krönung Karl V. in Bologna durch Clemens VII. 1530 auch die Acht des Reiches. (Es ist die letzte Krönung eines deutschen Kaisers durch einen Papst.) Der Jesuitenapostel Stanislaus Hosius leitet in Polen die Gegenreformation so tatkräftig, rücksichtslos und erfolgreich, daß der Protestantismus in kurzer Zeit restlos ausgerottet ist. Er wird auch nie wieder zum Leben erwachen. Die amtliche Statistik von 1921 nennt nur 3,7 Prozent Evangelische, aufgesplittert in fünf verschiedene Bekenntnisse. Der Kampf damals hat sich naturgemäß in erster Linie gegen die Urheber und Überbringer der neuen Lehre gewendet — und das waren die Deutschen.

Für den Polen wird in diesen Jahren Katholizismus mit der Zugehörigkeit zum polnischen Volkstum gleichbedeutend. Religion und Patriotismus werden so innig verquickt, daß hier **eine** Wurzel liegt für den

Deutschenhaß, der politisch-geschichtlich, moralisch oder verstandesmäßig nicht zu erklären oder gar zu begründen ist. Der unselige Streit der Bekenntnisse wird, wie überall, auch auf wirtschaftlichem Gebiet ausgetragen. Der Deutsche, der sich als freier Bürger in den Städten gegen Klerus und Adel Selbständigkeit bewahren will, wird als Angehöriger einer anderen Rasse, als Eindringling, als Ketzer, als **der** Feind verschrien und so bedrückt, daß viele in die alte Heimat zurückwandern.

An ihre Stelle treten die Juden, die im Verfolg der Kreuzzüge unter allen möglichen Vorwänden, wie Hostienschändung, Brunnenvergiftung, ritueller Kindermord und dgl. Unsinnigkeiten mehr, grausam verfolgt und aus fast allen europäischen Staaten ausgetrieben waren. Nach der offiziellen Statistik betrug ihr Anteil 1921 an der Gesamtbevölkerung über 10 Prozent, das sind rund 3 Millionen. Geschätzt wird er nach zuverlässigen Quellen auf mindestens 16 Prozent = 5 Millionen. In ihre geschäftstüchtigen Finger kam, besonders auf dem flachen Lande, sehr bald der gesamte Handel, das Pfand- und Geldgeschäft. Blutige Pogrome sind die Folge, in denen das abhängig gewordene Volk sich Luft zu schaffen sucht. Unglücklicherweise kann Jiddisch in fremden Ohren wie Deutsch klingen, so daß die einmal ausgestreute Saat des Hasses immer wieder neue Nahrung findet.

Die Gefühle für den deutschen Nachbarn faßt ein Hetzlied aus dem Jahre 1848 in die Worte:

> *Unser Feind, der Deutsche, falle!*
>
> *Plündert, raubet, brennt und sengt.*
>
> *Laßt die Feinde qualvoll sterben.*
>
> *Wer die deutschen Hunde hängt.*
>
> *wird sich Gotteslohn erwerben.*
>
> *Ich, der Probst, verspreche euch*
>
> *Kost dafür im Himmelreich.*
>
> *Aber Fluch dem Bösewicht,*
>
> *Der bei uns für Deutsche spricht.*

Auf dieser Grundstimmung, die vor 400 Jahren künstlich gezüchtet, die Zeit überdauert hat, beruhen die viehischen Bestialitäten in den Jahren nach 1918, während der Aufstände in Oberschlesien und 1939.

Die Zeit des Wahlkönigtums

Mit dem Tode von Sigismund II. August 1572 tritt Polen in einen neuen Abschnitt seiner Geschichte. Die Jagiellonen sind ausgestorben, und kein einheimisches Geschlecht ist so stark, so allgemein anerkannt, daß es aus eigener Macht nach der Krone greifen könnte. Das Recht der Königswahl, das bisher nur theoretisch bestand, bekommt jetzt praktische Bedeutung. Der Reichstag wird dazu jedesmal durch den Erzbischof von Gnesen als Interrex und Primas des Reichs bei dem Dorfe Wola, westlich von Warschau, zusammengerufen. Er setzt sich zusammen aus dem Senat (Bischöfe, Woiwoden, Kastellane) und den gewählten Landboten, das sind Abgeordnete der Schlachta, des niederen Adels. Er zählt über hunderttausend Familien, denn „in Polen ist alles adlig".

Die Krone wird an den Meistbietenden versteigert. Die Anwärter müssen dabei nur alle bisher erteilten Privilegien des Adels und des Reichstags und schließlich die Nichtvererbbarkeit beschwören. Der Stimmenkauf kostet ungeheure Summen, die in die Taschen weniger fließen, und deren Zinsen einschließlich Tilgung das Volk aufbringen muß. Und König von Polen zu spielen, ist ein gefährliches Geschäft, das hohe Zinsen der angelegten Gelder verlangt. Die Folgen für das unglückliche Land sind katastrophal. Ende des 16. Jahrhunderts beginnt der Zustand, der unter dem Begriff „polnische Wirtschaft" in den Sprachgebrauch und die Operette eingegangen ist.

Geradezu ins Groteske verzerrt wird darüber hinaus noch die Lage, als auch das liberum veto sich in der Wirklichkeit durchsetzt. Es ist das Recht jedes einzelnen Reichstagsmitgliedes durch seinen Einspruch einen Beschluß ungültig zu machen. Jede Stimme muß also einzeln gekauft sein. Das liberum veto steht in der Weltgeschichte ohne Beispiel da. Es war offiziell bis 1791 in Kraft. In der Zeit seiner Hochblüte, zwischen 1652 und 1764, hat es von 55 Reichstagen 48 „zerrissen".

Als erster Käufer der polnischen Krone tritt auf Katharina, die Gemahlin Franz II. von Frankreich, aus dem reichen Florentiner Bankiergeschlecht der Medici, für ihren dritten Sohn Heinrich von Valois, Herzog von Anjou. Es ist der Versuch, bei dem Kampf um die Vorherrschaft in Europa, den Franz I. 1521 gegen Kaiser Karl V. begonnen hatte, im Rükken des Reichs einen Verbündeten zu finden.

Der frontale Angriff in Italien hatte Mißerfolge gebracht. Ein ganzes Heer unter dem Connétable Karl von Bourbon wechselte 1522 zum Kaiser über, der französische König selbst wurde 1525 bei Pavia geschlagen und gefangen. Frankreich ließ sich nicht entmutigen und suchte neue Wege. Ein williger Papst (Clemens VII.) löste 1526 die geschworenen Friedenseide und erklärte sie für nichtig mit der Begründung: Sie wären erzwungen gewesen! Franz I. nahm die Kämpfe sofort wieder auf und fand in den Türken unter Soliman II. (1520—1566) den Partner, mit dessen Hilfe eine Einkreisung möglich schien. Die Franzosen werden dieser Politik für alle Zukunft treu bleiben und auch den Einsatz höchster Geldbeträge dabei nicht scheuen.

Die Türken versagten jedoch. Sie konnten 1529 Wien zwar belagern, aber, sehr zum Leidwesen Franz I., nicht verbrennen. Ihre Brandschatzungen der italienischen Küste in den nächsten Jahren waren schmerzlich, aber nicht entscheidend, und mit dem Tode Solimans II. verfiel ihr Reich. Als mit dem Regierungsantritt von Sultan Mohammed IV. 1648 die Verhältnisse sich wieder ändern, wird Frankreich sofort die alten Verbindungen neu knüpfen, und wieder wird Wien (1683) bestürmt werden.

Zunächst aber galt es, für den Türken sofort einen Ersatz zu finden. Geeignete Partner in Osteuropa gab es jedoch wenige. In Polen schwang der Kardinal-König Johann II. Kasimir noch seine Zepterattrappe. In Ungarn hatten die getreuen Verbündeten gerade den 20jährigen König Ludwig bei Mohacs erschlagen. Er war der Schwager Karls V. und dessen Bruder Ferdinand (Kaiser von 1556—64) ist offizieller Erbe des Landes. Böhmen, Mähren und Schlesien waren ebenfalls in kaiserlicher Hand. So blieb den Franzosen zwangsläufig nichts anderes, als zunächst einen Reichsfürsten zu kaufen. Moritz von Sachsen, der Protestant, den für seinen Verrat am Schmalkaldischen Bund seit 1547 der Kurhut zierte, fand sich bereit, das Geld zu nehmen. 1552 besetzen die Franzosen, als seine Verbündeten, die alten deutschen Bistümer Metz, Toul und Verdun, und wissen sie gegen den Kaiser zu halten. Leider fällt Moritz von Sachsen bereits 1553, so daß die Suche nach einem anderen Partner im Osten neu aufgenommen werden muß. Das ist der Grund für das Geschäft mit Polen.

Es schlägt fehl. Heinrich von Anjou flieht 1574 nach fünfmonatigem Königspielen heimlich bei Nacht aus Krakau, um als Heinrich III. an der Schürze seiner Mutter, die gerade die Bartholomäusnacht mit 25 000 ermordeten Hugenotten ins Werk gesetzt hat, ein schlechter König von Frankreich zu werden. Er wird 1589 von einem Mönch ermordet. Mit ihm erlischt das Haus Valois.

In Polen folgen nach Stephan Bathory von Siebenbürgen (1575—1586), einem Schwager des letzten Jagiellonen, drei Könige aus dem schwedischen Hause Wasa (1587—1668). Sie führen den Staat endgültig zum Zusammenbruch.

Schweden ist evangelisch. Um zugleich auch König von Polen werden zu können, tritt Sigismund III. zur katholischen Kirche über. Das kostet ihm 1598 den schwedischen Thron. Da er nicht verzichtet, verwüsten von 1601—1611 und von 1617—1619 Erbfolgekriege zwischen beiden Staaten das polnische Land, die den Verlust von Livland, Memel, Pillau, Elbing und des Danziger Werder bringen. Die kurzen Zwischenzeiten werden ausgefüllt mit ebenso unglücklichen Kämpfen gegen die Türken, die die Moldau erobern, und gegen Rußland. Auch hier brachte die kostspielige Unterstützung des falschen Demetrius nicht den gewünschten Erfolg. Gegen die Kandidatur von Sigismund besteigt mit dem Zaren Michael 1613 der erste Romanow den Thron in Moskau.

Auf Sigismund III. folgt sein Sohn als Wladyslaw IV. (1632—48), trotz des Schwurs, die Krone nicht zu vererben. Er gewinnt zwar nach dem Tode Gustav Adolfs bei Lützen 1632 die abgetretenen Teile Preußens wieder, aber in dem verwüsteten Lande selbst ist er machtlos gegen den Adel, der ihm nur noch das Halten einer kleinen Leibgarde erlaubt. Die Masse des Volkes, rund 6 Millionen Bauern, lebte kümmerlich in völliger Abhängigkeit von seinen adeligen Herren und in strenger Schollengebundenheit — selbstverständlich als Analphabeten — in den kümmerlichsten Verhältnissen dahin.

1648 übernimmt sein Bruder, bisher Jesuitenpater und Kardinal, als Johann II. Kasimir die Schattenregierung und gleichzeitig die Königin-Witwe als seine Frau. (Marieluise, Herzogin v. Gonzaga.) Die Ukraine fällt nach einem Aufstand der Kosaken an Rußland. In Schweden dankt 1654 die Königin Christine ab und beruft ihren Vetter Karl Gustav von Pfalz-Zweibrücken als Nachfolger. Die Tochter des gefeierten Helden der Reformationskriege, Gustav Adolf, wird später katholisch und bekommt dafür, als einzige Frau, ein Denkmal in der Peterskirche zu Rom.

Da auch Johann II. Kasimir weiterhin Ansprüche auf den schwedischen Thron erhebt, fällt Karl X. Gustav von Pommern aus in Polen ein und nimmt Warschau und Krakau. Die Russen besetzen Wilna. Eine große polnische Erhebung wird 1656 in der dreitägigen Schlacht vor Warschau von den Schweden und dem verbündeten Brandenburg (Friedrich Wilhelm, der Große Kurfürst) zusammengeschlagen. Die bereits geplante völlige Aufteilung Polens kommt nicht zustande, da sich Dänemark und Kaiser Leopold I. einmischen. Im Frieden von Oliva 1660 entsagt Johann Kasimir allen Ansprüchen auf den schwedischen Thron, tritt Livland und Estland ab und erkennt zusammen mit Schweden die Souveränität von Preußen an. 1668 — dem Todesjahr der Königin — macht seine Abdankung endlich dem Trauerspiel ein Ende. Er stirbt in Frankreich 1672.

Der stürmische Reichstag von 1669 erhebt Michael Wisniowiecki zum König. In die Geschichte eingegangen ist der Name dieses einheimischen Magnaten nur durch seine Unterschrift unter dem schimpflichen Friedensvertrag von Buczacz 1672 mit den Türken. Das trügt jedoch. Welche Bedeutung dem Herrscher dieses Landes zwischen Ost und West damals zugemessen wurde, mag die Feststellung dienen, daß Kaiser Leopold I. (1658—1705) ihm seine eigene Schwester vermählte. Und das Haus Habsburg hat seine Töchter stets politisch vergeben, nicht um der Liebe willen. Leopold suchte Rückendeckung gegen Frankreichs Verbündete, die Türken. Das ist über den Tod von Michael Wisniowiecki hinaus durch diese Heirat erreicht.

Auch die Regierungszeit des bisherigen Kronfeldherrn Sobieski als Johann III. (1674—96) ist randvoll angefüllt mit Zügen gegen die Türken. Die Polen feiern ihn als den großen Sieger von Lemberg 1675 und den Befreier von Wien, das Rüdiger von Starhemberg 1683 heldenmütig verteidigte. Das Heer, das Mohammed IV. (1648—1687) als Verbündeter Frankreichs durch Ungarn herangeführt hatte, schätzen Zeitgenossen auf eine halbe Million. Die Zahl mag übertrieben sein, fest steht, daß Sobieski 13 000 Mann befehligte. Ludwig XIV. nützte zwar die Bindung der deutschen Kräfte im Osten, um im Westen Straßburg, die Niederlande, Luxemburg, Lothringen, die Kurfürstentümer Trier und Pfalz zu besetzen, aber immerhin hat die Schlacht am Kahlenberge nicht zuletzt dank der polnischen Hilfe verhindert, daß gleichzeitig ganz Osteuropa asiatisch wurde.

Polen herauszubrechen aus dem starken Block, den das Haus Habsburg im Osten während der nächsten Jahre zu bauen sich bemüht, bleibt das unverrückbare Ziel französischer Politik. Zunächst kann die „Allerchristlichste Majestät" von Frankreich allerdings dort nicht eingreifen. Seine Raubkriege gegen alle angrenzenden Nachbarn, besonders aber sein Bündnis mit den heidnischen Türken, haben die gesamte christliche Welt in Kreuzzugsstimmung gegen ihn versetzt. Ludwig XIV. wird zum Frieden von Ryswijk 1697 gezwungen, der seine Vormachtstellung in Europa erschüttert.

So kann er auch nicht verhindern, daß der Kurfürst Friedrich August I. von Sachsen sich noch in demselben Jahre die polnische Krone kauft. Frankreichs Kandidat, der Prinz von La Roche-sur-Yon und Conti aus dem Hause Bourbon, wird bei der Wahl geschlagen. Herzog August I. tritt mit seiner Familie zur katholischen Kirche über, um gleichzeitig als König August II. den Thron in Warschau (Hauptstadt seit 1610) zu besteigen. Nicht allein Ehrgeiz oder die formale Rangerhöhung dürften bei diesem Geschäft den Ausschlag gegeben haben. Glaubhafter klingt wohl die Erklärung, daß August der Starke miterfaßt worden ist von der großen Bewegung, die um die Jahrhundertwende über ganz Osteuropa hinwegging. Kleinfürsten, Stämme und Volksgruppen formten sich jetzt hier — teils freiwillig, teils gezwungen — zu den Staatsgebilden, die bis auf unsere Zeiten überkommen waren. Wenn Sachsen weiterhin mitspielen wollte in der großen Politik, so durfte es nicht abseits stehenbleiben.

Im Süden erwuchs aus den Vernichtungsschlachten in Ungarn (Herzog von Lothringen, Kurfürst Max Emanuel von Bayern, Markgraf Ludwig von Baden, Prinz Eugen von Savoyen) 1699 der Friede von Karlowitz. Er beseitigte endgültig die Türkengefahr und schuf die Österreichisch-Ungarische Monarchie, wie sie bis 1918 bestanden hat. Im Norden entstand und erstarkte zunehmend das Königreich Preußen. Im Osten zimmerte Peter der Große (1689—1725) mit asiatischen Mitteln sein Rußland zu einer europäischen Großmacht. Die Ostsee beherrschte das mächtige Schweden.

Mitten dazwischen lag das Brachland Polen. An Umfang konnte es mit diesen neuen Staatsgebilden durchaus in Wettbewerb treten. Weit streckte sich immer noch das Land von Danzig über die Linie Thorn-Posen bis Podolien am Dnjestr, vom Dnjepr bis zu den Grenzen Schlesiens, von der Düna bis zu den Karpaten. Wirtschaftlich und kulturell stand es viele Stufen unter seinen Nachbarn. „Je tiefer nach Polen hinein, desto mehr Raub und Mord", sagt ein russisches Sprichwort. Siebenhundert Jahre hatte die Geschichte den Polanen Zeit gelassen, ihre organisatorischen und staatsbildenden Fähigkeiten zu zeigen. Immer wieder hat das Volk versagt, seine Kräfte in Bruderzwisten und uferlosem Ausdehnungsdrang sinnlos vertan. Nie hat Polen sich, seiner geographischen Lage entsprechend, als Mittler zwischen Ost und West gefühlt, unduldsam und herrschsüchtig hat es in seinen Nachbarn immer nur Feinde gesehen, die seinen maßlosen Wünschen widerstrebten.

Es besaß keine Freunde und hatte unter wachsender Anarchie im Innern bereits aufgehört, mitbestimmender Faktor der europäischen Politik zu sein. Durch eigenes Verschulden war es herabgesunken zum reinen Objekt, zum Spielball der anderen Mächte. Daß es überhaupt noch als selbständiges Reich bestand, verdankte es ausschließlich der Rivalität der groß gewordenen Nachbarn, die einander eine territoriale Vergrößerung mißgönnten. Ein Pufferstaat, der Grenzstreitigkeiten zumindest während der eigenen Festigung verhinderte, war zudem zweckdienlich und wünschenswert. Für eine Großmacht Sachsen-Polen, die noch vor wenigen Jahren als Schutzwall gegen Asien einen geschichtlichen Sinn gehabt hätte, war jetzt kein Raum mehr. Die Gelegenheit war verpaßt. Der Versuch, die Zeitenuhr zurückzustellen, erfolgte zu falscher Zeit mit untauglichen Mitteln und hätte beinah auch Sachsen in den Strudel des Untergangs mit hineingezogen.

Der prachtliebende, reiche, ob seiner Körperkraft bekannte Barockfürst regierte in seinem evangelischen Sachsen absolutistisch, in dem katholischen Polen konstitutionell, besser gesagt überhaupt nur dem Namen nach. Versuche, sich als König August II. dieselben Rechte anzueignen, die er als Herzog August I. besitzt, bringen blutige Unruhen, zehren weiter an dem Rest der Volkskraft und scheitern ebenso wie die Versuche, wenigstens ein schlagkräftiges Heer aufzustellen. Die Innen- und Außenpolitik des Landes wird bestimmt durch zwei große Adelsgruppierungen. Die Potocki, genannt die „Partei", suchen Anschluß an Frankreich und Schweden, die Czartoryski, genannt die „Familie", sind Rußland verschworen. Eine starke Partei arbeitet also grundsätzlich immer gegen den jeweiligen König.

An dem Spanischen Erbfolgekrieg, der 1701 bis 1714 alle europäischen Staaten unter die Waffen bringt, nimmt August der Starke nur sehr vorsichtig und bedingt als Verbündeter von drei Kaisern teil. (Leopold I. 1658 bis 1705, Joseph I. 1705—1711, Karl VI. 1711—1740.) Die Kriegsschauplätze liegen in Spanien, den Niederlanden, in Italien, am Rhein und nur kurzfristig auch im nahen Bayern. Sachsen-Polen bleibt unbehelligt.

Anders liegen die Dinge in dem Nordischen Krieg (1701—1721) zwischen Peter dem Großen von Rußland und Karl XII. von Schweden. Hier muß August der Starke eindeutig Stellung nehmen. Er entscheidet sich für Rußland. Sächsische Truppen bestürmen vergeblich das schwedische Riga. Karl XII., eine ungewöhnliche Erscheinung in der Weltgeschichte, schlägt zunächst mit 8000 Schweden 40 000 Russen bei Narwa (1701), dann hintereinander alles, was sich ihm entgegenzustellen versucht, nimmt Warschau, Thorn und Krakau und setzt August II. als König von Polen ab.

1704 wird der Woiwode von Posen, Stanislaus Leszczynski, mit Unterstützung der „Partei" von ihm in Warschau auf den polnischen Thron gesetzt. Im Frieden von Altranstädt bei Leipzig muß August der Starke 1706 den neuen König offiziell anerkennen. Sein Sachsen ist inzwischen ebenfalls von Karl XII. besetzt, und hat unter den Lasten des Krieges schwer zu leiden.

1707 bricht Karl XII. erneut gegen den russischen Zaren auf. Er will in Moskau den Frieden diktieren. Auf dem Marsch dorthin, von Grodno und Wilna aus, hat er die Beresina bereits überschritten. Der Weg ist frei. Da glaubt er plötzlich, vorerst die Ukraine in die Hand nehmen zu müssen. (Hetman Mazeppa.) Er dreht — genau wie Hitler unseligerweise 233 Jahre später — nach Süden ab, überschreitet 1708 den Dnjepr bei Mohilew und wird 1709 bei Pultawa, 2000 km von der Heimat entfernt, vernichtend geschlagen.

Es ist eine der entscheidendsten Niederlagen, die die Weltgeschichte kennt. Das überforderte Schweden bricht zusammen und scheidet mit dem 8. Juli 1709 endgültig aus der Reihe der Großmächte aus. Auf die Beute zwischen Bremen und Karelien stürzen sich die angrenzenden Nachbarn. Auch August der Starke rückt sofort wieder in Polen ein, vertreibt Stanislaus Leszczynski und wird von Peter dem Großen noch im Jahre 1709 erneut als König eingesetzt. Der Zar ist allerdings vorsichtig. Der „stumme" Reichstag von Warschau muß 1717 ohne Debatte seine Abmachung mit dem polnischen Adel bestätigen, daß Polen, entgegen den Absichten August des Starken, dem Königtum durch ein starkes Heer Rückhalt zu geben, nie mehr als 24 000 Mann unter Waffen haben darf.

Die Friedensschlüsse von Stockholm 1719 beenden endlich auch die Kriege, die seit 1598 fast ohne Unterbrechung zwischen Schweden und Polen angedauert haben. Schweden erkennt August den Starken als König an. Stanislaus Leszczynski bekommt eine Million Taler und darf den Königstitel weiter führen. Die „Partei" (Potocki) ist unterlegen, aber Frankreich gibt das Spiel so schnell nicht verloren. 1725 verheiratet Kardinal Fleury seinen erst 15jährigen König (Ludwig XV., 1715—1774) mit Maria Leszczynska, der 22jährigen Tochter des Titularkönigs. Es ist eine Spekulation, abgestellt darauf, daß König Stanislaus den nur sieben Jahre älteren König August überlebt.

August der Starke ist nicht als Kriegsheld oder großer Reformator in die Geschichte eingegangen. Das Denkmal, das er sich selbst setzte, war die Gestaltung Warschaus zu einer modernen Großstadt im charakteristisch sächsichen Übergangsstil vom Barock zum Rokoko, und in Sachsen (bis 1945) der Dresdner Zwinger.

Sein Tod im Februar 1733 soll Frankreich den Gewinn bringen des Geschäftes, das Kardinal Fleury 1725 vorausschauend eingeleitet hatte. Ein Teil des polnischen Adels unter Führung der „Partei" (Potocki) erhebt im Herbst erneut Stanislaus Leszczynski auf den Thron. Er ist nunmehr aber nicht mehr der kleine unbekannte Woiwode von Posen, sondern der Schwiegervater Ludwigs XV. Diese engen verwandtschaftlichen Beziehungen rechtfertigen selbstverständlich ein Eingreifen Frankreichs in etwaige Wirren. Sie bleiben nicht aus. Die Zarin Anna von Rußland und Kaiser Karl VI. erkennen Stanislaus nicht an und lassen von dem anderen Teil des Adels, der „Familie" (Czartoryski), den Sohn August des Starken, den Kurfürsten August II., Herzog von Sachsen, als August III. zum König wählen. Sächsische und russische Truppen besetzen das Land. Vergeblich versucht Stanislaus, sich zuletzt noch in Danzig, zu halten. Nach seiner Flucht aus der Stadt kapituliert auch die letzte Festung des Landes im Juli 1734 vor dem russischen General Münnich.

Inzwischen haben Frankreich, Spanien und Sardinien dem Kaiser den Krieg erklärt. Die Leitung des Unternehmens, das als „Polnischer Thronfolgekrieg 1733—1735" in die Schulbücher Eingang gefunden hat, übernimmt der Minister Ludwig XV., Kardinal Fleury. Ursache, Anlaß, Verlauf und Ergebnis ähneln derartig stark späteren Vorgängen, daß es schwerfällt, die Jahrhunderte nicht zu verwechseln. Es geht angeblich um die Integrität und Souveränität — damals sagte man Krone — Polens. Das ganze Land ist schon in der Hand August III., die Entscheidung bereits gefallen, als die eigentlichen Kämpfe beginnen, an denen Rußland nicht mehr teilnimmt. Die Kriegsschauplätze liegen am Rhein, in Oberitalien, auf Sizilien und im Gebiet von Neapel.

Nach Friedenspräliminarien 1735 ist im Frieden zu Wien 1738 von Polen kaum noch die Rede. Der status quo wird einfach belassen. Stanislaus Leszczynski verzichtet offiziell zum zweiten Male auf den polnischen Thron. Er bekommt dafür die deutschen Herzogtümer Bar und Lothringen mit der Auflage, daß diese nach seinem Tode an Frankreich fallen sollen. Franz Stephan von Lothringen, der spätere Kaiser Franz I. (1745—1765), dessen Vorfahren als deutsche Fürsten urkundlich seit 1048 auf dem Herzogstuhl in Nancy saßen, erhält als Ersatz das Großherzogtum Toscana, wo 1737 das Haus Medici ausgestorben ist. Er ist ein Fürst ohne Land, als er 1736 die voraussichtliche Erbin Österreichs, Maria Theresia, heiratet. Neapel und Sizilien fallen an die spanische Linie des französischen Königshauses Bourbon.

Stanislaus Leszczynski stirbt 1766, und damit hat Frankreich seine Grenzen wieder ein sehr erhebliches Stück nach Osten vorgeschoben. Die Hochzeit von 1725 hat sich bezahlt gemacht.

Die drei Schlesischen Kriege zwischen Preußen und Österreich (1740 bis 1742, 1744—1745, 1756—1763) beweisen, zu welcher Ohnmacht und Bedeutungslosigkeit Polen herabgesunken ist. Sein offizieller König kämpft als Herzog von Sachsen wechselnd als Verbündeter von Friedrich dem Großen oder von Maria Theresia. Polen dient lediglich als Ausweichquartier, wenn Sachsen gerade von der Partei besetzt ist, mit der der König-Herzog zur Zeit nicht verbündet, sondern verfeindet ist.

Das Ende des Reiches

Das materiell und geistig restlos verarmte Land spielt keine selbständige Rolle mehr. Die Auflösung jeder Ordnung im Innern läßt es zu einer Gefahrenquelle für die Nachbarn werden, so daß nach dem Tode August III. (1763) Preußen, Rußland und Österreich sich über eine Aufteilung verständigen. Die tatkräftige Zarin Katharina II. (1762—1796) bestimmt ihren Günstling Poniatowski zum Liquidator. Er nennt sich als König Stanislaus II. August (1764—1795). Seine Mutter entstammt bezeichnenderweise der „Familie" (Czartoryski).

Als Verbündete der polnischen Adelskonföderation von Radom, der auch Poniatowski selbst angehört, schlagen die Russen mehrfach die polnische Adelskonföderation von Bar, die ihrerseits verbündet ist mit den Türken. Die Folge ist der „Russisch-Türkische Krieg 1768—1774", der den ganzen Balkan, Griechenland, die Ukraine, die Krim und die Küsten Kleinasiens in Brand steckt. Er endet mit dem Siege Rußlands und beschleunigt gleichzeitig die Durchführung der vorgesehenen Teilung Polens.

Sie erfolgt in drei Zügen 1772, 1793 und 1795. Diese Zeitspanne ist ausgefüllt mit blutigen Bürgerkriegen zwischen dem uneinigen Adel, der in verschiedensten Konföderationen zusammengefaßt ist, und größeren fruchtlosen Aufständen, die sich insonderheit gegen Rußland richten.

1795 ist Polen von der Landkarte verschwunden. Eine romantische Geschichtsschreibung hat die Schuld für diese Tragödie eines Volkes bei den Nachbarn gesucht und die polnischen Führer der verschiedenen Aufstände heroisiert. Zu Unrecht. Kein Kulturstaat kann über viele Jahrzehnte hinweg „Polnische Wirtschaft" an seinen Grenzen hinnehmen, ohne selbst Schaden zu leiden. Innere Uneinigkeit, Selbstsucht der führenden Kreise, Unduldsamkeit, das Fehlen jeder eigenen bodenständigen Kultur, uferloser Imperialismus in Verbindung mit fanatischem Chauvinismus, kurz die Unfähigkeit, ein selbständiges Staatsgebilde aus eigener Kraft hinzustellen, sind die tatsächlichen Ursachen dieses Unterganges.

Nach der dritten Teilung 1795 hatten bekommen:
Rußland: Das ganze Gebiet bis an die Memel und an den Bug.
    Etwa 465 000 qkm mit 6 Millionen Einwohnern.
Österreich: Kleinpolen, Galizien, Bukowina.
    Etwa 115 000 qkm mit 4 Millionen Einwohnern.
Preußen: Pommerellen, Großpolen, Masowien.
    Etwa 145 000 qkm mit 2,5 Millionen Einwohnern.

König Stanislaus II. August dankt 1796 ab. Er hält dann mit Pensionszahlungen von Rußland, Österreich und Preußen Hof zu Petersburg bis zu seinem Tode 1798.

In Polen wird es ruhig. Preußen und Österreich wenden große Summen zum Wiederaufbau und zur Kultivierung der ihnen zugefallenen Gebiete auf. Rußland betreibt mit besonderem Nachdruck die Eingliedrung der Ostseeländer Kurland und Schamaiten = Litauen in den Verband seines Großreiches. Frankreich ist ausgeschaltet. Es ist hinreichend beschäftigt mit der Erfindung der „Freiheit" und der Beseitigung seines Königshauses (Hinrichtung Ludwig XVI. und der Königin Marie Antoinette 1793).

Dieser friedliche Zustand ändert sich in der Napoleonischen Zeit. Unter den Emigranten lebte der polnische Staatsgedanke weiter. Sie setzten ihre Hoffnung auf Frankreich und kämpften in besonderen „Legionen" unter französischen Fahnen. Diesen Diensten entsproß dann schließlich, stark unterstützt durch Bemühungen der schönen polnischen Gräfin Walewska, nach dem Zusammenbruch Preußens 1806

1. Ein Sohn Napoleons und
2. im Frieden von Tilsit (7.—9. Juli 1807) das Großherzogtum Warschau. Der Sohn wird es später unter seinem natürlichen Vetter Napoleon III. zum französischen Minister und Herzog bringen, das Großherzogtum Warschau ist kurzlebiger.

Seine Gründung erfolgt gegen den Rat des Fürsten Talleyrand, des größten Staatsmannes seiner Zeit. „Die Nation taugt zu nichts, man kann mit ihr nur die Unordnung organisieren." Der nunmehrige König (von Napoleons Gnaden) Friedrich August I. von Sachsen wird gleichzeitig Großherzog von Warschau. Sein neuer Staat wird gebildet aus den Gebieten, die seit 1772 an Preußen gefallen sind, mit Ausnahme von Bialystok, Westpreußen und Danzig. Bialystok ist der Preis, den Zar Alexander I. für seine Zustimmung zum Tilsiter Frieden fordert, und Westpreußen, das alte Pommerellen, bleibt bei Preußen. Auf die „Korridoridee" kam Napoleon noch nicht. Danzig behält er für sich. Es wird Freistaat mit französischer Besatzung. Als auch Österreich nach der Schlacht von Wagram (5. und 6. Juli 1809) im Frieden von Schönbrunn (14. Oktober 1809) vor Napoleon kapitulieren muß, tritt noch Westgalizien (Lublin-Krakau) hinzu. Rußlands Lohn für seine Neutralität im französisch-österreichischen Krieg ist in diesem Fall Ostgalizien. Mit dem Brand von Moskau im September 1812 stürzt das ganze Gebilde wieder zusammen. Der König-Großherzog flieht im März 1813.

Auf dem Wiener Kongreß (September 1814—Juni 1815), der nach dem Sturz Napoleons Europa neu zu ordnen sich bemüht, kommt es wegen Polen beinahe zu einem neuen Kriege. Dem Genie des Fürsten Talleyrand, nunmehr Vertreter Ludwig XVIII., gelingt es, nicht nur als gleichberechtigter Partner daran teilzunehmen, sondern wegen dieser strittigen Frage sogar ein Bündnis Frankreich-England-Österreich mit der Spitze gegen Rußland-Preußen zustande zu bringen. Napoleons Flucht von Elba und Landung bei Cannes am 1. 3. 1815 verhindert die Nutzung dieses politischen Sieges Frankreichs über die Verbündeten der Befreiungskriege.

Man einigt sich unter dem Druck dieses Ereignisses über die vierte Teilung Polens. Österreich bekommt ganz Galizien zurück, nur Krakau wird Freistaat unter dem Schutz von Rußland, Österreich und Preußen. Preußen verzichtet auf Masowien (Neu Ostpreußen mit Warschau) und Südpreußen (Lodz-Kalisch) und erhält dafür Posen und Danzig zurück. Der ganze Rest des ehemals polnischen Staates fällt an Rußland als „Zartum Polen", später Kongreßpolen genannt.

Diese einzelnen Teile gehen in den nächsten hundert Jahren gesonderte Wege. Preußen verbürgt seinen neuen Untertanen die Erhaltung ihrer nationalen Eigenart. Es hält dieses Versprechen in einem Ausmaß, das lebhaften Widerspruch in deutschen Parlamenten hervorruft, und erst unter Bismarck 1871—1890 zu einer zielbewußten deutschen Ostmarkenpolitik führt. Erst in diesen Jahren wird z. B. Deutsch als Lehrsprache in den Volksschulen eingeführt. Die friedliche Entwicklung wird auch durch die revolutionären Stürme, die um 1848 über Europa brausen, nur unwesentlich unterbrochen. Die Provinzen Posen und Westpreußen gliedern sich der westlichen Welt und Kultur völlig ein.

Österreich gewährt Galizien weitgehende innere Selbständigkeit und erhebt das Land unter Einsatz größter Mittel zu bisher unbekannter Blüte. Der Freistaat Krakau wird 1846 einverleibt, als es auch hier in den stürmischen Jahren zu Unruhen kommt.

Anders verlaufen die Dinge im russischen Kongreßpolen. Auf eine liberale Verfassung des idealistischen Zaren Alexander I. antworten die Polen 1830—1831 mit einem großen Aufstand. General Chlopicki wird als Diktator ausgerufen und am 25. 1. 1831 erklärt der Reichstag das Haus Romanow für abgesetzt. Die alte Uneinigkeit des polnischen Adels ermöglicht jedoch dem russischen General Diebitsch nach einigen Niederlagen die entscheidenden Siege von Grochow und Ostrolenka. Die Verfassung wird durch das „Organische Statut" vom 26. 2. 1832 ersetzt. Es hebt u. a. den polnischen Reichstag, das Heer, die Ministerien in Warschau auf und setzt dafür in Petersburg ein „Besonderes Departement des Reichsrates für die Angelegenheiten des Zartums Polen" ein. Neue Unruhen 1863 führen 1868 zu einer Umwandlung des „Zartums" in ein „Generalgouvernement Weichselland". Gleichzeitig wird neben einer Agrarreform auch die Einziehung der Kirchengüter, die Aufhebung der Klöster, die ausnahmslose Russifizierung der gesamten Verwaltung, der Gerichte, der Schulen usw. durchgeführt. Sie wird auch unter Alexander III. und Nikolaus II. fortgesetzt. Das polnische Nationalleben erstarrt. „Denn ewig ist des Schicksals Wille: wo Russen kommen, wird es stille", hieß es damals.

Pilsudski

Mit Ausbruch des Ersten Weltkrieges kämpfen Nationalpolen als russische, deutsche, österreichisch-ungarische und auch als französische Soldaten (Legion Haller) gegeneinander. Das ruft die Politiker auf den Plan. Rußland verkündet bereits am 14. 8. 1914 die Wiederaufrichtung des polnischen Staates„ unter dem Zepter des russischen Zaren". Österreich stellt unter Pilsudski ebenfalls noch im August 1914 die „Österreichisch-Ungarische Polenlegion" auf. Das Versprechen, die nationalen Wünsche zu erfüllen, soll Freiwillige in möglichst hoher Zahl unter ihre Fahnen bringen. Nach Inbesitznahme des ganzen Weichselgebietes verkünden die Deutsche und Österreichisch-Ungarische Regierung am 5. 11. 1916 die Wiederaufrichtung des Königreiches Polen. Staatsrat und Volksvertretung werden eingerichtet, die Bestimmung der endgültigen Grenzen und die Königswahl noch hinausgeschoben, dafür ein Regentschaftsrat von drei Personen 1917 eingesetzt.

Die Hoffnungen der Mittelmächte, sich so die Hilfsquellen des Landes nutzbar zu machen, gehen nicht in Erfüllung. Ihre Anordnungen werden von Anfang an sabotiert. Zu der vorgesehenen Aufstellung deutsch-polnischer Freiwilligenverbände kommt es überhaupt nicht. Die „Österreichisch-Ungarische Polenlegion" kommt über die Stärke von drei Brigaden nie hinaus und hat keine besondere Rolle gespielt. Ihr Führer, Pilsudski, muß 1917 sogar wegen Verweigerung der Eidesleistung interniert werden. Er wird nach Magdeburg gebracht. Auch dieser einzige polnische Verband, der auf Seiten der Zentralmächte kämpfte, läuft auseinander, als im Frieden von Brest-Litowsk (9. 2. 1918) das Gebiet um Chelm, zwischen Bug und Wieprz, der Ukraine zugesprochen wird.

Die Proklamation vom 5. 11. 1916, die die Polen zur Dankbarkeit verpflichten sollte, erweist sich als völliger Fehlschlag. Ein polnisches Nationalkomitee unter Dmowski (gegründet 15. 8. 1917) übernimmt in Paris unter dem Protektorat der Alliierten in wachsendem Ausmaß die Tätigkeit einer Exilregierung. So ist als einziges Ergebnis dieses politischen Schrittes zu buchen, daß er jede Möglichkeit eines rechtzeitigen Friedensschlusses mit dem zaristischen Rußland unmöglich machte.

Der polnische Staat, der seine Entstehung nicht einem nationalen Befreiungskampf, sondern einzig und allein dem Sieg des deutschen Ostheeres über die zaristische Armee verdankte, bricht am 15. 12. 1918 offiziell die Beziehungen zum Deutschen Reiche ab. Joseph Pilsudski, der aus Magdeburg aus ehrenhafter Internierung entlassen ist, übernimmt am 11. 11. 1918 nach Rücktritt des Regentschaftsrates die Regierung.

Der Abschnitt VIII des Versailler Diktates, zu dessen Unterzeichnung Deutschland am 28. Juni 1919 gezwungen wird, ist das Gründungsstatut des neuen souveränen Polens. Es hat nur 20 Jahre gelebt. In Abwesenheit seiner beiden großen Nachbarn Deutschland und Rußland vom Verein der Sieger 1918 gegründet und reichlich — zu reichlich — mit fremdem Volksgut ausgestattet, war es ein abenteuerlicher Kompromiß, — gezeugt aus französischer Einkreisungspolitik, britischer Gleichgewichtstendenzen und amerikanischen Lehren von dem Selbstbestimmungsrecht der Völker — ohne Lebensfähigkeit.

Hemmungslos und raffgierig stürzt sich Polen auf die Beute, die der Zusammenbruch der Mittelmächte und die Revolution in Rußland zu bieten scheinen. Aggressiv bricht es sofort nach allen Richtungen — nach Oberschlesien, Posen, Westpreußen, Ostpreußen, Litauen, Rußland und der Ukraine — vor. Alle Grenzen brennen. Das Volk hat aus seiner blutigen und leidvollen Geschichte nichts gelernt. Als Rußland zum Gegenschlag ausholt und Tuchatschewskis[3] Divisionen vor Warschau stehen, scheint der völlige Untergang wiedermal unabwendbar. Pilsudski selbst schreibt darüber: „Unter dem Eindruck der heranziehenden (sowjetrussischen) Wetterwolke zerbrach das Staatsgefüge, wankten die Charaktere und wurden die Herzen der Soldaten weich. Das Reich krachte in allen Fugen."

"Das Wunder an der Weichsel", die Schlacht vor Warschau 14.—21. 8. 1920, hervorgegangen aus einer ungewöhnlichen Anhäufung von Fehlern der russischen Führung, rettet noch einmal den Staat davor, zum dritten Male wieder von der Landkarte zu verschwinden. Die knapp überstandene Krise hindert Pilsudski jedoch nicht, schon am 9. 10. die litauische Hauptstadt Wilna durch einen Handstreich zu besetzen und trotz aller Proteste nicht wieder herauszugeben. Seitdem bestanden keine diplomatischen Beziehungen mehr zwischen den beiden Ländern.

Im Westen verhindern deutsche Selbstschutzverbände notdürftig ähnliche Raubzüge. Im Süden erstürmen sie am 21. 5. 1921 den Annaberg bei Oppeln und retten damit wenigstens zum Teil Oberschlesien, das sich in

---

[3] Marschall Tuchatschewski, rangältester Offizier der Roten Armee und stellvertretender Kriegsminister, 1937 hingerichtet angeblich wegen Verrats.

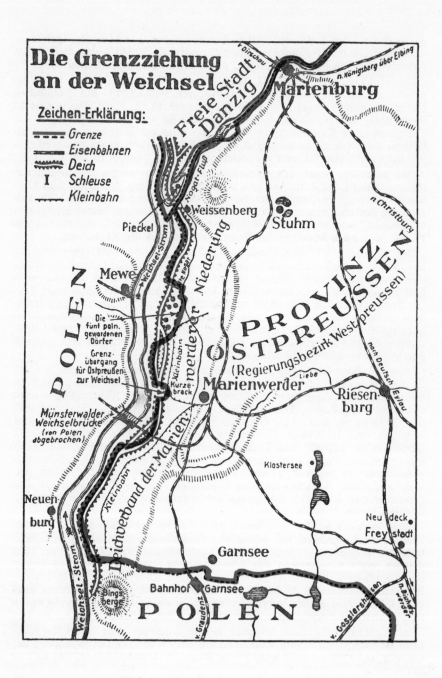

Die Grenzziehung an der Weichsel

Zeichen-Erklärung:

- Grenze
- Eisenbahnen
- Deich
- I Schleuse
- Kleinbahn

v. Dirschau

Freie Stadt Danzig

Marienburg

n. Königsberg über Elbing

Nogat-Fluß

Weissenberg

Stuhm

n. Christburg

Pieckel

Weichsel-Strom

Mewe

n. Kosel

Niederung

PROVINZ OSTPREUSSEN

(Regierungsbezirk Westpreussen)

Die fünf poln. gewordenen Dörfer

Grenz-übergang für Ostpreußen zur Weichsel

Kleinbahn

Kurze-brack

Marienwerder

Liebe

Marienwerder

nach Deutsch Eylau

Riesen-burg

Münsterwalder Weichselbrücke (von Polen abgebrochen)

Deichverband der Marien-

Kleinbahn

Klostersee

Neuen-burg

Neu deck

Frey stadt

Garnsee

Weichsel-Strom

Bings-berg

Bahnhof Garnsee

POLEN

v. Graudenz

n. Bischofs-werder

v. Gosslershausen

der Volksabstimmung mit zwei Dritteln aller abgegebenen Stimmen zu Deutschland bekannt hatte. Im Norden können sie zunächst plündernde Banden in Ostpreußen, in Westpreußen und Posen abweisen und verhüten wenigstens das Allerschlimmste in der Übergangszeit. Später sichern sie hier die neuen Grenzen.

Die Haltung der unfreien Reichsregierung diesen Selbstschutzverbänden gegenüber, die ausschließlich aus Freiwilligen aller deutschen Stämme bestehen, ist wechselnd. Siegt bei der Botschafterkonferenz der Alliierten in Paris vorübergehend die Vernunft, so wird ihre Aufstellung und ihr Kampf unterstützt oder zumindest geduldet, siegt Frankreich, so werden sie verfemt und verboten als „imperialistisch" und „militaristisch".

Das Versailler Diktat spricht den größten Teil der Provinz Westpreußen, das alte Herzogtum Pommerellen, und fast die ganze Provinz Posen ohne jede Volksbefragung dem neuen polnischen Staat zu. Ein „Korridor" von 100 Kilometer Breite trennt seitdem Ostpreußen vom Reich. Haß und Raffgier bringen alle Stimmen der Vernunft zum Schweigen. So fallen auch, über den Wortlaut des Versailler Diktates hinausgehend, die wertvollsten Teile des Industriegebietes in Oberschlesien an Polen. Denn Polen braucht Kohle. Insgesamt hat das Reich 46 000 qkm mit 3,8 Millionen Einwohnern, darunter mehr als eineinhalb Millionen deutsche Volksangehörige, abzutreten.

Das ungleichartige Staatsgebilde, das so bis 1921 entsteht, umfaßt schließlich 388 390 qkm mit 29 589 000 Einwohnern. Die statistischen (polnischen) Angaben sind naturgemäß stark gefärbt. Trotzdem können nur 69 % als Nationalpolen errechnet werden. Der Rest verteilt sich angeblich auf Ruthenen 14,3 %, Weißrussen 3,9 %, Deutsche 3,9 %, Juden 7,8 %. (Glaubensmäßig 10,5 %). Dieselbe Statistik bezeichnet 32,7 % der Gesamtbevölkerung als Analphabeten. In den Ostwoiwodschaften steigt diese Zahl erheblich: Nowogrodek 58,3 %, Wolhynien 68,8 %, Polesien 71 %. Selbstverständlich rechnet n i ch t als Analphabet, wer seinen Namen schreiben kann.

Rückschlüsse auf Kulturhöhe und Daseinsberechtigung eines derartigen Nationalitätenstaates als selbständiges Gebilde in Europa liegen nahe.

Natürliche Grenzen besitzt das neue Polen nur im Norden an der Ostsee um Gdingen =	146 km
und im Süden durch die Beskiden gegen den anderen, neu entstandenen Völkerstaat, die Tschechoslowakei =	920 km.
(ab 1938: Deutschland 50 km, Slowakei 650 km, Karpato-Ukraine-Ungarn 220 km)	
Alle anderen Grenzen sind völlig offen.	
Von den insgesamt	5390 km
entfallen auf:	
Rußland	1407 km
Lettland	103 km
Litauen	521 km
Ostpreußen	609 km
Danzig	139 km
Deutschland (ohne Ostpreußen und ohne Protektorat)	1303 km
Rumänien	388 km.

Diese Grenzen, soweit sie das alte Deutschland betreffen, werden im einzelnen durch Kommissionen der Alliierten festgelegt in einer Weise, aus der geradezu sadistische Freude spricht, den unterlegenen Gegner möglichst tief zu verletzen und zu schädigen. Als Beispiel, aus der Masse herausgegriffen, sei die Grenzziehung an der Weichsel angeführt. Artikel 28 und 30 des Versailler Diktats bestimmen internationaler Gepflogenheit folgend: Grenze ist die Mitte des Stromes. Artikel 97 sichert darüber hinaus der Bevölkerung Ostpreußens „den Zugang zur Weichsel und die Benutzung des Stromes für sie selbst, für ihre Waren und ihre Schiffe" ausdrücklich zu. Die praktische Durchführung zeigt Skizze 1. Der Strom ist polnisch. Der Deich, der die Marienwerder Niederung seit dem 14. Jahrhundert, seit Deutschordenszeiten, schützt, ist siebenmal durchschnitten. Der garantierte Zugang ist ein vier Meter breiter Feldweg bei Kurzebrack, der nur mit Paß zu bestimmten Zeiten am Tage benutzt werden darf. Die Bahnhöfe sind — wie überall, wo es irgend möglich war — von den Ortschaften abgeschnitten. Die Münsterwalder Eisenbrücke wird abgebrochen, da das Material für die Umgehungsbahn Danzigs nach Gdingen gebraucht wird. Die Straße war vertragsgemäß ausdrücklich als Grenzübergang und Zollstraße bestimmt. Die drei Brückenköpfe widersprechen dem Artikel 97, da das Abstimmungsergebnis 92,5 Prozent für Deutschland ergeben hatte.

Zynisch bezeichnen französische Diplomaten unter sich diese unmögliche und unwürdige Lösung des Problems, Polen einen Zugang zum Meer zu verschaffen, als die Grundlage „für einen gerechten und dauerhaften Krieg"[4]).

Eine andere Versailler Mißgeburt ist die „Freie Stadt Danzig". Ihre Gründung enthalten die Artikel 100—108 des Diktates. Sie stehen in krassem Widerspruch zu der feierlichen Erklärung Wilsons (Präsident der USA) vom 22. 1. 1917, die Clemenceau (Ministerpräsident Frankreichs) ausdrücklich anerkannt hatte: „Daß es nirgends ein Recht gibt, Völker von einer Landesherrschaft an die andere zu übertragen, als ob sie Sachen wären."

Von den 407 000 Einwohnern des Gebietes hatten sich 95 Prozent zu Deutschland, 3,2 Prozent zu Polen bekannt. Das entspricht durchaus dem Charakter dieser uralten, rein deutschen Hansestadt. Über die Jahrhunderte hinweg sind niemals mehr als 5 Prozent der gesamten Einwohnerschaft nichtdeutscher Abstammung gewesen. Von dem Grunderwerb und allen politischen Ämtern waren diese Fremden zudem grundsätzlich ausgeschlossen. Nicht ein einziges Bauwerk in den Mauern kündet von der vorübergehenden Verbindung mit der Krone Polens durch Personalunion. Das gesamte Stadtbild zeigt in seiner Ordnung und Geschlossenheit rein deutschen Ursprung und deutsche Kultur. „Die Steine reden, wenn die Menschen schweigen", — oder schweigen müssen.

Das alles galt jedoch nichts gegenüber dem Ziel, Deutschlands Einfluß im Osten zu schwächen, Polen zu stärken und gleichzeitig ein bleibendes Streitobjekt zu schaffen, das eine unerwünschte Verständigung zwischen den beiden Völkern ausschließt. So wird nach Ablauf von 100 Jahren zielstrebig der Zustand wiederhergestellt, der schon einmal von 1807 bis 1814 bestanden und sich nicht bewährt hatte, nur daß jetzt an Stelle des

---

[4]) Roger Peyrefitte „Diplomaten", Seite 149.

französischen Marschalls ein polnischer Resident tritt. In der „Freien" Stadt wird Polen übertragen: die Zollhoheit, eine Freizone im Hafen, die Kontrolle und Verwaltung der Weichsel, der Eisenbahnen, die auswärtige Vertretung, der militärische Schutz, Anteile an den Post-, Telegraphen- und Telefonverbindungen, den Wasserstraßen, Binnenhäfen, Docks, Kais und vieles andere mehr. Ein Oberkommissar des Völkerbundes übernimmt die Oberaufsicht. Er konnte oder wollte nicht verhindern, daß Polen seine weitgehenden Befugnisse laufend zum Nachteil der Stadt eigenmächtig erweitert und sie wirtschaftlich boykottiert.

Spätestens mit dem Ausbau des Hafens von Gdingen und der Fertigstellung der direkten „Kohlenbahn" von Oberschlesien dorthin war auch die letzte fadenscheinige Begründung für die Errichtung dieses unnatürlichen Staatsgebildes gefallen. Polen hat mit Gdingen den geforderten Zugang zum Meer und leitet systematisch seine gesamte Ein- und Ausfuhr über diesen Hafen. Der Warenumschlag in dem ehemaligen kleinen Fischerdorf überflügelt sehr bald das alte Danzig, das ohne Hinterland mehr und mehr absinkt. Ungehört und unbeachtet verhallen jedoch alle Vorstellungen. Der Wortlaut des Versailler Diktates ist heilig, und jede Forderung nach Revision wird als imperialistisches Machtstreben angesehen und grundsätzlich abgelehnt.

Trotz all derartiger Vergewaltigungen der Nachbarn und trotz aller sonstigen Hilfe durch die Alliierten sind die Schwierigkeiten, denen das neue souveräne Polen gegenübersteht, ungeheuer. Es gibt keine Zentralgewalt, die allgemein von den sich heftig befehdenden Parteien und Föderationen anerkannt wird. Die politischen Grenzen schwimmen und sind noch keineswegs festgelegt. Die Wirtschaft stagniert. Das umlaufende Geld verliert jeden Wert. Die Minderheiten — gut 40 % in dem zusammengewürfelten Völkerstaat — streben offen eine Trennung von Warschau an. Das uneinheitliche politisierte Heer ist unzuverlässig. Die Korruption blüht. Armut und Not stehen unvermittelt neben großem Reichtum und Kriegsgewinn. Einen Mittelstand gibt es nicht.

„Retter des Vaterlandes" wird der „Große Alte Mann" Joseph Pilsudski. In den nüchternen Daten seines Lebenslaufes spiegelt sich charakteristisch ein Stück Zeitgeschichte:
19. 3. 1867 im damals russischen Gouvernement Wilna geboren. Die Familie gehört zum litauischen Kleinadel.
1885 als Student in Charkow relegiert.
1888 wegen Teilnahme an einer Verschwörung gegen den Zaren nach Sibirien verbannt.
1900 wegen Gründung einer sozialistischen Geheimdruckerei mit Gefängnis bestraft.
1901 Flucht aus dem Petersburger Gefängnis zunächst nach Krakau, dann nach Japan.
In Japan während des russisch-japanischen Krieges Vorbereitung eines Aufstandes in Kongreßpolen.
1914 Kommandeur der österreichisch-ungarischen Polenlegion.
1917 wegen Eidesverweigerung in Magdeburg interniert.
1918 Erster Präsident des polnischen Staates.
1920 Ernennung zum Ersten Marschall des polnischen Heeres.
1922 (Juli) Freiwilliger Rücktritt von allen Ämtern.
1926 (12. Mai) Erneut Machtübernahme durch militärischen Staatsstreich als Diktator.

1928 (27. Juni) Rücktritt vom Amt des Ministerpräsidenten, bleibt jedoch Kriegsminister und Generalinspekteur des Heeres.
1930 (25. August) Erneut zugleich Ministerpräsident.
1930 (28. November) Rücktritt als Ministerpräsident, bleibt aber als Generalinspekteur des Heeres und Kriegsminister weiterhin der tatsächliche und alleinige Machthaber.
1935 (12. Mai) Tod an Magenkrebs.

Polen ist von Pilsudski geformt, sein Wirken läßt in der Geschichte des Landes vier scharf getrennte Abschnitte erkennen:

1. 1918—1922 Pilsudski Staatspräsident.
2. 1922—1926 verschiedene, rasch wechselnde Kabinette.
3. 1926—1935 Pilsudski Diktator.
4. 1935—1939 Rydz-Smigly „Oberster Führer".

Die territorialen Vergrößerungen, die Polen als „Siegernation" zufallen, können den Marschall nicht verleiten, die Lage zu verkennen. Das Ziel seines lebenslangen Kampfes war die Befreiung von Rußland und die Gründung eines souveränen **National**staates unter Lösung der Abhängigkeit von Frankreich. Nichts von diesen Idealen ist erreicht. Entstanden ist nach dem Muster der gerade deshalb zerschlagenen k. u. k. Österreichisch-Ungarischen Monarchie ein ungleichartiger **Völkerstaat.** Die Anlehnung an Frankreich bleibt notwendig, um leben zu können. Der Erzfeind im Osten ist nur gelähmt, nicht vernichtet. Es ist klar, daß der Sieg über Rußland trügerisch, daß der Frieden von Riga (18. 3. 1921) kein endgültiger Abschluß ist. Immer wird die offene Ostgrenze gefährdet bleiben und Wunder[5]) pflegen sich nicht zu wiederholen.

Folgerichtig sucht Pilsudski Versöhnung und Anschluß im Westen. Als seine Stimme ungehört verhallt, als im Siegestaumel Chauvinismus und Raffgier triumphieren, verzweifelt er an seinem Volke, legt alle Ämter nieder und dankt im Juli 1922 ab.

Es folgen schnell wechselnde, meist ultra-rechtsorientierte Kabinette, die sich anmaßen, eine Großmacht zu vertreten, während das Land im Chaos wieder unterzugehen droht. Der Staatspräsident Narutowicz wird ermordet. An allen Grenzen herrscht latenter Kriegszustand. Im Innern nimmt der Terror gegen die nationalen Minderheiten bisher unbekannte Ausmaße an. Die Zahl der Opfer, die im Osten die Befriedung von Weißrußland und der Ukraine kosten, wird auf 60 000 geschätzt. Die Isolierungslager im polesischen Sumpfgebiet, die Gefängnisse und Zuchthäuser sind überfüllt. Die gesamte Kulturwelt reagiert mit stürmischen Protesten.

Im Westen bietet die Vermögensabgabe bei Einführung der Zlotywährung 1924, die Agrarreform und das berüchtigte Grenzzonengesetz Handhaben, alle Verträge zu umgehen, die zum Schutz der nationalen Minderheiten in der Zwischenzeit abgeschlossen waren[6]). Wer für Deutschland optiert, wird enteignet und von Haus und Hof vertrieben. Die deutschen Schulen werden geschlossen, Zeitungen und Vereine verboten, die Vermögen beschlagnahmt. Im ehemaligen Westpreußen und Posen bieten

---

[5]) 14.—21. 8. 1920 die Schlacht vor Warschau = „Das Wunder an der Weichsel".

[6]) Versailler Vertrag Artikel 93. Polen gibt sein Einverständnis, daß die hauptsächlichen alliierten und assoziierten Mächte in einem Vertrag, den sie mit ihm schließen, diejenigen Bestimmungen aufnehmen, die sie zum Schutz der nationalen, sprachlichen und religiösen Minderheiten für notwendig halten.

die Volkszählungen vom 1. 12. 1910 und 9. 12. 1931 zuverlässige, vergleichbare Zahlen. Sie zeigen in diesen Gebieten ein Absinken der deutschen Bevölkerung von 1 100 372 auf 311 105. Das ist eine Verminderung um 71,7 %.

Deutschland sperrt nach langen Verhandlungen am 1. 7. 1925 offiziell seine Grenzen. Ein Zollkrieg, der fast zehn Jahre andauern soll, bringt schwere Verluste und erschüttert die neue Währung. Die Handelsbilanz ist passiv. Der Zloty verliert zwischen 1924 und 1927 die Hälfte seines Wertes.

Pilsudski glaubt, nicht länger zusehen zu dürfen, als am 10. 5. 1926 sein politischer Gegner, der rechtsradikale Witos zum dritten Male Ministerpräsident wird. Mit Hilfe des Heeres stürzt er am 12. 5. die Regierung, schließt den Sejm (Reichstag), den er als cloaca maxima bezeichnet, und übernimmt alle Gewalt. Unter seiner Führung kommt das Land allmählich zur Ruhe. Außenpolitische Erfolge stärken seine Stellung als Diktator. Die Abhängigkeit von Frankreich wird gelockert, mit Rußland 1932 ein Nichtangriffspakt abgeschlossen. Die Krönung seines Werkes ist dann das deutsch-polnische Abkommen vom 26. 1. 1934. „Beide Regierungen", heißt es darin, „erklären ihre Absicht, sich in den ihre gegenseitigen Beziehungen betreffenden Fragen, welcher Art sie auch sein mögen, unmittelbar zu verständigen ... Die durch diese Grundsätze geschaffene Friedensgarantie wird den beiden Regierungen die große Aufgabe erleichtern, für Probleme politischer, wirtschaftlicher und kultureller Art Lösungen zu finden, die auf einem gerechten und billigen Ausgleich der beiderseitigen Interessen beruhen."

Ein Gegenstück in der Geschichte hat dieses Abkommen polnischerseits nur in dem Vertrag, den König Kasimir 1343 in Kalisch unterzeichnete. Nicht zuletzt deshalb nennt ihn sein Volk „Der Große". Deutscherseits prangt erstmalig die Unterschrift Hitlers unter einem Akt, der die Beziehungen zu einem anderen Staate grundsätzlich unter Ausschaltung des Versailler Diktates neu regelt.

Bereits im März folgt ein Wirtschaftsabkommen, das den 10jährigen Zollkrieg beendet. Eine Verständigung bahnt sich an, beide Seiten zeigen ehrlich Verhandlungsbereitschaft, da stirbt Pilsudski am 12. 5. 1935 nach qualvollem Leiden. Sein Volk hat dem toten Marschall bei der Beisetzung auf dem Wawel in Krakau, der Grabstätte seiner Könige, königliche Ehren erwiesen, — aber seine Lehren, seine Versöhnung suchende Politik hat es trotz aller Treueschwüre an der Bahre gleichzeitig mit ihm begraben.

Der Name Rydz-Smigly bezeichnet einen neuen Abschnitt der polnischen Geschichte. Der noch von Pilsudski zum Generalinspekteur des Heeres ernannte ehrgeizige Mann versteht es, die Testamentsvollstrecker des großen Marschalls zu überspielen und nacheinander auszuschalten. 1936 ebenfalls Marschall und bald darauf „Oberster Führer", bringt seine Diktatur eine Rückkehr der Zustände zwischen 1918 und 1926: Der Terror gegen die Minderheiten flammt in grausamster Weise wieder auf, die Verständigungspolitik mit Deutschland wird abgebrochen, der Bündnisvertrag mit Frankreich vom Jahre 1921 aufgewertet. Als Gegenleistung finanziert Frankreich die Aufrüstung. Die Generale Weygand und Gamelin (Chef des französischen Generalstabes) wirken „beratend" bei der

Anlage von Landesbefestigungen und bei Aufstellung des Operationsplanes mit.

Der Pilsudskismus ist abgetan, die alten Mitarbeiter des Marschalls,
die „Obersten", sind entthront. Ein Teil von ihnen begeht Selbstmord wie
sein alter Freund Slawek, mehrfach Ministerpräsident und Sejm-Mar-
schall. Polen hat zurückgefunden — trotz aller Warnungen seiner Geschichte — zu der imperialistischen und verhängnisvollen Politik der
Jagiellonen.

Der „Führer" und der „Oberste Führer"

*Das Einzige, was man aus der Geschichte
lernen kann, ist, daß die Menschen aus
ihr niemals etwas gelernt haben.*

Heinrich v. Sybel

Deutschland war an der Existenz eines selbständigen und auch wehrhaften Polen als Pufferstaat zwischen dem Nationalsozialismus und dem Kommunismus durchaus interessiert. Je weniger unmittelbare Berührungspunkte zwischen den beiden Welten bestanden, um so geringer war die Gefahr einer gewaltsamen Entladung. Andererseits drängten die immer unhaltbarer werdenden Zustände an der Ostgrenze zu einer Revision des Versailler Diktates. Alle deutschen Regierungen seit 1918 haben deshalb ein Ostlocarno[7]) immer wieder abgelehnt. Es ist der tragische Irrtum, daß die Alliierten von 1918 diese Auflehnung gegen ein System der wirtschaftlichen und politischen Unvernunft nicht verstanden haben oder nicht haben verstehen wollen. Als neuer deutscher Imperialismus militärischen Grundcharakters wird jeder Revisionsantrag gewertet, der doch nur diktiert ist von nationalem Selbsterhaltungstrieb und Gerechtigkeitssinn.

Bei dieser Grundeinstellung wird die an sich schon schwierige Aufgabe, einen „Führer" und einen „Obersten Führer" an den Verhandlungstisch zu bringen, so gut wie unlösbar. Hinzu kommt, daß Polen auf die Führung einer selbständigen Außenpolitik wiedermal in seiner Geschichte weitgehendst verzichtet. Chauvinistische Hysterie vernebelt alle politische Vernunft. Hitler argumentiert: „Eins ist nun unmöglich: zu verlangen, daß ein unmöglicher Zustand auf dem Wege von friedlichen Revisionen bereinigt wird — und diese friedliche Revision konsequent zu verweigern." Rydz-Smigly beantwortet jedes Angebot als „unerträgliche Zumutung an eine große Nation".

Mit einem Funken politischen Realismus hätte Polen erkennen müssen, daß auch seine unmäßigen Kriegsgewinne, seine Annexionen, eines Tages irgendeine Korrektur erfahren mußten. Alle Friedensverträge werden für „ewige Zeiten" geschlossen — das ist die übliche Sprache der Diplomaten — und alle haben nur wenige Jahre überlebt, wenn sie Vergewaltigungen und Bestimmungen enthielten, die den dynamischen Lebensgesetzen der Völker zuwiderlaufen. Pilsudski hatte erkannt, welche Entwicklung die Dinge zwangsläufig nehmen mußten, und die Folgerungen daraus gezogen. Seine Epigonen bestehen wie Shylock auf ihrem Schein, wiegen sich in trügerischer Sicherheit und sind nicht bereit, auch nur einen Bruchteil der Beute herauszugeben.

---

[7]) 5.—6. 10. 1925 Konferenz zu Locarno. Deutschland, Frankreich, England, Belgien und Italien anerkennen und garantieren die deutsche Westgrenze.

Als Deutschland im Sudetenland einmarschiert, mißbraucht Polen die Gelegenheit, der Tschechoslowakei am 1. 10. 1938 ein Ultimatum zu stellen und das Olsagebiet (Teschen-Oderberg) durch militärische Besetzung abzutrennen. Hitler läßt das zu, stellt aber noch im selben Monat (24. 10. 1938) dem polnischen Botschafter Lipski seine Forderungen auf

„Der Korridor"

Skizze 2

Die Karte zeigt das deutsche Angebot an Polen von 1939. In der schwarz gezeichneten Zone sollte unter internationaler Kontrolle eine freie Abstimmung stattfinden, in der sich die Bewohner für Deutschland oder für Polen entscheiden konnten. Je nach dem Ergebnis der Abstimmung wäre dann von Deutschland entweder für die Polen, von Bromberg nach Gdingen, oder für die Deutschen, von Bütow nach Dirschau, eine exterritoriale Autobahn gebaut worden. Gdingen blieb in jedem Fall polnischer Hafen, womit den Polen der freie Zugang zur Ostsee garantiert gewesen wäre.

Revision der Ostgrenze und wiederholt sie — schon dringender — am 5. 1. 1939 dem polnischen Außenminister Beck gegenüber. Sie zeitigen kein Ergebnis. Auch die Verhandlungen des deutschen Außenministers von Ribbentrop verlaufen erfolglos. (6. 1. 1939 in München, 25.—27. 1. 1939 in Warschau anläßlich der Feiern zur fünfjährigen Wiederkehr des Freundschaftsvertrages vom 26. 1. 1934 und 21. 3. 1939 in Berlin.) All diese Verhandlungen gipfeln in folgendem Vorschlag:

1. Danzig kehrt als Freistaat in den Rahmen des Deutschen Reiches zurück.
2. Deutschland erhält durch den Korridor eine Straße und eine Eisenbahnlinie zur eigenen Verfügung mit exterritorialem Charakter.

Dafür ist Deutschland bereit:

1. Sämtliche wirtschaftlichen Rechte Polens in Danzig anzuerkennen.
2. Polen in Danzig einen Freihafen beliebiger Größe und bei vollständig freiem Zugang sicher zu stellen.
3. Die Grenzen zwischen Deutschland und Polen endgültig als gegeben hinzunehmen und zu akzeptieren.
4. Einen 25jährigen Nichtangriffspakt mit Polen abzuschließen.
5. Unter Verzicht auf jede einseitige deutsche Vormachtstellung die Unabhängigkeit des slowakischen Staates durch Deutschland, Polen und Ungarn gemeinsam sicher zu stellen.

Skizze 2 zeigt die Forderungen Hitlers in der Fassung vom August 1939. Zu dem ursprünglichen Vorschlag ist nunmehr das ultimative Verlangen nach einer Volksabstimmung im Korridor hinzugekommen.

Als Antwort auf die Verhandlungen zwischen dem deutschen Außenminister und dem polnischen Botschafter am 21. 3. 1939 in Berlin verkündet Polen völlig überraschend am 25. 3. 1939 die Mobilmachung seiner Wehrmacht. England schaltete sich ein und gebot demonstrativ Halt. Es garantiert in einem Beistandsabkommen, das wenige Tage später (6. 4. 1939) auch amtlich bekanntgegeben wird, den Bestand des polnischen Staates für die Dauer von fünf Jahren in seiner derzeitigen Form. Der wichtigste Artikel dieses Abkommens lautet in der Fassung der Ratifizierungsurkunde vom 25. 8. 1939:

> Sollte eine der Vertragsparteien in Feindseligkeiten mit einer europäischen Macht verwickelt werden, und zwar infolge eines Angriffs der letzteren auf diese Vertragspartei, so wird die andere Vertragspartei der in Feindseligkeiten verwickelten Vertragspartei sofort jede Unterstützung und jeden Beistand gewähren, die in ihrer Macht stehen.

Das war Englands Antwort auf den Einmarsch in die Tschechei. Widerstrebend, und nur um die drohende Kriegsgefahr noch einmal zu bannen, hatte Chamberlain im Herbst 1938 der Besetzung des Sudetenlandes zugestimmt. Hitler hatte versichert, sich damit zu begnügen. Niemals würde er Anspruch auf Gebiete erheben, die nicht von deutschstämmiger Bevölkerung besiedelt sind. Der Marsch nach Prag am 16. 3. 1939 war ein Vertrauens- und Vertragsbruch, war — um mit Talleyrand zu sprechen — mehr als ein Verbrechen, war ein Fehler, der Hitler ausschloß aus dem Spiel der internationalen Politik. Wie ein wortbrüchiger Kaufmann den Kredit verliert, so zählt jetzt endgültig seine Stimme nichts mehr.

Mit dem 16. 3. 1939 beginnt ein makabrer Zustand. Weltpolitisch ist Hitler bereits ein toter Mann, aber noch hält die Form. Noten werden gewechselt, Reden gehalten, feierliche Erklärungen abgegeben, aber das ganze Tun ist ohne Sinn. Die Welt hat über Hitler den Stab gebrochen, seine tönenden Friedensbeteuerungen verhallen, ohne Glauben zu finden. Es geht jetzt nicht mehr um Recht oder Unrecht in einer deutschpolnischen Streitfrage, sondern einzig darum, einem gefährlichen, unberechenbaren Diktator das Handwerk zu legen.

Franklin D. Roosevelt, der Präsident der USA, fühlt sich befugt, das Urteil der Welt über Hitler am 15. 4. 1939 in einer aufsehenerregenden Note zusammenzufassen. Es ist die schriftliche Ausfertigung des bereits gefällten Todesspruches in der damals noch üblichen Sprache der Diplomaten. Hitler beteuert in einer großen Rede vor dem Reichstag am 28. 4. 1939 seine immerwährende und vielmals bewiesene Friedensbereitschaft mit allen Völkern, aber gleichzeitig kündigt er den Flottenvertrag mit England und erklärt das deutsch-polnische Freundschaftsabkommen vom 26. 1. 1934 für erloschen. Die Voraussetzungen beider Verträge wären auf der Gegenseite unverhüllt und offen mißachtet worden.

An der deutsch-polnischen Grenze wird es unruhig. Die mobilen polnischen Divisionen arbeiten an der Vervollständigung und Ergänzung der Befestigungen. Ihnen gegenüber schanzen deutsche — noch immobile — Verbände. Im Innern des Landes wachsen die Deutschenverfolgungen sich zu organisierten Mordzügen aus, denen besonders in Oberschlesien und im Lodzer Bezirk das Deutschtum ganzer Ortschaften zum Opfer fällt. Ein Flüchtlingsstrom über die Grenze beginnt und schwillt seit April zunehmend an. Der deutsche Botschafter in Warschau muß amtlich feststellen:

> „Die polnische Regierung fühlt sich offenbar durch die englische Blankovollmacht so stark, daß sie es nicht mehr für nötig hält, bei der Behandlung der deutschen Minderheiten irgendwelche Rücksicht auf deutsche Interessen zu nehmen."

Alle warnenden Stimmen gehen unter im Geschrei der aufgeputschten Massen. Bei der Parade am 3. 5. in Warschau gerät die Menge in Raserei und schreit den Truppen entgegen: Nach Danzig! Nach Berlin! Marschall Rydz-Smigly verspricht, die Deutschen im Grunewald in Fetzen zu schlagen. Vergebens mahnt der polnische Botschafter in Paris: „Es ist kindisch, naiv und gleichzeitig unfair, einem Staat, der sich in einer solchen Lage wie Polen befindet, vorzuschlagen, er solle seine Beziehungen zu einem so starken Nachbarn wie Deutschland kompromittieren und die Welt der Katastrophe eines Krieges aussetzen." Er spricht vergeblich von der Kampfesunlust Frankreichs, von dem Wankelmut seiner Führer. Der französische Abgeordnete Déat, ehemals Luftfahrtminister, bekräftigt sein Urteil: „Für Danzig sterben? Nein! Daß die Polen nach ganz eigenmächtigem Urteil und nach ihrem Belieben zu den Waffen greifen können mit der Gewißheit, daß England und Frankreich automatisch in den Krieg treten werden, kommt mir wie ein Wahnsinn vor." Das Schlagwort „mourir pour Danzig?" ist geboren, unter dem das französische Volk später ins Feld zog.

Über die Vorgänge von April—August 39 haben nach Ausbruch des Krieges die beteiligten Staaten die üblichen Farbbücher (Deutschland zwei Weißbücher, England ein Blaubuch, Frankreich ein Gelbbuch) herausgegeben. Jedes Land beweist darin haarscharf seine Unschuld an der eingetretenen Entwicklung, seine nie erlahmten Bemühungen um die Erhaltung des Friedens, die unbedingte Gerechtigkeit seiner Sache und beschuldigt das andere Land in der neuen Form des diplomatischen Umgangs des Betrugs, der Lüge und des Wortbruchs. Deutschland hatte während des Krieges in dieser propagandistischen Auseinandersetzung den Vorteil, daß ihm dafür die in Warschau und Paris erbeuteten Akten zur Verfügung standen. Das „Recht", das die vereinigten Sieger in Nürnberg sprachen, hat diesen fruchtlosen Streit vorläufig beendet, ohne daß England, Frankreich und die USA ihre Archive dazu öffneten.

Da Hitler fest entschlossen war, die Frage der Freien Stadt Danzig und des Korridors „so oder so" mit oder gegen Polen noch 1939 zu lösen und Polen im Vertrauen auf die englische Garantie und das Bündnis mit Frankreich Verhandlungen entschieden ablehnte, nahm das Verhängnis seinen Lauf. Es ist nicht zu leugnen, daß Hitler planmäßig die Vorbereitungen für einen Kriegsfall seit April 1939 vorwärts trieb, aber Polen, England und Frankreich taten nichts anderes. Wenn auch Hitler nicht glaubte, daß die Auseinandersetzung mit Polen sich in ähnlichen Formen abspielen würde wie die Besetzung des Rheinlandes, Österreichs und der Tschechoslowakei, so rechnete er doch niemals mit einem Zweifrontenkrieg oder gar mit einem Weltbrand.

Er weigerte sich krampfhaft, an die Ernsthaftigkeit der englischen Garantie Polens zu glauben. „Niemals wird England oder Frankreich zu den Waffen greifen, schlimmstenfalls droht uns ein Wirtschaftskrieg, wie ihn Italien bei der Besetzung Abessiniens erlebt hat" sind seine eigenen Worte nach sehr abfälligen Bemerkungen über Kaiser Wilhelm II. und seine Ratgeber, die 1914 dumm und einfältig in einen Zweifrontenkrieg „hineingeschliddert" wären. Niemals würde ihm das passieren! „Man studiert nicht Geschichte, um dann, wenn sie zur praktischen Anwendung kommen soll, sich ihrer Lehren nicht zu erinnern oder zu glauben, daß nun die Dinge eben anders lägen und mithin ihre urewigen Wahrheiten nicht mehr anzuwenden wären." „Ihre Aufgabe ist, gegebenenfalls im Osten zu schlagen, meine Aufgabe, Ihnen auf alle Fälle im Westen den Rücken freizuhalten", erklärte er vor den Offizieren der Wehrmacht, die mit ihren Bedenken keineswegs zurückhielten.

Im August drängt die Lage zu einer Entscheidung. Die Grenze brennt. Die Zwischenfälle mehren sich. Die Deutschen in Polen sind vogelfrei. Aus der Unzahl der immer hysterischer werdenden Aufrufe sei nur eine Rede des berüchtigten Woiwoden von Schlesien, Graczinski, angeführt: „Wir werden den Deutschen die Augen ausbrennen und die Zungen ausreißen, bevor wir sie über die Grenze jagen." Der „Oberste Führer" spricht von dem Einsatz polnischer Geschütze gegen die alten Mauern Danzigs (Krakau 6. 8. 1939).

Hier scheint die gewaltsame Lösung der völlig unhaltbar gewordenen Zustände polnischerseits beabsichtigt. Ultimativ fordert der polnische Resident die Aufhebung einer nie erlassenen Verfügung (Anlage 1). Danzig protestiert und bezeichnet die Note als Herausforderung. Als Antwort wird der Handel der Freien Stadt polnischerseits zum Erliegen gebracht. Der Völkerbund schweigt. Eine Vermittlung Deutschlands lehnt Polen ab. Danzig fürchtet, durch eine überraschende Besetzung dasselbe Schicksal zu erleiden, das der „Held von Wilna", General Zeligowski, am 9. 10. 1920 der litauischen Hauptstadt bereitet hat. Es stellt zu seiner Sicherheit einen Selbstschutz auf. Die „Gruppe Eberhardt" erreicht später als „Verband Danzig" etwa die Stärke einer Reservedivision.

Die Diplomatie läuft auf Hochtouren — im Leerlauf. Eine Unzahl von Noten und persönlichen Briefen wird gewechselt, deren Lektüre einen peinlichen Eindruck erweckt. Sie scheinen zur Rechtfertigung des eigenen Verhaltens vorausschauend für die Nachwelt und die Geschichtsforschung verfaßt zu sein. Jeder Staatsmann beschwört den anderen, von seinem gefährlichen Vorhaben abzusehen, ohne selbst von seinem eigenen Standpunkt auch nur einen Schritt zu weichen. Durch die plötzliche Kehrtwendung der englischen Politik im März 1939, Polens gefährlichen Illusionismus und Hitlers aufreizende Gewaltpolitik wird eine geringfügige, längst überfällige Grenzkorrektur zu einer Haupt- und Staatsaktion. Die Welt verhandelt nicht mehr mit Hitler, sein Maß ist voll. Man glaubt an Rebellion und Führermord, falls er es bis zum Kriegsfall treiben sollte. Wunschträume der Emigranten und Nachrichten von „Widerstandskämpfern" mögen im Ausland zu dem Aufkommen derartiger Hoffnungen beigetragen haben. Hitler selbst glaubt blind nach wie vor, daß England und Frankreich auf keinen Fall mit Waffengewalt gegen ihn vorgehen werden. Mit vollendeten Tatsachen werden sie sich wie bisher auch jetzt wieder abfinden. Es gilt nur, diese Tatsachen zu schaffen. Einem Wirtschaftskrieg meint er gewachsen zu sein. Dieser Glaube, in dem unfähige Ratgeber ihn bestärken, bestimmt sein Handeln.

In die hochgespannte Atmosphäre platzt am 21. 8. 1939 die amtliche Nachricht, daß Deutschland und Rußland übereingekommen sind, einen Nichtangriffspakt miteinander abzuschließen. Der Außenminister von Ribbentrop fliegt am 23. 8. nach Moskau und unterschreibt noch am gleichen Tage in Gegenwart von Stalin einen Vertrag, der bisher in einer derartigen Form zwischen den beiden Staaten noch niemals hatte zustande kommen können. (Wortlaut s. Anlage 2.) Der englisch-französischen Militärmission, die seit dem 11. 8. in Moskau verhandelt, wird bedeutet, daß ihr weiterer Aufenthalt unerwünscht ist. Das deutsche Volk atmet erleichtert auf. Mit diesem Bündnis scheint jede Kriegsgefahr gebannt. Daß aus den bisher als Erzfeinden verschrieenen Kommunisten schlagartig Freunde geworden sind, erregt zwar Erstaunen, wird aber — so unglaublich es heute auch klingen mag — tatsächlich geglaubt und hingenommen.

Die deutsche Presse feiert ob dieses Erfolges Hitler triumphierend als den größten Staatsmann aller Zeiten. Sie hat sich geirrt. Triumphator ist Stalin. Zielbewußt hat er Hitlers Stellung vor der Welt gestärkt, um ihn zu ermutigen, die Streitfragen mit Polen nötigenfalls auch gewaltsam zu klären. Sein Bündnis mit dem politisch vereinsamten und gemiedenen Deutschland sollte den „Führer" vorwärtstreiben auf dem eingeschlagenen Wege, ihn bestärken in der vorgefaßten Meinung, daß die Westmächte stillhalten würden. Gleichzeitig stellte er aber in Rechnung, daß England und Frankreich durch Verträge derartig gebunden waren, daß sie bei einem Angriff auf Polen zum Kriege schreiten mußten, wenn sie nicht völlig das Gesicht verlieren, vertragsunwürdig für alle Zukunft werden wollten.

Seine Rechnung ging mit polnischer Hilfe auf. Zwar entsprach es der Logik eines Amokläufers, auch nach dem Abschluß des deutsch-sowjetischen Bündnisses — eingekeilt zwischen diesen beiden übermächtigen Staaten — auf die begrenzten Forderungen mit Kriegsdrohung zu antworten, aber Stalin kannte die Mentalität des polnischen Volkes und hat sie richtig eingesetzt. Rußlands Gegner, die Staaten der nichtkommunistischen Welt, haben sich nach seinem Willen und mit seiner Hilfe selbst zu zerfleischen. Stalin allein hätte mit einer unverbrauchten Wehrmacht den Frieden zu gegebener Zeit diktiert, wenn es ihm gelungen wäre, den Krieg auf den Westen zu beschränken, sein Land aus den Kämpfen selbst herauszuhalten.

Am 25. 8. 1939 ist Hitler entschlossen, den Sprung zu wagen. Im Osten ist der Rücken frei. Im Westen glaubt er immer noch, durch Verhandlungen auch mit England zu einem ähnlichen Vertrag wie mit Rußland kommen zu können. In den Mittagsstunden bietet er dem englischen Botschafter an: Garantie des englischen Weltreichs, notfalls mit Waffenhilfe, „ganz gleich, wo immer eine Hilfe erforderlich sein sollte", eine Garantie der Grenzen des Reiches im Westen und Verhandlungen über eine „vernünftige" Begrenzung der Rüstung. Er verlangt dafür: Freie Hand gegen Polen zur Beendigung der „Mazedonischen" Zustände an der Grenze, Befriedigung begrenzter kolonialer Ansprüche auf dem Wege späterer Verhandlungen und schließlich noch das Recht, die übernommenen Verpflichtungen Rußland und Italien gegenüber ebenso einhalten zu können, wie es England gegenüber Frankreich zugestanden sein soll. Mit diesem „letzten" Vorschlag fliegt Sir Nevile Henderson sofort anschließend in einem deutschen Sonderflugzeug nach London.

Um 15.02 Uhr befiehlt Hitler „Fall Weiß". Es ist das verhängnisvolle Stichwort, das planmäßig auslöst.

die Umstellung des Reiches auf Kriegswirtschaft,
die Mobilmachung der Gesamtwehrmacht,
den Angriff deutscher Divisionen am nächsten Morgen 4.30 Uhr über
die polnische Grenze.
Damit waren die Würfel gefallen, die ganze ungeheure Kriegsmaschinerie angelaufen.

Die Wehrmacht hatte den Auftrag: Die Operationen überraschend mit starken Schlägen zu eröffnen und durch den Einsatz vorwiegend gepanzerter und motorisierter Kräfte schnell zu entscheidenden Erfolgen zu führen. Ob das Heer mit den 37 großen Verbänden, die zu diesem Zeitpunkt verwendungsbereit waren (s. Seite 66), diese Aufgabe hätte lösen können, erscheint fraglich. Wahrscheinlich war ein Erfolg nur, wenn es gelang, in überraschendem Angriff die polnische Wehrmacht noch in der Mobilmachung zu zerschlagen. Diese Voraussetzung lag zweifelsohne nicht mehr vor. Der Operationsplan hatte ausdrücklich vorgesehen, das Herankommen stärkerer nichtmotorisierter Einheiten abzuwarten, „wenn infolge vorangegangener Spannung mit fortgeschrittener Abwehrbereitschaft des polnischen Heeres gerechnet werden muß". Frühestens standen diese weiteren Kräfte Ende des Monats zur Verfügung nach Ablauf der eigenen Mobilmachung, die am 25. 8. 1939, 20 Uhr, erst begann. Trotzdem wurden die Befehle zur Bereitstellung zum Angriff am 26. 8. 1939 früh gegeben. Die dramatischen Vorgänge in der Reichskanzlei am Nachmittage des 25. 8. haben es dem Heere erspart, die Lösung eines nur schwer erfüllbaren Auftrages zu versuchen.

Um 18.00 Uhr übermittelt das Auswärtige Amt eine fernmündliche Meldung aus London, wo Sir Nevile Henderson inzwischen eingetroffen sein muß, daß der Bündnisvertrag mit Polen soeben von der Regierung demonstrativ ratifiziert und 17.40 Uhr unterzeichnet sei. Kurz darauf erklärt der französische Botschafter Coulondre persönlich offiziell, daß Frankreich mit seinen Streitkräften vertragsgemäß an der Seite Polens stehe, wenn dieses angegriffen würde, und der italienische Botschafter Attolico überbringt die Absage Mussolinis, Italien sei für den Eintritt in einen Krieg nicht gerüstet. Damit steht fest, daß die Westmächte trotz des Bündnisses mit Rußland nicht bereit sind, einer fünften Teilung Polens kampflos zuzusehen, und daß Italien auch unter den gegebenen Verhältnissen das Risiko eines Krieges immer noch zu groß erscheint. Hitler ist entsetzt über diese schlagartig eintreffenden Antworten auf seinen Befehl von 15.02 Uhr.

Eilig wird Generaloberst v. Brauchitsch zur Reichskanzlei gerufen. Er trifft gegen 19.00 Uhr ein. Sein Auftreten wirkt beruhigend und ernüchternd auf die erregten Gemüter. Sein Vortrag vor Hitler gipfelt dem Sinn nach in folgender Beurteilung der Lage: Ich habe Ihnen schon immer gemeldet, daß das Heer nicht fertig ist, daß wir mit viel zu schwachen Verbänden den Angriff beginnen sollen. Polen kann zuverlässigen Nachrichten zufolge 60 Divisionen haben. Es wird vielleicht nicht alle haben aufstellen und ausrüsten können, sicher wird es aber mehr haben als wir. Wir treten morgen früh mit insgesamt nur 37 Divisionen an. An der Westgrenze steht keine Rückendeckung. Die drei schwachen Grenzschutzverbände dort können als solche nicht angesprochen werden. Geben Sie mir acht Tage Zeit, die Mobilmachung planmäßig durchzuführen und den Aufmarsch zu fahren, so stehen dann über 100 Divisionen zu meiner Verfügung. Ich verpflichte mich, das bereits befohlene Antreten zum Angriff morgen früh noch vor der Grenze aufzuhalten. Sie gewinnen so Zeit für Ihr politisches Spiel.

Es steht fest, daß Brauchitsch glaubte und hoffte, mit seinem Vorschlag den Krieg überhaupt zu vermeiden. Waren Polen und Deutschland mit englischer Hilfe erst an den Verhandlungstisch gebracht, so war dieser Ausgang der Krise nicht nur möglich, sondern wahrscheinlich. Deshalb übernahm er auch willig die ungeheure Verantwortung, die sein Vorschlag barg. Zwischen den Karpaten und Memel waren inzwischen gut eine halbe Million Mann nach festgelegtem Plan mit eingehenden Weisungen bis zu den Kompanien herunter angetreten. Nur wenn der Befehlsmechanismus völlig reibungslos lief, kein menschliches oder technisches Versagen sich ereignete, konnte es vielleicht möglich sein, die angelaufene Bewegung noch rechtzeitig anzuhalten. Der Funkverkehr war aus Tarnungsgründen noch nicht freigegeben. Drangen die Gegenbefehle über Heeresgruppe, Armee, Korps, Division, Regiment, Bataillon, Kompanie nicht trotzdem bis zum letzten Mann durch, war der Schaden unbehebbar, der Befehl zum Angriff vor der Welt nicht zu leugnen, Deutschlands Stellung militärisch und politisch erheblich verschlechtert — und die Schuld traf selbstverständlich ausschließlich ihn.

Es ist befehlstechnisch eine Meisterleistung, daß nur in Ostpreußen eine Kavalleriepatrouille über die Grenze geritten ist, zumal der Chef des Generalstabes des Heeres gerade in diesen entscheidenden Stunden mit dem gesamten Oberkommando nach Zossen umzog, und erst 20.20 Uhr erreicht werden konnte. Der Truppe kam die Anordnung so überraschend, daß die oberen Kommandobehörden Täuschungsversuche des Gegners für möglich hielten, und sich vor Weitergabe erst durch Rückfragen Gewißheit verschafften. Der Glaube entstand und wuchs, daß der ganze Angriffsbefehl überhaupt nur Bluff, nur ein neues psychologisches Druckmittel des „Führers" im Nervenkampf der Diplomatie sei. Daß man zweimal zum Kriege mit wenigen Tagen Abstand antreten könne, erschien besonders den Soldaten irre und unwahrscheinlich.

Hitler nahm den Vorschlag von Brauchitsch sofort an, sichtlich erfreut über diesen Ausweg. Statt jedoch nun wendig die Folgerungen aus der Lage zu ziehen, die die unmißverständlichen Erklärungen Englands, Frankreichs und Italiens geschaffen, findet er nach wenigen Stunden des Schwankens und der Unsicherheit wieder zurück zu seiner alten Einstellung. In langen Monologen beweist er sich selbst die Richtigkeit der von jeher vertretenen Ansicht, daß Frankreich und England niemals marschieren würden, es auch gar nicht könnten. Die Absage Italiens, soeben noch als schwerer Schlag empfunden, wird dahin umgedeutet, daß Neutralität in diesem Fall überhaupt viel zweckmäßiger und besser sei als aktives Eingreifen. Hitler will keinen Krieg mit England, und meint, ihn verhindern zu können, indem er einfach den offiziellen Noten nicht glaubt, die Mobilmachungsmaßnahmen, die in Frankreich und England seit dem 28. offen anlaufen, einfach nicht zur Kenntnis nimmt. „Vor dem letzten Entschluß werden beide Staaten doch wieder zurückschrecken, und wenn es erst gelungen ist, Polen schnell und restlos zu beseitigen, dann fehlt der Vertragspartner, dem man sein Wort gegeben hat."

Entsprechend kühl ist der Empfang des englischen Botschafters, der von seinem Flug nach London (25. 8.) am 28. 8. zurückkommt. Chamberlain begrüßt die Möglichkeit einer deutsch-englischen Verständigung. Unmißverständlich gibt er jedoch zu verstehen, daß weitere Verhandlungen darüber erst nach einer f r i e d l i c h e n Beilegung des schwebenden Konfliktes mit Polen, dessen Unabhängigkeit und dessen Interessen dabei gewahrt und international garantiert werden müssen, möglich seien. Für Verhandlungen, zu denen Polen sich sicher bereit finden werde, bietet England seine Vermittlung an. Am 29. 8., 18.45 Uhr, nimmt Hitler offiziell dieses Vermittlungsangebot an, stellt jedoch die Bedingung, daß noch am 30. 8. ein bevollmächtigter Vertreter Polens nach Berlin kommt. Die Gefahr neuer Zwischenfälle mache es erforderlich, keine Zeit zu verlieren. Über die Forderungen vom März 1939 hinausgehend, verlangt er neben einem garantierten Schutz der deutschen Minderheiten nunmehr noch Wiedergutmachung begangenen Unrechts und eine Volksabstimmung binnen Jahresfrist im Korridor unter internationaler Kontrolle (s. Skizze 2).

Wenn Hitlers Gewaltpolitik unverständlich und verdammenswert erscheint, so trifft dies Werturteil Rydz-Smigly nicht weniger. Im Vertrauen auf die englische Garantie hatte auch er sich nach eigenen Äußerungen (Frühjahr 1939 in Danzig) schon im März 1939 für den Krieg zur Lösung der schwebenden Probleme entschieden. Verhandlungen zwischen derartigen Partnern sind Scheingefechte. Beiden geht es nicht um Einigung, sondern um Gewinnung besserer Ausgangsstellungen. Unter Verletzung aller bestehenden Verträge hat der „Oberste Führer" ebenso folgerichtig sein Ziel verfolgt wie der „Führer". Die Deutschenverfolgungen in Polen sind kein Produkt Goebbelscher Phantasie. Nachweisbar sind seit 1918 58 000 Deutsche in Polen ermordet,[8] Hunderttausende als Bettler von Haus und Hof vertrieben worden. Als das „urpolnische" Danzig sich gegen seine Befreiung wehrt — unter Kontrolle des Völkerbundes stimmte 1933 und 1935 die absolute Mehrheit für Hitler — wird es boykottiert, vom Verkehr abgeschnitten und schließlich sogar durch aktive Truppen regelrecht zerniert. Ostpreußen wird als polnisches

---

[8] Amtliche Bekanntgabe des Auswärtigen Amtes vom 10. 2. 1940.

Lehen ebenso zurückgefordert wie das „polnische" Pommern und Schlesien. Sich überschlagend fordert eine chauvinistische Propaganda ernsthaft die Wiederherstellung des Reiches von Boleslaus Chrobry mit den Grenzen an der Elbe. Die Presse ergeht sich mehr und mehr in homerischen Beschimpfungen der Hunnen und Räuber polnischer Muttererde.

Es ist verständlich, daß bei dieser Grundeinstellung des „Führers" und des „Obersten Führers" sich die örtlichen Zwischenfälle mehren, jede Vermittlung aussichtslos ist. Die deutschen Weißbücher behaupten, sie wäre von England ernstlich gar nicht eingeleitet worden. Die letzten Verhandlungsvorschläge Hitlers beantwortet Rydz-Smigly am 30. 8., 14.30 Uhr, mit der offiziellen Verkündung der Mobilmachung. Ein bevollmächtiger Vertreter wird nach Berlin nicht entsandt, im Gegenteil, der polnische Botschafter angewiesen: „Lassen Sie sich unter keinen Umständen in sachliche Diskussionen ein."

Nach Ablauf der gesetzten Frist (Mitternacht 30. 8.) ordnet Hitler bereits am 31. 8., 0.30 Uhr, in einem Vorbefehl erneut den Einmarsch in Polen an. Während die diplomatischen Verhandlungen noch weiter zu laufen scheinen, ist die „Weisung Nr. 1 für die Kriegführung" (s. Anlage 3) von ihm bereits unterschrieben. Der endgültige Befehl Y = 1. 9., 4.45 Uhr, ergeht am 31. 8. um 16.00 Uhr.

Die polnische Wehrmacht

Gekleidet in Stahl und Panzer
Werden wir unter Rydz=Smiglys Führung
Bis an den Rhein und über den Rhein marschieren.

Polnisches Soldatenlied vom Frühjahr 1939

Die polnische Wehrmacht umfaßte im Frieden rund 350 000 Mann. Es bestanden neben dem aktiven Heer und der Kriegsmarine, die Grenzwacht an der West- und Südgrenze, das Grenzschutzkorps und die Obrona Narodowa (Nationale Verteidigung).

1. Das **aktive Heer** gliederte sich in 28 Inf. Divisionen, 2 Gebirgsdivisionen, 11 Kavalleriebrigaden, 1 mot. Brigade, Heeres- und Armeetruppen und die Luftwaffe.

Die Divisionen mit 3 Regimentern zu 3 Bataillonen, 1 Artillerieregiment zu 9 Batterien (36 Geschütze) und Sondertruppen ähnelten, ebenso wie die Kav.-Brigaden (3 Regimenter) in ihrer Gliederung stark den entsprechenden deutschen Verbänden, nach deren Vorbild sie s. Z. entstanden waren.

Zu den Heeres- und Armeetruppen zählten 18 schwerste Batterien bis 30,5 cm, eine größere Zahl schwerer Batterien, 200 schwere und 200 leichte Flakgeschütze.

Bei der Besetzung der höheren Führerstellen gaben vielfach politische Gründe, nicht Fähigkeit und Eignung den Ausschlag. Die Zahl der panzerbrechenden und Fliegerabwehrwaffen war unzureichend. Die Panzertruppe verfügte über 11 bis 12 Panzerbataillone, denen Kraftfahreinheiten eingegliedert waren. Die Zahl der Kampfwagen war mit etwa 500—600, die der Panzerspähwagen mit etwa 200 anzusetzen. Sie wurden aufgeteilt auf die Aufklärungskompanien bei den Kav.Brigaden, als zusammengefaßte Panzerkräfte bei den mot.Brigaden und Panzerkampfwagenkompanien bei Inf.Divisionen.

Die Luftwaffe, die keinen selbständigen Wehrmachtsteil bildete, sondern dem Heer angegliedert war, verfügte etwa über 146 Bombenflugzeuge, 315 Jäger, 325 Aufklärer, 100 Verbindungsflugzeuge. Zusammen annähernd 900 Kriegsflugzeuge, wovon etwa 50 Prozent als voll einsatzfähig und modern anzusprechen waren. Gut ausgerüstet und ausgebildet, gliederte sie sich in 6 Regimenter, diese wiederum in 3 Divisionen (Abteilungen) zu je 2 Staffeln. Dazu kamen 56 Kriegsflugzeuge der Marine.

2. Die **Kriegsmarine** besaß eine Friedensstärke von rund 7000 Mann. Die Flotte umfaßte in der Hauptsache 4 Zerstörer, 5 U-Boote, eine Anzahl Torpedoboote, Minenleger und Minensucher. Dem Flottenkommando unterstellt waren zur Küstenverteidigung die Marinelandstreitkräfte, die aus einigen aktiven Seebataillonen und Verbänden der Obrona Narodowa, aus Küstenartillerie, Marineflakabteilungen und Sondertruppen bestanden. Hierzu trat die Flußflottille mit 16 Flußkanonenbooten.

3. Die **Grenzwacht** — 5500 Mann — war militärisch organisiert. Für den Zolldienst waren ihr unterstellt 8400 Beamte und Angestellte des Finanzministeriums.

4. Das **Grenzschutzkorps** in Stärke von 28 232 Mann, aufgeteilt in 6 Brigaden, war eine rein militärische Einrichtung. Es galt als Elitetruppe und erhielt ausgesuchten Ersatz aus dem Heer.

5. Die **Obrona Narodowa** war eine in Ortsgruppen gegliederte, rund 60 000 Mitglieder starke nationale Vereinigung der männlichen Zivilbevölkerung an der Westgrenze. Sie wurde von Zeit zu Zeit zu militärischen Übungen aufgerufen.

Der Mobilmachungsplan, der dem deutschen Generalstabe vorlag, sah in drei Wellen die Aufstellung von insgesamt 43 Divisionen, 2 mot.Brigaden, 10 Brigaden Grenzschutzkorps und 16 Kav.Brigaden vor.

Bei einer Bevölkerung von fast 35 Millionen zählte der jährliche Rekrutenjahrgang etwa 170 000 Mann. Die Anzahl wehrfähiger Männer (10 Reservistenjahrgänge = 1 700 000) hätte demnach zur Aufstellung dieser Verbände ausgereicht. Fraglich schien allerdings, ob genügend Material dafür zur Verfügung stand. Hitlers persönliche Stellungnahme zu dieser Frage ist bemerkenswert. Als bei einer Lagebesprechung der Vortragende[9]) die Möglichkeit des Auftretens von 60 polnischen Divisionen erwähnte, erklärte er: „Die Nachrichten, die Sie darüber haben, mögen aus guter Quelle stammen. Ich glaube trotzdem nicht daran. Ich weiß, was eine Aufrüstung kostet und weiß, welche Mittel der polnischen Regierung die letzten Jahre zur Verfügung standen. Mit den Divisionen erster Welle müssen wir rechnen, vielleicht werden es 20 sein. Die zweite Welle wird nur z.T. ausgerüstet sein und der dritten Welle wird alles fehlen, Ausrüstung, Bewaffnung und Munition, wenn es zu ihrer Aufstellung überhaupt gekommen ist.“

Wie sich später ergab, war dieses Urteil zutreffend. Polen hat tatsächlich nur aufstellen können 36 Inf.Divisionen, 2 Gebirgsdivisionen, 1 Gebirgsbrigade, 2 mot.Brigaden und 11 Kav.Brigaden. Dazu kamen noch 7 Inf.Regimenter des Grenzschutzkorps als Eliteverbände und etwa 45 selbständige Bataillone der Obrona Narodowa, die den Armeen oder einzelnen Divisionen zugeteilt waren.

Das Heer war in Armeen oder selbständige Operationsgruppen = Armeeabteilungen gegliedert, die unmittelbar dem „Obersten Führer“ unterstellt waren. Generalkommandos und Heeresgruppen bestanden nicht.

---

[9]) Der Verfasser am 27. 8. 39.

Die polnischen Landesbefestigungen
gegen Deutschland

Wer alles sichert —
sichert nichts.

Karte 3

Die Pläne für die Landesbefestigungen gegen Deutschland waren ursprünglich gemeinsam vom französischen und polnischen Generalstab ausgearbeitet. Es bestand die Absicht, nach dem Vorschlag des französischen Generals Weygand die entscheidende Verteidigung erst in der Linie Njemen—Bober—Narew—Weichsel—San zu führen. Westlich dieser Linie sollte nur hinhaltend gekämpft werden.

In dieser **vorderen Widerstandszone** sollten an wichtigen Punkten zur Unterstützung des hinhaltenden Kampfes Einzelgruppen ständiger Befestigungen entstehen. Ihr vorderer Rand führte von der Bober-Narew-Hauptstellung bei Rozan über Mlawa zur ehemaligen deutschen Festung Graudenz, folgte der Weichsel, bezog Gdingen und Hela ein, ging unter Ausnutzung des seenreichen Braheabschnittes westlich an Bromberg vorüber, schloß sodann im weiten Halbkreis um die Festung Posen an den Wartheabschnitt an, folgte der Prosna, fand zum Schutz des ostoberschlesischen Industriegebietes über Tarnowitz — Pleß seine Fortsetzung und in der Nähe von Neumarkt zur Sperrung der Karpatenübergänge sein Ende.

An den vorgesehenen Befestigungsgruppen wurde seit 1933 laufend gearbeitet. Im März 1939 setzte dann ein durchlaufender Ausbau der gesamten Front ein. Er ließ vermuten, daß der ursprüngliche Operationsplan geändert sei.

Vor der ostpreußischen Grenze wuchs in großer Schnelligkeit nördlich um Mlawa herum eine feste Bunkerstellung von 20 km Ausdehnung, die beiderseits Anlehnung an panzersicheres Sumpfgelände hatte. Anschlußlinien nach Rozan einerseits und nach Graudenz andererseits waren im Bau. An der Küste wurden die Befestigungen von Hela nach neuzeitlichen Gesichtspunkten angelegt. Gdingen besaß ortsfeste Artillerie- und Flakstellungen sowie durchlaufende Gräben für Infanterie. Die im Danziger Gebiet liegende Westerplatte stellte ein beachtliches, modernes Werk dar. Es war unter Vertragsbruch innerhalb des Hoheitsgebietes der Freien Stadt trotz heftiger Einsprüche des Senats angelegt worden. Die beiden Dirschauer Weichselbrücken erhielten starke Sicherungsanlagen. Am Braheabschnitt entstanden, neben Bauten bei Konitz, starke Stellungen auf den Drausnitzer Höhen südwestlich Tuchel, sowie nordwestlich und westlich Bromberg für einen Brückenkopf dieser Stadt. Südlich der Netze wurden um die Festung Posen herum, sodann unter Ausnutzung der Warthe durchlaufende Feldstellungen mit Drahthindernissen angelegt. Vor Prosna und Warthe wuchs bis Beuthen herunter ein Grabensystem, das an die Zeiten des Stellungskrieges erinnerte. Dahinter entstand an dem Wartheknie von Kolo ein großer Brückenkopf mit Schartenständen und südlich davon bei Sieradz eine ähnlich große Anlage. Zum Schutz des ostoberschlesischen Industriegebietes war nahe der Grenze ostwärts Beuthen bereits 1933 mit dem Ausbau einer rund 30 km langen modernen Befestigungszone begonnen. Mehrere starke, teilweise mit Panzertürmen versehene Werkgruppen sollten die Bergwerke und Fabriken schützen. Weiter südlich wurde an den Bunkerstellungen bei Pleß, Neumarkt und Neu-Sandez lebhaft gearbeitet. Im Olsagebiet lagen die ehemaligen tschechischen Anlagen, die aber erst zum Teil umgedreht waren. Bis dicht an die Grenze wurden auf der ganzen Front Sperren aller Zufahrtsstraßen bei Konitz, Wollstein, Lissa, Rawitsch, Krotoschin, Schildberg, Kempen und in den Karpaten vorgeschoben.

Als Rückhalt boten sich die ehemaligen deutschen und österreichischen Festungen an: Im Korridor Graudenz, Kulm, Thorn; im westlichen Teil von Posen die Gürtelfestung Posen und in Galizien die Gürtelfestungen Krakau und Przemysl. Keine von ihnen war neuzeitlich verstärkt, Posen und Krakau teilweise aufgelassen.

In der als **Hauptverteidigungszone** in Aussicht genommenen Njemen-Bober-Narew-Weichsel-San-Linie war der rechte Flügelstützpunkt, die frühere starke russische Festung Grodno am Njemen, nicht neuzeitlich verstärkt. Dagegen waren in dem Abschnitt der Bober-Narew-Bug-Linie, an der auf den Nordufern die ehemals russischen Brückenköpfe Osowiez, Lomza, Ostrolenka, Rozan, Pultusk, Zegrze und die mächtige Gürtelfestung Modlin lagen, seit dem Frühjahr 1939 wesentliche neuzeitliche Verstärkungen auf den südlichen Flußufern vorgenommen worden. Modlin, der linke Eckpfeiler, hatte neuzeitliche Verbesserungen durch einige Panzerkuppeln erhalten.

An der mittleren Weichsel waren die alten russischen Festungen Warschau und Deblin (früher Iwangorod) seit Jahren aufgelassen, ihre Werke aber noch vorhanden. Mit Kriegsbeginn wurde die Hauptstadt durch Feldbefestigungen, Hindernisse und Panzersperren innerhalb des Fortgürtels und an den Stadteingängen gesichert. An der Sanlinie war die frühere österreichische Gürtelfestung Przemysl nur teilweise aufgelassen, ihre Werke alle noch vorhanden.

Ostwärts davon lag die frühere russische Gürtelfestung Brest am Bug, zwar nicht neuzeitlich verstärkt, aber immerhin einen starken Stützpunkt bildend.

Der polnische Aufmarsch

Es ist ein Gesetz:
durch Stellungnahme gewinnt man keine
Schlacht, sondern nur durch Bewegung.

Alfred Graf v. Schlieffen

Karte 4

In dem letzten Kriege — 1920 gegen Rußland — waren Polens Führer noch völlig beherrscht von dem Dogma der durchlaufenden, geschlossenen, auf beiden Flügeln angelehnten Fronten. Zwischen Dnjestr und Düna war auf 1400 km Breite die gesamte verfügbare Macht, etwa 20 schwache Divisionen, nebeneinander in einer Linie zur Verteidigung eingesetzt, ohne Reserven dahinter. Ein erstaunliches Bild! Der dünne Schleier zerriß selbstverständlich beim ersten Anstoß. Es ist Pilsudskis Verdienst, daß er buchstäblich in letzter Stunde sich von der trügerischen Sicherheit einer derart übersteigerten linearen Strategie frei machen konnte und sein Heil in der Bewegung, in „Operationen", suchte. Der Entschluß hat sein Volk damals davor bewahrt, schon 1920 wieder zu werden, was es 150 Jahre gewesen war und 1945 wieder wurde: ein Satellit Rußlands.

Zunächst erweckte es den Anschein, daß Polen militärisch seine Lehren aus den damaligen Vorgängen zog. Unter französischem Einfluß gewinnt die Auffassung Raum, daß bei einem etwaigen Krieg mit Deutschland nur die beweglich geführte strategische Defensive Aussicht auf einen Enderfolg bietet. D. h. Polens Wehrmacht darf auf keinen Fall eine Entscheidungsschlacht annehmen, bevor sich das Eingreifen der Verbündeten ausgewirkt hat. Es muß die moralische Kraft aufbringen, vorübergehend nötigenfalls auch „Provinzen sacrifizieren zu können" (Friedrich der Große). Das war der Sinn des Operationsvorschlages des französischen Generals Weygand, die entscheidende Verteidigung erst in der Linie Grodno—Warschau—Przemysl zu suchen und westlich davon nur hinhaltend zu kämpfen. Diese Linie hinter den Flüssen Njemen—Bobr—Narew—Weichsel—San maß rund 800 km. Sie frontal auch längere Zeit mit etwa 50 Divisionen erfolgreich zu halten, lag durchaus im Bereich des Möglichen, zumal ihre natürliche Stärke durch Ausbau der alten russischen und österreichischen Festungsanlagen leicht noch wesentlich gesteigert werden konnte.

Der tatsächlichen Durchführung dieses Planes, der auf nüchternen militärischen Erwägungen beruhte, standen jedoch wirtschaftlich und politisch sehr erhebliche Schwierigkeiten und Bedenken gegenüber. Im Westen des Landes lag das landwirtschaftlich wertvolle Gebiet und gleichzeitig die gesamte Industrie. Preußen und Österreich hatten nach 1772 die ihnen zugefallenen Teile kultiviert, während östlich der Weichsel das Land noch fast im Urzustande dalag. Wurden die westlichen Provinzen geräumt, so war der Reststaat in jeder Beziehung gänzlich lebensunfähig, völlig auf die Hilfe seiner Verbündeten angewiesen. Der gesamte Bedarf eines Millionenvolkes und die Versorgung der kämpfenden Truppen hätten etwa über Rumänien erfolgen müssen. Sich in eine derartige Abhängigkeit zu begeben, ist ein sehr schwerer Entschluß, selbst wenn man seinen Bundesgenossen voll vertraut.

Hinzu kam schon vor Abschluß des Freundschaftspaktes zwischen Stalin und Hitler die Frage, ob Rußland einer derartigen Entwicklung untätig zuschauen würde. Die Sowjetunion hat die Grenzen, die z. Z. ihrer Schwäche nach dem ersten Weltkrieg gezogen wurden, nie als endgültige anerkannt. Sie ist am 17. 9. 39 ja auch angetreten zum Schutz der „mit ihr blutmäßig verwandten Ukrainer und Weißrussen, die auf dem Territoriums Polens leben" (Anlage 4).

Beide Volksstämme waren als Minderheiten seit Gründung des polnischen Staates, ebenso wie die Deutschen im Westen, blutigem Terror und wilder Verfolgung ausgesetzt. Die Weißrussen siedeln seit jeher beiderseits des Njemen zwischen Pripet und Düna. Die Ukrainer zwischen Pripet und Karpaten fühlten sich immer als ein Teil ihres Gesamtvolkes von 35—40 Millionen, das in der Hauptsache zu Rußland gehörte. Nicht mal der römisch-katholische Glaube, der sonst alle Polen über die politischen Parteien hinweg eng umschließt, verband sie mit Warschau. Selbst nach der gefärbten offiziellen polnischen Statistik bekannten sich trotz allen Druckes 8 Millionen Einwohner dieser Landschaften zur griechisch-orthodoxen Kirche, gegen die Warschau vergeblich ankämpfte. Allein in der Woiwodschaft Lublin werden noch 1938 im Sommer 114 allzugut besuchte orthodoxe Gotteshäuser mit Spitzhacke, Feuer und Dynamit dem Erdboden gleichgemacht. Opferbereite Anhänger im eigenen Land hat sich die christlich-polnische Regierung mit diesem Rückfall in die Zeiten von Stanislaus Hosius verständlicherweise nicht erworben.

Über die Haltung der Slowakei in der Südflanke der Hauptverteidigungslinie waren Zweifel kaum möglich. Im Herbst 1938 hatte Polen das reiche Industriegebiet an der Olsa mit den Städten Teschen und Oderberg geraubt und die Abtretung der Karpato-Ukraine an Ungarn durchzusetzen verstanden. Im Norden lag Litauen nach wie vor in offener Feindschaft wegen Wilna. Mit Sicherheit war zu erwarten, daß in kritischer Lage beide Nationen ihre Rechnung präsentieren würden. Hinter die offenen Flügel hätten also operative Reserven gehört. Sie standen ebensowenig zur Verfügung wie Kräfte, die eine Rückendeckung mit der Front nach Osten hätten bilden können.

So ist nur zu mutmaßen, daß aus Gründen dieser Art der alte französische Operationsplan von Rydz-Smigly verworfen wurde. An seine Stelle trat ein Vorschlag, den der Kommandeur der Kriegsakademie, General Kutrzeba, 1938 vorlegte. Auch er hielt eine Aufgabe der wertvollen landwirtschaftlichen Provinzen beiderseits der mittleren Weichsel—Warthe und der Industriegebiete für untragbar. Seine Erfindung ist der Begriff „Strategisches Rumpfgebiet Polens", das aus wirtschaftlichen, politischen und psychologischen Gründen unbedingt zu halten war. Es ist zu umreißen etwa mit der Linie: Modlin—Thorn—Prosna—Reichsgrenze—Teschen—Przemysl—Deblin—Warschau. Die Verteidigung dieses Raumes war an seinem äußeren Rande zu führen, unterstützt durch Befestigungsanlagen, während in seinem Inneren Reserven für entscheidende Angriffsoperationen mit Schwerpunkt nordwestlich Warschau versammelt werden sollten. „Ausfallpforten" gegen Ostpreußen, Schlesien und in Richtung Berlin waren vorzuschieben.

1939 — vermutlich während der ersten offiziellen Mobilmachung im März — wurde das „strategische Rumpfgebiet" dann erweitert durch Einbeziehen des Bobr-Narew-Abschnittes, des gesamten Korridors und der Festung Posen in die große Rundumverteidigung. Dem Kutrzeba-Plan ist mit dieser Erweiterung jeder Sinn genommen, — so er überhaupt jemals einen gehabt hat. In dem Streben, nichts preiszugeben, alles zu decken, findet die polnische Regierung zurück zu den Kampfgrundsätzen, die bereits 1920 das Reich an den Rand des Abgrundes gebracht hatten. Ohne jeden klaren operativen Gedanken sucht sie in einer Kordonaufstellung, die deutsch-polnische Grenze in ihrem gesamten Umfang zu verteidigen. Diese Grenze mißt 1939 einschließlich Danzig und der Slowakei aber 2897 km.

Es wurden entsprechend gebildet:

Operationsgruppe Narew Gen. Mlot-Fijalkowski.
Gliederung: 18.I.D., 33.I.D.
             Kav.Brig. Suwalki, Kav.Brig. Podlachien.
Auftrag: Verteidigung des Bobr-Narew-Abschnittes.

Als **Gruppe Wyszkow** (Heeresreserve) wurden unter General Skwarczynski hinter ihrem linken Flügel um Ostrow südlich des Narew versammelt: 1.I.D., 35.I.D., 41.I.D.

Armee Modlin General Przedrzymirski-Krukowicz.
Gliederung: 8.I.D., 20.I.D.
   Kav.Brig. Masowien, Kav.Brig. Nowogrodek.
   Auftrag: Schutz von Warschau und Plock in grenznahen Stellungen (Mlawa). Nötigenfalls ist hinhaltend kämpfend auf die Narew-Weichsel-Linie auszuweichen, die mit Brückenköpfen bei Pultusk, Rozan und Modlin endgültig zu halten ist.

Armee Pommerellen General Bortnowski.
Gliederung: Ostgruppe, General Boltuc, 4.I.D., 16.I.D.
             Westgruppe, General Skotnicki, 9.I.D., 15.I.D.
             Kav.Brig. Pommerellen
             Armeereserve 27.I.D. um Pr.Stargard.
Auftrag: Ostgruppe Schutz der Westflanke der Armee Modlin durch Verteidigung der Linie Straßburg—Graudenz.

Westgruppe Halten des Korridors einschl. der Flankenstellung Bromberg—Nakel.

Die 27.I.D. war bestimmt zusammen mit der 13.I.D., die von der Armee Preußen auf Thorn herangeführt wurde, Danzig zu nehmen und zu säubern.

Die Küstenverteidigung im Raum Gdingen—Hela und auf der Westerplatte innerhalb des Gebietes der Freien Stadt Danzig oblag der Marine. Admiral Unrug (ehemals v. Unruh).
Gliederung: Einzelne Regimenter und Bataillone Marineinfanterie und Obrona Narodowa, Küstenartillerie, Sondertruppen.

Armee Posen General Kutrzeba.

Gliederung: 14.I.D., 17.I.D., 25.I.D., 26.I.D., eine Div. O.N.
Kav.Brig. Podolien, Kav.Brig. Großpolen
Auftrag: Hinhaltender Kampf im Raum Posen. Endgültige Verteidigung in der Linie Bromberg—Hohensalza—Konin—Turek.

Armee Lodz General Rommel.

Gliederung: 2.I.D., 10.I.D., 28.I.D., 30.I.D.
Kav.Brig. Grenzmark, Kav.Brig. Wolhynien
Auftrag: Verteidigung der ausgebauten Stellungen in Grenznähe. Vorbereitung eines Gegenangriffs in Richtung Kalisch—Kolo.

Armee Krakau General Szylling.

Gliederung: 6 I D , 7 I D , 23.I.D., 45.I.D., 55.I.D.
21.Geb.D., 1.Geb.Brig.O.N.
10.Pz.Brig., Kav.Brig. Krakau
Auftrag: Verteidigung des oberschlesischen Industriegebietes, Sicherung von Krakau gegen Südwesten in den Beskiden.

Armee Karpaten General Fabrycy.

Gliederung: 2.Geb.Brig.O.N., 3.Geb.Brig.O.N. und zahlreiche einzelne Bataillone der Obrona Narodowa
Als **Reserve Süd** um Tarnow etwa ab 6.9. außerdem 11.I.D., 24.I.D., 38.I.D., 22.Geb.D.
Auftrag: Sicherung der Ostflanke der Armee Krakau, Schutz des „Zentralen Industriegebietes" im Weichsel-San-Winkel und des Ölgebietes um Drohobycz durch Verteidigung in den Karpaten.

Der Aufmarsch dieser Armeen vorderster Linie war Ende August im wesentlichen abgeschlossen, da die Mobilmachung von rund drei Vierteln der polnischen Wehrmacht am 25. 8., des verbleibenden Restes bereits am 27. 8. so gut wie beendet war. Offiziell verkündet wurde die Mobilmachung allerdings erst am 30. 8. um 10.30 Uhr.

Die Heeresreserven waren bei Kriegsausbruch z. T. noch nicht versammelt:

Armee Preußen General Dab-Biernacki,

um Tomaszow Maz.—Kielce—Radom.
Gliederung: 3.I.D., 12.I.D., 13.I.D., 19.I.D., 29.I D , 36.I.D.
Kav.Brig. Wilna.

Armee Piskor General Piskor, beiderseits des Wieprz.
Gliederung: 39.I.D., Pz.Brig. Warschau

Um **Warschau—Kutno** die 5.I.D. und 44.I.D.

Um **Brest** sollte ab Mitte September die Gruppe Polesie zusammentreten.

Die einzelnen Armeeoberbefehlshaber kannten „nur die ihnen zufallende Aufgabe in den ersten Tagen des Krieges"[10]). Über die Gesamtplanung blieben sie ebenso unorientiert wie über die Aufträge ihrer Nachbarn.

---

[10]) Polskie Sily Zbrojne w Drugiej wojnie Swiatowej.

Infanterie-Divisionen

Aktive Div.	Friedensstandorte bzw. Aufstellungsräume	Einsatz bei										
		Narew	Wiszkow	Modlin	Pom-merellen	Posen	Lodz	Krakau	Karpaten Res. Süd	Preussen	Piskor	Kutno
1.	Wilna	1.										
2.	Kielce					2.						
3.	Zamosc									3.		
4.	Thorn				4.							
5.	Lemberg											5.
6.	Krakau							6.				
7.	Tschenstochau							7.				
8.	Modlin			8.								
9.	Siedlce				9.							
10.	Lodz						10.					
11·	Stanislau								11.			
12.	Tarnopol									12.		
13.	Rowno									13.		
14.	Posen					14.						
15.	Bromberg				15.							
16.	Graudenz				16.							
17.	Gnesen					17.						
18.	Lomza	18.										
19.	Wilna									19.		
20.	Baranowicze			20.								
21.	Bielsk							21.				
22.	Przemysl								22.			
23.	Kattowitz							23.				
24.	Jaroslau								24.			
25.	Kalisch					25.						
26.	Skierniewice					26.						
27.	Kowel				27.							
28.	Warschau						28.					
29.	Grodno									29.		
30.	Kobryn						30.					
Res. Div.												
33.	Grodno	33.										
35.	Wilna		35.									
36.	Przemysl									36.		
38.	Luniniec								38.			
39.	Rembertow										39.	
41.	Ostrow - Maz.		41.									
44.	Lowicz											44.
45.	Krakau							45.				
55.	Kattowitz							55.				

Kavallerie-Brigaden

Friedens-standorte		Einsatz bei:
Wilna	Wilna	Preußen
Suwalki	Suwalki	Narew
Podlachien	Bialystok	Narew
Masowien	Warschau	**Modlin**
Nowogrodek	Baranowicze	Modlin
Pommerellen	Bromberg	Pommerellen
Podolien	Stanislau	Posen
Großpolen	Posen	Posen
Grenzmark	Brody	Lodz
Wolhynien	Rowno	Lodz
Krakau	Krakau	Krakau

Mot. (Panzer) Brigaden

10.	Krakau	Krakau
Warschau	Warschau	**Piskor**
(Mob.Aufstellung)		

Neben Mißgunst und Mißtrauen als Erbe des antirussischen Untergrundkampfes und dann der politischen Wirren nach 1918 dürfte diese Handhabung der Führungskunst wohl nicht zuletzt darauf zurückzuführen sein, daß ein Gesamtoperationsplan für diesen Krieg schriftlich nie festgelegt worden ist.

Der deutsche Operationsplan

Die beste Strategie ist:
immer recht stark zu sein,
zuerst überhaupt,
und demnächst auf dem entscheidenden Punkt.

Carl v. Clausewitz

Am 16. 3. 1935 verkündete der Führer feierlich die Wiederherstellung der deutschen Wehrhoheit. Die daraufhin einsetzende Wiederaufrüstung war auf ein Ziel abgestellt, das etwa 1944 verwirklicht sein sollte und konnte. 1939 war auf diesem Weg erst eine Etappe erreicht. Aus vielerlei Gründen war auf Hitlers Drängen die Aufrüstung bisher nur in die Breite gegangen, nicht in die Tiefe.

Das Heer von 1914 war aus einem Guß, in langer sorgfältiger Friedensarbeit gewachsen; das Heer von 1939 war Improvisation, ungleichartig in seinen einzelnen Bestandteilen. In vier Jahren aus 7 Inf.Div. und 3 Kav.-Div. der Reichswehr geworden:

6 Heeresgruppenkommandos, 19 Generalkommandos, 35 Infanteriedivisionen, 4 motorisierte Divisionen, 5 Panzerdivisionen, 3 Gebirgsdivisionen, 4 leichte Divisionen und 1 Kavalleriebrigade sowie eine Unzahl von Grenzschutzverbänden, Kommandanturen, Schulen, Wehrersatz-, Feldzeug-, Bekleidungs-, Sanitäts-, Veterinär- usw. Dienststellen.

Nebenbei war so gut wie das gesamte Personal der neuen Luftwaffe einschl. Flakartillerie abgestellt worden.

Das äußere Bild, das dieses Heer bot, war trügerisch. Es stand nicht viel mehr als der Rahmen, personelle und materielle Reserven fehlten völlig.

Die Marine ging in den Krieg mit knapp 30 U-Booten. Sie baute 1939 Schlachtkreuzer, Schlachtschiffe, Flugzeugträger usw. Die ersten Schlachtkreuzer „Scharnhorst" und „Gneisenau" sollten planmäßig 1940, die anderen Schlachtschiffe wesentlich später in Dienst gestellt werden.

Die Luftwaffe war noch viel weniger organisch gewachsen als das Heer. Zwar hatte sie mit der Legion Condor im spanischen Bürgerkrieg Erfahrungen sammeln und mit der Me 109 ein Flugzeug entwickeln können, das sich den feindlichen Typen überlegen zeigte, aber auch ihrer Rüstung mangelte jede Tiefe. Mit Mühe und Not konnten die Frontverbände 1939 gerade noch aufgestellt werden, jede Reserve fehlte. Materielle Ausfälle, ja sogar Ersatzteile konnten nur aus der laufenden Fabrikation ersetzt werden.

Auch geistig war die neuerstandene Wehrmacht auf die Führung eines Angriffskrieges in keiner Weise eingestellt. Es gab bis zum Sommer 1939 keinen Operationsplan gegen Polen, und noch bis zum Herbst auch keinen gegen Frankreich. Bei allen Kriegsspielen und allen Besprechungen, die alljährlich der Oberbefehlshaber des Heeres und der Chef des Generalstabes mit den höheren Führern und ihren Gehilfen abhielten, waren die theoretischen Schlachten stets aus der Abwehr heraus auf deutschem Boden geschlagen worden.

Immer wieder hatten die verantwortlichen Generale vor einer zu ungestümen Aufblähung, vor einer Überschätzung der eigenen Kraft gewarnt. Generaloberst Freiherr v. Fritsch ist darüber gefallen, der kluge Chef des Generalstabes, General Beck, neben vielen anderen, die am Schicksalstag des deutschen Heeres, dem 4. 2. 1938, auf unwürdige Weise verabschiedet wurden. Hitler glaubte, nicht warten zu können.

Im Anschluß an die polnische Mobilmachung vom 25. 3. 1939 erläßt er über das Oberkommando der Wehrmacht am 3. 4. 1939 eine „Weisung für die einheitliche Kriegsvorbereitung der Wehrmacht für 1939/40"[11]). Diese „Weisung" ist über die Berliner Zentralstellen nicht hinausgegangen. Selbst die Generalkommandos erfuhren nichts von ihrer Existenz. Den Inhalt umreißt der 1. Generalstabsoffizier des Wehrmachtsführungsstabes in seinen Erinnerungen sinngemäß[12]):

„Der Führer hat sich entschlossen, noch im Jahre 1939 als **letztes** europäisches Problem die schwebenden Streitfragen mit Polen zu bereinigen. Danzig soll wieder in das Reich eingegliedert und Polen veranlaßt werden, mindestens eine exterritoriale Autobahn zwischen Pommern und Ostpreußen freizugeben, auf der sich der Verkehr mit dieser Provinz ohne polnische Aufsicht abwickeln kann.

Der Ausgang der hierüber mit Polen geführten Verhandlungen läßt sich noch nicht übersehen. Mit einer Verschärfung der politischen Lage und einer feindlichen Haltung Polens ist zu rechnen. In einem **solchen** Fall **kann** es erforderlich werden, noch in diesem Jahr mit Polen militärisch abzurechnen. Aufgabe der Wehrmacht ist es dann, die polnische Wehrmacht zu vernichten. Fall „Weiß". Die Operationen müssen überfallartig eröffnet und so schnell zu Ende geführt werden, daß für die Welt binnen kurzem eine vollzogene Tatsache geschaffen wird. Die Vorbereitungen für diesen Fall sind bis zum 1. September 1939 abzuschließen.

Der Führer erwartet, daß sich die Westmächte in einen Polenkonflikt ebensowenig einmischen werden, wie im Fall Prag. Eine ausreichende Besetzung des Westwalls muß trotzdem sichergestellt werden.

Der Wehrmachtführungsstab hat die auf Grund dieser Lage von den Wehrmachtteilen gemeldeten Vorbereitungen zusammenzustellen. Sie sind in eine Zeittafel einzuordnen, die dem Führer vorzulegen ist, und müssen in ihrer Durchführung so unauffällig sein, daß sie nach außen hin keinesfalls als Kriegsvorbereitung in Erscheinung treten."

Anfang Juli 1939 lag der geforderte Operationsplan des Heeres vor (Auszug).

„1. Operationsziel ist die Vernichtung der polnischen Wehrmacht. Die politische Führung fordert, den Krieg mit überraschenden, starken Schlägen zu eröffnen und zu schnellen Erfolgen zu führen.

Absicht des Ob.d.H. ist, einer geordneten Mobilmachung und Versammlung des polnischen Heeres durch überraschenden Einbruch in polnisches Hoheitsgebiet zuvorzukommen und die westlich der Weich-

---

[11]) Nürnberger Dokumente, Band XXXIV, Seite 308.

[12]) Bernhard v. Loßberg. Im Wehrmachtführungsstab. S. 26.

sel-Narew-Linie zu erwartende Masse des polnischen Heeres durch konzentrischen Angriff aus Schlesien einerseits, aus Pommern—Ostpreußen andererseits zu zerschlagen.

Der Grundgedanke der Vernichtung des polnischen Heeres westlich der Weichsel-Narew-Linie unter Ausschaltung der aus Galizien zu erwartenden Einwirkung bleibt unverändert auch dann, wenn infolge vorangegangener Spannungen mit fortschreitender Abwehrbereitschaft des polnischen Heeres gerechnet werden muß . . .

Heeresgruppenkommandos und Armeen treffen ihre Vorbereitungen auf der Grundlage der Überraschung des Feindes. Die bei Verzicht auf Überraschung notwendigen Änderungen müssen einfach und rasch aus dieser Grundlage entwickelt werden können . . .

2. Zur Durchführung dieser Aufgaben werden HGr Süd, bestehend aus 14., 10. und 8. Armee, und HGr Nord, bestehend aus 4. und 3. Armee, gebildet.

3. Heeresgruppe Süd greift aus Schlesien unter Zusammenfassung starker Kräfte (10.Armee) zwischen Zawiercie und Wielun in allgemeiner Richtung Warschau an, zersprengt entgegentretende polnische Kräfte und setzt sich möglichst frühzeitig und mit möglichst starken Kräften in den Besitz der Weichsel beiderseits Warschau mit dem Ziel, die im westlichen Polen noch haltenden polnischen Kräfte im Zusammenwirken mit der HGr Nord zu vernichten.

Die Deckung dieses Angriffs gegen die aus Galizien zu erwartenden Feindkräfte macht rasches Ausschalten der in Ostoberschlesien stehenden polnischen Verbände und frühzeitige Beherrschung des Geländes zunächst bis zum Dunajec nötig. Hierfür ist eine besondere Kräftegruppe (14. Armee) vorgesehen. Für ihre Bewegungen kann slowakisches Staatsgebiet in Anspruch genommen werden.

Behinderung des Angriffs der 10. Armee in Richtung Warschau durch feindliche Kräfte aus dem Bereich zwischen Posen und Kutno ist durch eine schwächere Kräftegruppe (8. Armee) auszuschalten.

4.Erste Aufgabe der Heeresgruppe Nord. HGr Nord stellt, am Y-Tag antretend, durch Zusammenwirken pommerscher und ostpreußischer Kräfte die Verbindung zwischen dem Reich und Ostpreußen her.

Sie greift mit einer im Bereich von Neidenburg zu bildenden starken Kräftegruppe (Masse 3. Armee) am Y-Tage, mit den ostwärts der Weichsel zusammenschließenden Kräften der 4. und 3. Armee baldmöglichst in allgemeiner Richtung Warschau an mit dem Ziele, im Zusammenspiel beider Kräftegruppen den nördlich der Weichsel sich stellenden Feind zu schlagen und weiterhin im Zusammenwirken mit der HGr Süd die im westlichen Polen noch haltenden polnischen Kräfte zu vernichten. Aus dem Oder-Warthebogen sind nur schwache Kräfte zur Täuschung und Fesselung des Gegners einzusetzen.

Gegen Danzig sind Kräfte der 1. Angriffswelle des Heeres nicht anzusetzen.

6. Mitwirkung der Luftwaffe. Die Luftwaffe wird, beginnend am Y-Tage, die polnische Luftwaffe und ihre Bodenorganisationen angreifen und zerschlagen.
Daneben strebt sie an,

a) durch Angriffe auf polnische Mob.Zentren die Mobilmachung zu stören,

b) durch Angriffe auf die polnischen Bahnlinien die Bildung polnischer Kräftegruppen im westgalizischen Gebiet und westlich der Weichsel vor 10. Armee zu behindern und

c) vor der HGr Nord den Aufbau einer Verteidigungsfront an Weichsel—Drewenz und am Narew zu vereiteln.

7. Die Kriegsmarine wird die Seeverbindung nach Ostpreußen offenhalten sowie Gdingen und die Danziger Bucht blockieren.

Die Ziffern 5, 8—14 behandeln „Trennungslinien", „Das Überschreiten der Reichsgrenze", „Die rückwärtige Grenze des Operationsgebietes", „Funkstille" (sie war bis Angriffsbeginn zu halten), „Bautruppen", „Oder- und Weichselübergänge" und „Verhalten im Protektorat".

Erhebliche Schwierigkeiten erbrachten die Forderungen Hitlers, daß einem etwaigen Angriff weder eine offizielle Mobilmachung, noch ein offener Aufmarsch vorangehen durfte. Im Osten wurde als Lösung gefunden:

1. Der Bau eines „Ostwalls", an dem vom 26. 6. 1939 ab jeweils acht aktive Divisionen — in der dritten Rate ab 5. 8. in Kriegsstärke — schanzten,

2. die ungetarnte Zusammenziehung aller mot. Divisionen zu großen Manövern.

Diese Verbände sollten für alle Fälle die Reichsgrenze sichern und notfalls die Angriffsspitzen bilden. Im Westen war die Durchführung eines ähnlichen Verfahrens nicht möglich. Am „Westwall" wurde die Arbeit mit allen Mitteln vorwärts getrieben, im übrigen aber die Grenze offen und ungedeckt belassen.

Ein Sonderproblem stellte Ostpreußen dar[13]). Die Kräfte der abgetrennten Provinz reichten nicht aus, den nördlichen Arm der großen Zange so stark zu machen, wie es notwendig für die Durchführung einer selbständigen Operation war. Der Oberbefehlshaber des Heeres hatte deshalb anfänglich die Masse der 3. Armee von der Südwestecke aus auf Graudenz angesetzt in der Absicht, erst die Vereinigung mit der 4. Armee aus Pommern zu erzwingen und dann geschlossen mit beiden Armeen nördlich der Weichsel über die Drewenz auf Warschau vorzugehen.

Hitler forderte den ersten Ansatz der Hauptkraft der 3. Armee über Narew und Bug sofort tief in den Rücken des polnischen Heeres, um von vorneherein die Weichselschranke aus den Angeln zu heben. Ein kühner Plan, der hinter die erste Zange, die sich bei planmäßigem Verlauf noch westlich der Weichsel schließen sollte, sofort einen zweiten Riegel legte, der östlich Warschau durch Fühlungnahme mit der Heeresgruppe Süd auch alles umklammern sollte, was doch über die Weichsel hatte entkommen können. Er hielt allerdings die Masse einer ganzen Armee fern der Entscheidungsschlacht, die ja erst **westlich** des Stromes geschlagen werden mußte. Reichten dort infolgedessen vielleicht die eigenen Kräfte

---

[13]) Ostpreußen: 36 992 qkm mit 2 335 000 Einwohnern, davon Männer 1 143 000, davon dienstpflichtig 625 000, davon verfügbar 390 000. Memelgebiet: 2 416 qkm mit rund 150 000 Einwohnern.

nicht aus, so konnten die weit abgesetzten Teile am Bug in eine gefährliche Lage kommen. Jedoch im Kriege entscheidet der Erfolg, und das Ergebnis spricht für Hitler.

Um die Zuführung der notwendigen Kräfte für diese zunächst völlig selbständige Operation zu ermöglichen und gleichzeitig zu tarnen, wurde bekanntgegeben, daß die 25jährige Wiederkehr der Schlacht von Tannenberg (26. 8.—2. 9. 1914) im Anschluß an ein großes Manöver durch eine Parade am Tannenberg-Denkmal feierlich begangen werden sollte. Die Militär-Attachés der in Berlin beglaubigten Mächte wurden hierzu amtlich eingeladen.

Die Panzerbrigade 4 (später Panzerverband Ostpreußen) aus Würzburg und die 12.Inf.Div. aus Mecklenburg wurden Mitte August ohne jede Tarnung nach Ostpreußen zur Teilnahme an den verkündeten Veranstaltungen verschifft. Darüber hinaus bestand die Absicht, weitere Kräfte der Heeresgruppe Nord — also von der 4. Armee — dem äußersten Ostflügel nach Gegend Johannisburg zuzuführen, sowie der Korridor beseitigt war.

Der deutsche Operationsplan wirkt einfach, klar und erscheint rückblickender Betrachtung so selbstverständlich, als ob eine andere Lösung gar nicht möglich gewesen wäre. Er trägt also alle Merkmale, die ein Meisterwerk menschlichen Geistes in seiner Vollendung ausmachen. Verantwortlich für ihn zeichnen der Oberbefehlshaber des Heeres, Generaloberst v. Brauchitsch, und der Chef des Generalstabes des Heeres, General der Artillerie Halder.

Der umfassende Angriff aus der Slowakei—Oberschlesien und Pommern—Ostpreußen bot sich kartenmäßig an. Gewagt werden konnte er jedoch nur aus der Überzeugung heraus, daß es entgegen allen Lehren und Erfahrungen der letzten Kriege, die für sakrosankt galten, wieder möglich sein mußte, Bewegungen auf dem Schlachtfeld zu erzwingen und in Fluß zu halten. Diese Überzeugung und diesen kühnen Glauben besaß 1939 nur der deutsche Soldat im ausgesprochenen Gegensatz zur ganzen übrigen Welt.

Polen suchte Sicherheit in einer linearen ausgebauten Verteidigungsstellung, Frankreich und England verkrochen sich in der Maginotlinie. Dem deutschen Generalstab blieb es vorbehalten, der Materialschlacht des Ersten Weltkrieges, dem Versanden der Kampfhandlungen in einem gestaltlosen Wüten der Maschinen, die klassischen Formen der Kriegführung wieder entgegenzusetzen. Sie sind wohl wandelbar, ihrem inneren Wesen nach aber unveränderlich und beruhen auf Bewegung, auf Operationen, nicht auf Stillhalten und Abwehr. Da gleichzeitig der alles umstürzende Wert des Motors erkannt und eingesetzt wurde — wieder im Gegensatz zu der übrigen Welt—, ist der 1. 9. 1939 die Geburtsstunde des neuzeitlichen Blitzkrieges. Spätere Nachahmungen der Feindseite sind an Ängstlichkeit und der Unfähigkeit gescheitert, das Material zu beherrschen. Das ändert jedoch nichts an der Tatsache, daß der Polenfeldzug kriegsgeschichtlich revolutionär eine neue Epoche einleitet.

Darüber hinaus war der Plan sehr kühn. Die 10. Armee sollte mit der Masse der gepanzerten und der motorisierten Kräfte Deutschlands mitten durch den Feind hindurch, ohne Rücksicht auf Bedrohung von Flanken und Rücken, 300 km bis Warschau durchstoßen und die Front aufreißen. Selbst wenn der erste Einbruch glücken, wenn sich die noch völlig unerprobte Gliederung und Verwendung großer Panzerverbände bewähren sollte, lag keinerlei Erfahrung vor, ob die Führung und Versorgung von so vielen tausend zusammengeballten Fahrzeugen auf polnischen Straßen überhaupt möglich, technisch darzustellen war.

Der Durchbruch bis Warschau schaffte aber erst die Voraussetzungen für eine konzentrische Operation, deren Wesen darin besteht, daß die kriegerischen Vorgänge an der einen Stelle **unmittelbare** Rückwirkung auf das Geschehen am anderen Ort haben. Bei einem Ansatz der deutschen Kräfte aus der Gegend Oppeln einerseits, von Konitz aus andererseits war diese Voraussetzung zunächst keineswegs gegeben. 300 km Luftlinie trennten bei Angriffsbeginn das in zwei große Gruppen aufgeteilte deutsche Heer. Wenn sich im Süden oder im Norden die polnische Abwehr doch stärker erwies als der deutsche Angriff, d. h. wenn nicht der Heeresgruppe v. Rundstedt und **gleichzeitig** auch der Heeresgruppe v. Bock der Durchbruch gelang, so kämpfte der Pole auf der inneren Linie und hatte alle Vorteile für sich, die diese Kampfesart bietet.

Unter Abwehr im Norden oder im Süden hätte in diesem Fall eine wendige, entschlossene polnische Führung sehr wohl überlegene Kräfte zu einem entscheidenden Schlage gegen e i n e n deutschen Einbruch zusammenbringen können. Unter anderem hatte die starke Angriffsgruppe um Posen, die überhaupt nicht angegriffen wurde, volle Bewegungsfreiheit. Sie hatte freie Wahl, in die dann offenen deutschen Flanken nach Pommern oder Schlesien hin anzugreifen. Sogar ein Vorstoß auf Berlin hätte bei ausreichender Unterstützung durch die Verbündeten keineswegs außerhalb des Bereichs des Möglichen gestanden. Nennenswerte deutsche Kräfte wären jedenfalls auf dem direkten Weg dorthin nicht vorgefunden worden.

Selbstverständlich hat die deutsche Führung derartige Erwägungen angestellt. In richtiger Einschätzung der eigenen und feindlichen Kräfte hat sie es trotzdem sogar kühn gewagt, hinter die erste große Zange westlich der Weichsel noch eine weitere Umklammerung hinter dem Strom durch den Ansatz der 3. Armee von Norden direkt nach Süden einzuleiten. Kühnheit, die nicht Leichtsinn und Leichtfertigkeit entspringt, sondern von kühlen Köpfen mit heißen Herzen wohl in Rechnung gestellt ist, lähmt den Gegner. Sie führte im September 1939 zu Kesselschlachten bisher nicht gekannten Umfanges und schließlich zu einem klassischen Cannae für die gesamte Wehrmacht eines 35-Millionen-Volkes.

Der Aufmarsch des deutschen Heeres

Ob wir richtig gehandelt haben,
das wissen nur in 50 Jahren
die Kriegsschüler ganz genau.

Hans v. Seeckt

Karte 4

Mitte August 1939 traten Arbeitsstäbe der Heeresgruppen zusammen, um die Weisungen des OKH in Befehle für die Armeen umzusetzen. Obwohl weitgehendst die Ansicht vorherrschte, daß alle diese Maßnahmen neben vielen anderen nur ein weiteres, wenn auch sehr gefährliches Druckmittel in dem diplomatischen Nervenkrieg darstellten, wurden selbstverständlich diese Befehle so ausgearbeitet, daß sie einem Ernstfall gerecht wurden. Am 24. 8., 12.00 Uhr, übernahmen die Oberbefehlshaber das Kommando.

Als am 25. 8. sehr bald nach 15.00 Uhr der erste — dann widerrufene — Befehl zum Angriff einging, standen zur Verfügung:

A Osten

1. 5 Panzerdivisonen, 4 leichte Divisionen, 4 motorisierte Divisionen auf Truppenübungsplätzen im Osten des Reichs versammelt.
2. 8 aktive Infanteriedivisionen, die ab 5. 8. in Kriegsstärke an der Ostgrenze schanzten.
3. 5 aktive Infanteriedivisionen, die in ihren Standorten getarnt mobil gemacht hatten. Ihr Abtransport aus den Friedensstandorten lief um 20.00 Uhr an.
4. Die gesamte 3. Armee in Ostpreußen: 8 Infanteriedivisionen, Verband Danzig, Panzerverband Ostpreußen, 1.Kav.Brigade.

Insgesamt große Verbände: 37.

B Westen

Grenzschutzverband Aachen,

Grenzschutzverband Trier,

Grenzschutzverband St. Wendel.

Die Mobilmachung der Wehrmacht ist offiziell erst mit der Ausgabe des Stichwortes „Fall Weiß" am 25. 8. 39, 15.02 Uhr, ausgelöst worden. Sie verlief nur bei den aktiven Divisionen reibungslos. Planmäßig sollte sie am 31. 8. beendet sein. Die angesetzten Zeiten wurden jedoch z. T. erheblich überschritten. Die ungestüme Aufblähung hatte den Wehrersatzbehörden und Feldzeugmeistereien nicht die Möglichkeit gegeben, eine Arbeit zu leisten, die der von 1914 glich.

Beim Heer erfolgte die Mobilmachung nach genau aufgegliederten „Kalendern" in vier Wellen. Es bildeten:

Die **1. Welle,** Mob.Endtag 27. 8.

a) Die restlichen 19 aktiven Inf.Divisionen (Zahlen zwischen 1 und 50). Davon waren vorgesehen für den Osten 7, für den Westen 12.

b) Die drei Geb.Divisionen, die zum Einsatz im Osten bestimmt waren.

Die **2. Welle,** Mob.Endtag 29. 8.

a) 15 Reservedivisionen (Zahlen zwischen 51 und 87). Davon waren vorgesehen für den Osten 3, für den Westen 7, als Reserve des OKH 5. Ihre Gliederung entsprach der Gliederung der aktiven Divisionen 1. Welle. Die Aufstellung erfolgte aus Reservisten, die teils den Ersten Weltkrieg bereits mitgemacht hatten, teils kurzfristig ausgebildet waren, mit Hilfe von 8 % aktiven Stämmen. 6 Divisionen hatten noch nie in größeren Verbänden geübt (3 Reserve Osten, 3 Reserve OKH). Eine weitere Ausbildungszeit von 14 Tagen auf Truppenübungsplätzen war für sie vorgesehen. Diese nur sehr bedingt einsatzfähigen Divisionen sind ebenso wie die nicht einsatzfähigen Divisionen der 4. Welle in der nachfolgenden Aufstellung mit + gekennzeichnet.

b) Die 10. Panzerdivision, Mob.Endtag 29. 8. in Ohrdruf. Aufgestellt aus Verbänden, die seit März die Sicherheitsbesatzung von Prag und Umgebung bildeten.

Die **3. Welle,** Mob.Endtag 31. 8.

a) 18 Landwehrdivisionen und die Brigade Netze (Zahlen zwischen 201 und 246).

Davon waren vorgesehen für den Osten 7, für den Westen 12. Sie enthielten keine aktiven Stämme. Die Kampfkraft war dem Lebensalter der Landwehrmänner entsprechend nicht sehr hoch anzusetzen.

Die Verbände an der Ostgrenze brachten allerdings als Stamm den Freiwilligen Grenzschutz mit, der nach den trüben Erfahrungen 1920 schon unter der Weimarer Republik mit Zustimmung des Reichstags aufgestellt und gut eingespielt war.

Die **4. Welle,** Mob.Endtag 31. 8.

14 Ersatzdivisionen (Zahlen zwischen 251 und 269).

Davon waren als Reserve für den Westen 3, als Reserve des OKH 11 vorgesehen. Die Aufstellung erfolgte aus den Ergänzungseinheiten des Friedensheeres. Kampfkraft und Beweglichkeit waren gering, die Ausrüstung unterschiedlich, z. T. behelfsmäßig. Vorgesehen war eine Ausbildungszeit von mindestens 14 Tagen.

Die Ausgabe des Stichwortes „Fall Weiß" am 25. 8. löste — mit Ausnahme Ostpreußens — auch erst die Aufstellung des Grenzschutzes aus. Er hatte im allgemeinen bis zum 27. 8. die vorgesehenen Stellungen bezogen und wurde dann den Heeresgruppen unterstellt.

Der Grenzschutz bestand aus:

a) Dem verstärkten Grenzaufsichtsdienst (V.G.A.D.), der von der Reichsfinanzverwaltung aufgerufen und dann der Grenzwacht unterstellt wurde,

b) der Grenzwacht, bestehend aus Grenzwachtregimentern mit Sperrverbänden aus Pionieren und Panzerjägern. Eine Grenzschutz-Artillerieabteilung stellte nur das Grenzschutz-Abschnittskommando 12 auf (4. Armee).

Mehrere Grenzwachtabschnitte waren entweder einem Grenzschutzverband (Division) oder einem Grenzschutz-Abschnittskommando (Generalkommando) unterstellt.

c) Den Sicherheitsbesatzungen in den ständigen Befestigungen.

Insgesamt verfügte das deutsche Heer am 1. 9. 1939 über:

36 aktive Inf.Divisionen 1. Welle
  (einschl. 50. I.D., die aus Festungstruppen des Oder-Warthebezirks erst
  Ende August 39 zusammengestellt wurde)
 3 aktive Gebirgs-Divisionen 1. Welle
17 Reserve-Divisionen 2. Welle
22 Landwehr-Divisionen 3. Welle
  (einschl. Brigade Netze, behelfsmäßig zusammengestellt aus einzelnen
  Grenzschutzverbänden)
14 Ersatz-Divisionen 4. Welle
 5 Panzer-Divisionen 1. Welle
 1 Panzer-Division 2. Welle
 1 Panzer-Brigade 1. Welle
 4 leichte Divisionen 1. Welle
 4 mot. Divisionen 1. Welle
 1 Kav. Brigade 1. Welle

Von diesen 108 großen Verbänden waren vorgesehen:

58 für den Osten, davon 3 frühestens in 14 Tagen einsatzbereit;
34 für den Westen, davon 3 frühestens in 14 Tagen einsatzbereit;
16 als Reserve zur Verfügung des OKH, davon 14 frühestens in
   14 Tagen einsatzbereit.

Die Verteilung auf die Heeresgruppen und Armeen im einzelnen zeigen nachstehende Tabellen.

Das Feldheer zählte 2,3 Millionen, die Bautruppen 427 000, das Ersatzheer 740 000 Mann.

Die deutsche Führung rechnete damit, daß der Pole niemals nüchternen militärischen Erwägungen nachgeben und sich — dem bekannten französischen Vorschlag folgend — hinter Weichsel und San zur Verteidigung einrichten würde. Eine Preisgabe der westlichen Provinzen war aus wehrwirtschaftlichen, politischen, besonders aber aus psychologischen Gründen nicht zu erwarten. Die einzelnen Nachrichten, die in der langen Spannungszeit eingingen und mit peinlichster Sorgfalt zu einem Mosaik zusammengestellt wurden, bestätigten diese Annahme. Die Karte zeigte einwandfrei eine Versammlung des polnischen Heeres dicht hinter der Grenze etwa in der Gliederung, wie sie tatsächlich erfolgt ist. Die Arbeit des deutschen Nachrichtendienstes war so genau, daß nur über den Verbleib weniger feindlicher Divisionen nicht mehrfach bestätigte Unterlagen vorlagen.

Es muß unterstellt werden, daß auch polnischerseits der deutsche Aufmarsch und die Kräftegruppierung, zumindest in großen Zügen, bekannt war. Der Vormarsch von 37 Divisionen in der Nacht vom 25./26. 8. gegen die Grenze konnte ebensowenig unbemerkt geblieben sein wie die Eisenbahntransporte, die ab 25. 8., 20.00 Uhr, mit Höchstleistung liefen. Mit jeder Stunde der ab 26. 8. einsetzenden, nervenzehrenden Warteperiode sank so einerseits die Wahrscheinlichkeit, daß der Pole noch überraschend getroffen wurde, andererseits gab sie die Möglichkeit, die

Mobilmachungsübersicht und Kräfteverteilung des deutschen Heeres
A. Osten

		Einsatzb.Verb. am 25. 8.	1. Welle Mob. Ende 27. 8.	2. Welle Mob. Ende 29. 8.	3. Welle Mob. Ende 31. 8.
Heeresgruppe Nord	3. Armee	1. I.D. 11. I.D. 12. I.D. 21. I.D. 61. I.D. 217. I.D. 228. I.D. Verb. Danzig 1. Kav.Brig. Pz. V. Ostpr.			
	4. Armee	3. I.D. 32. I.D. 3. Pz.D. 2. mot.D. 20. mot.D.	23. I.D. 50. I.D.		207. I.D. 218. I.D. Brig.Netze
	Reserven	206. I.D.		10. Pz.D. + 73. I.D.	208. I.D.
Heeresgruppe Süd	8. Armee	10. I.D. 17. I.D. 24. I.D.	30. I.D.		
	10. Armee	4. I.D. 14. I.D. 18. I.D. 46. I.D. 1. Pz.D. 4. Pz.D. 1. l.D. 2. l.D. 3. l.D. 13. mot.D. 29. mot.D.	19. I.D. 31. I.D.		
	14. Armee	7. I.D. 8. I.D. 28. I.D. 44. I.D. 2. Pz.D. 5. Pz.D. 4. l.D.	45. I.D. 1. Geb.D. 2. Geb.D. 3. Geb.D.		
	Reserven		27. I.D.	+ 62. I.D. + 68. I.D.	213. I.D. 221. I.D. 239. I.D.

Mobilmachungsübersicht und Kräfteverteilung des deutschen Heeres
B. W e s t e n

		Einsatzb.Verb. am 25. 8.	1. Welle Mob.Ende 27. 8.	2. Welle Mob.Ende 29. 8.	3. Welle Mob.Ende 31. 8.
Heeresgruppe C.	5. Armee	Festungskdtur. Aachen Grenzsch.Verb. Trier	16. I.D. 26. I.D.	69. I.D. 86. I.D.	211 I.D. 227. I.D.
	1. Armee	Grenzsch.Verb. St. Wendel	6. I.D. 9. I.D. 15. I.D. 25. I.D. 33. I.D. 34. I.D. 36. I.D.	52. I.D. 71. I.D. 79. I.D.	214. I.D. 231. I.D. 246. I.D.
	7. Armee		5. I.D. 35. I.D.	78. I.D.	212. I.D. 215. I.D. 14. Ldw.D.
	Reserven			87. I.D.	209. I.D. 216. I.D. 223. I.D. 225. I.D.
					4. Welle Mob.Ende 31. 8. plus 14 Tage + 251. I.D. + 253. I.D. + 254. I.D.

Mobilmachungsübersicht und Kräfteverteilung des deutschen Heeres

C. Reserven des Oberkommandos des Heeres (OKH)

1. Welle Mob.Ende 27. 8.	2. Welle Mob.Ende 29. 8.	2. Welle Mob.Ende 29. 8. plus 14 Tage	4. Welle Mob.Ende 31. 8. plus 14 Tage
22. I.D. (ausgebildet und ausgerüstet als Luftlande- truppe)	56. I.D.*) 57. I.D.*)	+ 58. I.D. + 75. I.D. + 76. I.D.	+ 252. I.D.**) + 257. I.D.**) + 258. I.D. + 260. I.D. + 262. I.D. + 263. I.D. + 267. I.D. + 255. I.D. + 256. I.D. + 268. I.D. + 269. I.D. im Protektorat Böhmen- Mähren

*) bereitgestellt für Heeresgruppe Süd.
**) bereitgestellt für Heeresgruppe Nord.

inzwischen mobil gewordenen Divisionen heranzuführen. Der Operationsplan hatte diesen Fall vorgesehen (Ziffer 1) und gefordert: „... notwendige Änderungen müssen einfach und rasch ... entwickelt werden können." Sie wurden von den Heeresgruppen vorgenommen.

Die **Heeresgruppe Süd,** Generaloberst z. V. v. Rundstedt, Chef Gen.Lt. v. Manstein, hatte versammelt

die 14. Armee, Generaloberst List, Chef Gen.Maj. v. Mackensen, im oberschlesischen Industriegebiet, im Ostteil Mährens und in der westlichen Slowakei,

die 10. Armee, General v. Reichenau, Chef Gen.Major Paulus, in Oberschlesien um Kosel—Kreuzburg,

die 8. Armee, General Blaskowitz, Chef Gen.Maj. Felber, nördlich Breslau.

Der 10. Armee, dem Stoßkeil des deutschen Heeres, fiel die Aufgabe zu, mit der zusammengeballten Kraft von 2 Pz.Div., 3 l.Div., 2 mot.Div. und 6 aktiven Inf.Div die Front aufzureißen, den Gegner zu überrennen und noch westlich der Weichsel zum Kampf zu zwingen. Dazu waren die Stromübergänge von Pulawy bis Warschau zeitlich vor einem etwa ausweichenden Gegner zu gewinnen und zu sperren. Der Armee war befohlen:

„... unter Ausnutzung ihrer überlegenen Panzerwaffe die ihr gegenüberstehende feindliche Front zu durchbrechen und nach Gewinnen der Warthelinie — die Panzer- und motorisierten Verbände voraus — vorerst bis zur Linie Radom—Koluszki durchzustoßen."

„Durch Vorwerfen der schnellen Verbände auf Radom—Grojec—Tomaszow Maz." sollte sie sich „frühzeitig die Bewegungsfreiheit westlich der Weichsel und nördlich der Pilica sichern" und die „frühzeitige Besitznahme der Weichselübergänge von Pulawy abwärts" ins Auge fassen.

Die schwache 8. Armee hatte mit nur 4 aktiven Inf.Div. den Auftrag, „... südlich der Bartsch unter Staffelung links auf Lodz vorzugehen und durch Angriff ein Eingreifen der um Kalisch—Lodz stehenden Feindkräfte gegen die 10. Armee zu verhindern."

Während die Aufträge dieser beiden Armeen unverändert blieben, wurde die Aufgabe der 14. Armee (2 Pz.Div., 1 l.Div., 5 aktive Inf.Div., 3 aktive Geb.Div.):

„... unter örtlicher Zusammenfassung überlegener Kräfte die in Ostoberschlesien stehenden polnischen Heeresteile zu zersprengen und — ohne sich durch kampffähig gebliebene Teile in den Befestigungen um Kattowitz aufhalten zu lassen — auf Krakau durchzustoßen und darüber hinaus mit beweglichen Kräften die Dunajec-Übergänge schnellstens in die Hand zu nehmen ...",
dahin erweitert,

„die Einkesselung der in Westgalizien stehenden Feindkräfte an der Weichsel um Krakau anzustreben".

Aus dem ursprünglichen Flankenschutz für die 10. Armee durch „frühzeitige Beherrschung des Geländes zunächst bis zum Dunajec" entwickelte die Heeresgruppe eine Umfassung des polnischen Südflügels aus der Slowakei heraus. Unter dem Leitspruch „überholende Verfolgung" zielte diese neue Operation von vornherein über den San hinter die Weichsel. Die Versammlung der notwendigen Kräfte in dem Ostteil der Slowakei war schwierig und zeitraubend. Durch das unwirtliche Waldgebirge führen von West nach Ost nur wenige schlechte Straßen und nur eingleisige leistungsschwache Bahnen. Das Eingreifen des XVIII. Korps verzögerte sich infolgedessen, hat aber dann alle Erwartungen erfüllt und sogar übertroffen.

Das slowakische Heer hat die ihm zugedachte Rolle verständlicherweise nicht gespielt. Es war aus den Trümmern der ehemals tschechoslowakischen Wehrmacht im Aufbau. Von den geplanten 3 Divisionen standen erst Teile. Sie wurden zu einer gemischten Kampfgruppe um Käsmark zusammengefaßt, nachdem die slowakische Regierung am 27. 8. sich zur Teilnahme an einem Kriege gegen Polen bereit erklärt hatte. Diese Teilnahme blieb auf Aufrufe des Staatspräsidenten und des Oberbefehlshabers des Heeres beschränkt.

Von der Luftflotte 4 hatte die Fliegerdivision 2 zunächst die feindliche Luftwaffe in den Gebieten Radom—Lodz—Lemberg—Deblin, Sanok—Tarnow—Krakau anzugreifen. Eine unmittelbare Unterstützung des Erdangriffs sollte nur im Bereich der 10. Armee stattfinden, während vor der 14. und 8. Armee Kampfkräfte der Fliegerdivision 2 je nach den Ergebnissen der Luftaufklärung gegen feindliche Reserven, sei es in Galizien oder ostwärts Krakau, sei es in Westpolen im Gebiet Kalisch—Lodz, eingesetzt werden sollten.

Die **Heeresgruppe Nord**, Gen.Oberst v. Bock, Chef Gen.Maj. v. Salmuth, hatte versammelt:

die 4. Armee, General v. Kluge, Chef Gen.Maj. Brennecke, in der Grenzmark Posen-Westpreußen und Hinterpommern,

die 3. Armee, General v. Küchler, Chef Gen.Maj. v. Boeckmann, in zwei Gruppen an der Südgrenze Ostpreußens.

Die 4. Armee (1 Pz.Div., 2 mot.Div., 4 aktive Inf.Div., 3 Landwehrdiv.) hatte den Auftrag, aus einer Bereitstellung ostwärts der Linie Krojanke—Schlochau vorbrechend, den Übergang über die Brahe zu erzwingen, schnell das Westufer der Weichsel im Abschnitt von Topolno (10 km südwestlich Kulm) und Graudenz zu gewinnen und den Feind im Korridor zu vernichten, ohne sich durch abgesprengte Feindkräfte ablenken zu lassen. Nach Überschreiten der Weichsel hatte die 4. Armee im Zusammenwirken mit der 3. Armee über die Drewenz auf Warschau vorzustoßen und dabei mit der Abgabe starker Kräfte, in erster Linie motorisierter Verbände, an den linken Flügel der 3. Armee zu rechnen. Außerdem sollte die 4. Armee die Verbindung von Pommern nach Danzig herstellen und die Festung Gdingen abschließen, deren Fortnahme erst nach Zuführung von Verstärkungen beabsichtigt war.

Die Südflanke der 4. Armee war an der Netze, dem Bromberger Kanal und später gegen Thorn zu sichern. Grenzschutz sollte aus dem Oder-Warthe-Bogen durch Angriffe mit begrenzten Zielen ein Vorgehen auf Posen vortäuschen.

Die 3. Armee (1 Pz.Div., 4 aktive Inf.Div., 2 Reserve-Div., 2 Landwehr-Div., 1 Kav.Brig.) wurde beauftragt, ein verstärktes Korps zur Wegnahme von Graudenz anzusetzen und den dortigen Übergang für die 4. Armee zu öffnen.

Mit der Masse hatte sie aus der Linie Neidenburg—Willenberg zum Angriff anzutreten und sich in den Besitz der Narew-Übergänge bei Pultusk und Rozan zu setzen, unter gleichzeitiger Sicherung ihrer linken Flanke gegen Ostrolenka und Nowogrod.

Die ostpreußische Grenze von südlich Johannisburg bis zur Ostsee war durch Grenzwacht, die Festungsbesatzungen Lötzen und Königsberg, und durch eine Division zu sichern.

In der westlichen Flanke sollte der Übergang bei Dirschau durch Handstreich genommen werden. Der „Verband Danzig" hatte die Freie Stadt zu halten, die Westerplatte zu nehmen und die Brücke bei Käsemark zu sichern. Diese Schiffsbrücke mit einer Tragfähigkeit von 36 t lag auf Danziger Gebiet nördlich Dirschau. Sie war am 25. 8. fertiggestellt und konnte als einzige Verbindung mit Ostpreußen große Bedeutung gewinnen, wenn der Handstreich auf die Dirschauer Brücken mißlang, dessen Anlage und Leitung Hitler sich persönlich vorbehalten hatte.

Die Luftflotte 1 sollte am 1. Angriffstage mit der Masse ihrer Kräfte die polnische Luftwaffe im Raum um Warschau, mit Teilen die polnischen Luft- und Marinestreitkräfte im Raum Gdingen—Putzig—Hela angreifen. Anschließend daran würde sie unter Fortsetzung der Bekämpfung der feindlichen Luftwaffe die 4. und 3. Armee auf deren Anforderung unterstützen.

Das **Marine Gruppenkdo. Ost** verlegte auf dem Nordflügel des Heeres die Streitkräfte in die Aufmarschhäfen. U-Boote und unauffällige Luftaufklärung überwachten die Danziger Bucht. Am 25. 8. lief das alte Linienschiff „Schleswig-Holstein", das als Schulschiff diente, in Neufahrwasser zum Besuch Danzigs ein.

Bei der **Luftwaffe** gliederten sich die Fliegerverbände in zwei große Gruppen mit einer Gesamtstärke von 1600—1700 Flugzeugen. Die operative Luftwaffe wurde unter unmittelbarem Befehl Görings zur Fernaufklärung, zur Zerschlagung der polnischen Luftwaffe und zu selbständigen größeren Unternehmungen eingesetzt. Die zweite Gruppe bestand aus jenen Fliegerverbänden, die den Befehlshabern des Heeres unterstellt waren. Sie hatten vorwiegend den besonderen Aufklärungszwecken des Erdkampfes zu dienen.

Die **Heeresgruppe C,** Generaloberst z. V. Ritter v. Leeb, Chef Gen.Maj. **v.** Sodenstern, Hauptquartier Frankfurt am Main, sicherte im Westen die Grenzen gegen Holland (629 km), Belgien (155 km), Luxemburg (129 km) und Frankreich (483 km). Ihr unterstanden:

die 5. Armee, General Liebmann, Chef Gen.Maj. Sixt v. Armin, Hauptquartier Mayen,

die 1. Armee, General v. Witzleben, Chef Gen.Maj. Mieth, Hauptquartier Bad Kreuznach,

die 7. Armee, General Dollmann, Chef Gen.Maj. Fischer v. Weikersthal, Hauptquartier Karlsruhe,

die Armeeabteilung A, die unter dem Generalobersten z. V. Freiherrn v. Hammerstein-Equord ab Mitte September vorübergehend nördlich der 5. Armee gebildet wurde[14]), mit insgesamt 11 aktiven Infanteriedivisionen, 7 Reservedivisionen, 12 Landwehrdivisionen und 3 Ersatzdivisionen. Von diesen Kräften konnten nur die 11 aktiven Infanteriedivisionen als vollwertig angesprochen werden, alles übrige waren Neuaufstellungen, die nach Ausbildung und Materialausstattung den Anforderungen eines Bewegungskrieges keineswegs gewachsen waren. Zum Teil waren sie zudem noch im Anrollen. Die Heeresgruppe verfügte weder über einen einzigen Panzer, noch über einen mot. Verband, der als schnell beweglicche Reserve hätte dienen können.

Ihr stand am 1. 9. die bereits mobile französische Wehrmacht gegenüber: 57 aktive Infanteriedivisionen, 45 Reserve- bzw. Territorialdivisionen mit voll ausgebildeten Reservisten, 1 Panzerdivision, 2 mech. Divisionen, 5 Kavalleriedivisionen mit insgesamt etwa 4000 Panzern[15]) und einer außerordentlich starken Heeresartillerie. Dazu traten ab Mitte Steptember 2 und ab Anfang Oktober 2 weitere englische Divisionen. Das englische Hauptquartier befand sich seit 15. 9. in Le Mans.

Wenn sich diese ungeheure Übermacht in Bewegung setzte, zu der dann wahrscheinlich noch die Holländer und die Belgier gestoßen wären[16]), so war der Krieg unabänderlich zu Ende. Der Widerstand der

---

[14]) Als Hitler von der Wiederverwendung des Generalobersten Kenntnis bekam, forderte er dessen sofortige Abberufung. Hammerstein hatte als Chef der Heeresleitung (1. 11. 30.—1. 2. 34) offen gegen den Nationalsozialismus Stellung genommen.

[15]) Heinz Guderian, Erinnerungen eines Soldaten, S. 84. 1940 ist Deutschland zum Angriff angetreten mit insgesamt 2 200 gepanzerten Fahrzeugen (einschl. Panzerspähwagen) gegen 4 800 Panzer der Feindseite!

[16]) Holland stellte 1940 10, Belgien 22 Infanteriedivisionen auf.

Heeresgruppe C konnte bestenfalls einige Tage andauern. Selbst wenn man diese Zeit benutzte, um Truppen vom Osten nach dem Westen zu werfen, war nach menschlichem Ermessen nichts mehr zu gewinnen. Es wäre in dem Fall alles Tun sinnlos geworden. Man hätte in Polen den Kampf abbrechen müssen, bevor die Entscheidung gefallen war, und im Westen wären die Divisionen doch überall zu spät gekommen und einzeln geschlagen worden — eine energische, zielbewußte Führung auf der Gegenseite vorausgesetzt. In spätestens einer Woche wären die Saargruben und das Ruhrgebiet ausgefallen, und in der zweiten Woche hätte der Franzose freie Wahl gehabt, zu marschieren, wohin er wollte. Dazu wäre gekommen, daß auch der Pole seine Handlungsfreiheit zurückerhalten und sein Heer wieder hätte sammeln können.

Der „Westwall" wäre kein unüberwindliches Hindernis gewesen. Wohl gab es zwischen Luxemburg und der Schweiz mit dem Schwerpunkt zwischen Saarbrücken und Karlsruhe eine Anzahl von fertigen Betonständen, Panzergräben und sonstigen Hindernissen, aber noch arbeitete überall mit Hochdruck die Organisation Todt, und das allermeiste stand überhaupt erst auf dem Papier. Von einer fertigen starken Stellung konnte gar keine Rede sein. Tiefe war nirgends vorhanden. Die in den Wochenschauen gezeigten großartigen Aufnahmen stammten aus Anlagen der Nieschlitz-Obra-Stellung in dem großen Oderbogen ostwärts Frankfurt a. d. Oder. Sie waren noch vor dem Dritten Reich in Reichswehrzeiten von der Inspektion der Pioniere gebaut und technisch einwandfrei, während im Westen von dem wenigen, was vorhanden war, noch vieles sich als gänzlich unbrauchbar erwies. Die Partei (Todt) hatte hier 1938 die Arbeiten übernommen, nachdem das Heer angeblich zu langsam und bürokratisch gearbeitet hatte. Schnelles, überschnelles Arbeiten war dann aus Gründen der Propaganda wichtiger geworden als Genauigkeit und Berücksichtigung der militärischen Gesichtspunkte.

Im übrigen zeigt die Weltgeschichte seit dem Bau der Großen Chinesischen Mauer im 4. Jahrhundert vor Christi, daß noch kein Verteidigungswall den Ansturm eines entschlossenen Gegners aufhalten konnte. Die unvergleichlich stärkere Maginotlinie, an der 20 Jahre mit größtem Aufwand gearbeitet worden war, hat 1940 noch nicht 48 Stunden gehalten.

1. September

Das Oberkommando der Wehrmacht gibt bekannt:

„Auf Befehl des Führers und Obersten Befehlshabers hat die Wehrmacht den aktiven Schutz des Reiches übernommen. In Erfüllung ihres Auftrages, der polnischen Gewalt Einhalt zu gebieten, sind Truppen des deutschen Heeres heute früh zum Gegenangriff übergegangen.

Gleichzeitig sind Geschwader der Luftwaffe zum Niederkämpfen militärischer Ziele in Polen gestartet.

Die Kriegsmarine hat den Schutz der Ostsee übernommen."

Die Grenzschlachten vom 1.—3. September 1939 und ihre Folgen

Karte 5

Der historische 1. September 1939 begann trübe und regnerisch. Von der Luftflotte 4 im Süden der Front konnten knapp 80 %, von der Luftflotte 1 im Norden nur 30 % der Flugzeuge starten. Dem ersten großen Schlag, der mit zusammengefaßter Kraft die feindliche Luftwaffe überraschend und vernichtend treffen sollte, schien damit die Voraussetzung eines durchschlagenden Erfolges genommen. Die meisten der angeflogenen Fliegerhorste und Flughäfen wurden zudem als nicht belegt erkannt. Das Ergebnis war trotzdem verblüffend. Die polnische Luftwaffe stellte sich nicht zum Kampf. Nur wenige Jagdverbände suchten in vereinzelten und verzettelten Angriffen während der nächsten Tage die deutschen Operationen zu stören. Die uneingeschränkte Herrschaft der deutschen Luftwaffe über dem polnischen Raum blieb vom ersten Kampftag an unbestritten.

Die Kriegsmarine fand zur See keinen Gegner. Drei Zerstörer, die den Hauptteil der polnischen Seestreitkräfte darstellten, hatten die Ostsee verlassen. Sie waren im Skagerrak am 30. 8. auf der Fahrt in Richtung England gesichtet und nicht gestellt worden. Die Marine blockierte die Danziger Bucht und nahm den Kampf gegen die Landbefestigungen bei Hela, Gdingen und Westerplatte auf.

Dem Heer brachte das diesige Wetter die Möglichkeit, den Gegner wenigstens taktisch zu überraschen, nachdem die geplante große strategische Überraschung diplomatisch verspielt war. Um 4.45 Uhr wurde die Grenze planmäßig auf der ganzen Front im Angriff überschritten.

Heeresgruppe Süd

Die **10. Armee,** der Durchbruchskeil des deutschen Heeres, erwartete trotz der sorgfältig ausgebauten Stellungen an der Grenze hartnäckigen Widerstand erst an der Warthe. Zum Vorstoß „in die Tiefe des Feindraumes" beiderseits Tschenstochau vorbei setzte sie nördlich der starken Befestigungen um das oberschlesische Industrierevier nebeneinander in vorderster Linie ein:

das XV. Korps (2.l.Div., 3.l.Div) aus dem Raum nördlich Gleiwitz auf Kielce,

das IV. Korps (4.Inf.Div., 46.Inf.Div.) über Lublinitz, Tschenstochau auf Kielce,

das XVI. Korps (1.Pz.Div., 4.Pz.Div., 14.Inf.Div., 31.Inf.Div.) über Klobuck auf Petrikau. Panzer voraus!

Das XI. Korps (19. und 18.Inf.Div.) von Kreuzburg über Wielun auf die Widawka-Übergänge nördlich Radomsko.

Das XIV. Korps mit der 13.mot.Div. und 29.mot.Div. bei Brieg und der 1.l.Div. bei Kreuzburg bildete die Armeereserve.

In der Mitte der Armeefront gelang es dem XVI. AK bereits am 2. September mit der 1.Pz.Div. in kühnem Handstreich zwei Brücken über den weit nach Osten vorspringenden Warthebogen unbeschädigt in Besitz zu nehmen und die Flußverteidigung zu sprengen. Schon am 3. September konnten die 1. und 4.Pz.Div. trotz großer Geländeschwierigkeiten über diese beiden Brücken weit vor der Mitte der Armeefront bis in die Gegend Kamiensk vorstoßen. Dort warfen sie neu von Petrikau auftretenden Feind zurück.

Bis zum 3. September abends überschritten auch die übrigen Teile der Armee die Warthe. Die 46.Inf.Div. nahm Tschenstochau. Auf dem nördlichen Armeeflügel wurde zum Schutz der linken Flanke der Pz.Div. des XVI. AK gegen einen Feind, der über die Widawka vorging, in der Nacht vom 2. zum 3. September noch das XIV. AK mit der 13.mot.Div. und 1.l.Div. über Kreuzburg—Wielun nachgezogen, die 29.mot.Div. dem XV. Korps in Richtung Tarnowitz zugeführt.

Der Feind wich in ostwärtiger Richtung aus. Die von Tschenstochau abgedrängte polnische 7. Division wurde von Verbänden des XV. und IV. AK bei Janow eingekesselt und zur Waffenstreckung gezwungen. Ihr Kommandeur, General Gasiorowski, bis 1936 Chef des polnischen Generalstabes, dürfte der erste gefangene General dieses Krieges sein.

Die Einnahme von Tschenstochau ließ sofort alle Greuelnachrichten, wie sie während des Ersten Weltkrieges in der Feindpresse üblich waren, wiederaufleben. Das Objekt lohnte sich. Alljährlich wallfahren mehrere hunderttausend Pilger zur „Königin der Krone Polens" auf dem Hellen Berge. Tschenstochau ist der nationale Mittelpunkt polnischer Frömmigkeit und nicht etwa der Dom zu Posen oder die Kathedrale auf dem Wawel in Krakau. Das wundertätige Gnadenbild der Schwarzen Mutter Gottes soll — so erzählt die Legende — von dem Apostel Lukas auf einen Tisch gemalt sein, den Jesus Christus als Zimmermann eigenhändig angefertigt. Geschichtlich festzustehen scheint, daß die Mutter Konstantins des Großen (323—337) das Bild von Jerusalem nach Konstantinopel gebracht hat, wo die ersten gläubigen Christen dieser Stadt ihm bereits damals wunderwirkende Kraft nachsagten. Im 14. Jahrhundert ist es dann über einen ukrainischen Magnaten und später einen Herzog von Oppeln nach Tschenstochau gekommen. Seit den Schwedenkriegen ist der Helle Berg nach einer erfolgreichen Verteidigung im Jahre 1655 zum Symbol der nationalen Widerstandskraft des polnischen Volkes geworden. Der Fall der Stadt konnte demnach nicht mit rechten Dingen zugegangen sein und mußte „begründet" werden. Die Erklärungen jagten sich. Ein Teil scheint interessant genug, um kommentarlos wiedergegeben zu werden.

3. September

Die polnische Botschaft in Paris teilt mit:

„Der polnische Rundfunk verkündet, daß Tschenstochau, das polnische Lourdes, in Flammen stehe. Der berühmte Kreuzgang aus dem 16. Jahrhundert, wo sich das heilige Bild der Schwarzen Mutter Gottes befindet, das Pilgerziel ganz Polens und aller Katholiken von Mitteleuropa, ist am 2. September durch die deutsche Luftwaffe mehrfach mit Bomben belegt worden."

Die Havas-Agentur meldet:

„Die Stadt Tschenstochau, die heilige polnische Stadt, steht in Flammen."

4. September

Kardinal Verdier (Paris) im französischen Rundfunk:

„Das Nationalheiligtum der Polen ist in Flammen! Die Feinde hatten es darauf abgesehen . . . Seit 700 Jahren ist dieses Muttergottesbild das Herz Polens! . . Die Polen werden sich stets daran erinnern, daß der Feind es gewagt hat, Hand an seine Heilige Mutter zu legen!"

5. September

Erklärung des amerikanischen Journalisten L. P. Lochner:

„Ich habe mich davon überzeugt, daß die polnischen Behauptungen über die Zerstörungen des Muttergottesbildes von Tschenstochau frei erfunden sind. Das Kloster und auch das Bild der Schwarzen Madonna sind völlig unversehrt. Die Mitglieder des Ordens, die das Bild der Schwarzen Madonna betreuen, versehen nach wie vor ihren Dienst und halten täglich ihre religiösen Übungen ab. Der Prior des Ordens gab auf meinen Wunsch folgende Erklärung ab:

Kloster der O. C. Paulinen
Tschenstochau

Jasna Gora, den 4. September 1939
(Heller Berg)

Hiermit erkläre ich auf Anfragen der deutschen militärischen Behörden, daß das wundertätige Bild der Tschenstochauer Mutter Gottes auf dem Hellen Berge (Jasna Gora) weder gestern beim Einmarsch der deutschen Truppen noch bis zur Stunde beschädigt wurde. Der Helle Berg hat bis dahin keinerlei Verluste erlitten.

gez. Pater Herbert Moylewski, Prior."

Die **8. Armee,** der linke Flankenschutz der 10. Armee, rechnete mit stärkerem Widerstand an der Prosna, mit nachhaltiger Verteidigung erst an der Warthe. Sie griff an mit:
dem XIII. Korps (17. u. 10.Inf.Div.) von Groß Wartenberg auf Sieradz,
dem X. Korps (24.Div.) über Schildberg auf Warta.
Die 30.Inf.Div. folgte als Armeereserve hinter dem linken Flügel des X. Korps. Der Schwerpunkt der Aufklärung lag in der offenen Nordflanke Richtung Posen—Kutno. Die unterstellten Grenzschutz-Abschnittkommandos 14 und 13 sollten durch Angriffe über Rawitsch und über Lissa in nordostwärtiger Richtung stärkere Kräfte vortäuschen.

Gegen schwächeren Feindwiderstand wurde die Prosna am 2. 9. überschritten. Die Korps hofften, noch gleichzeitig mit dem weichenden Gegner das Ostufer der Warthe am 3. oder 4. 9. zu gewinnen.

Die 14. Armee setzte zu der beabsichtigten Einkesselung der Armee Krakau im Raum um die Stadt Krakau das XVIII. AK, das zunächst beiderseits der Hohen Tatra führte, auf Bochnia (halbwegs zwischen Krakau und Tarnow) an. Die Operation versprach nur Aussicht auf Erfolg, wenn die im Oravatal westlich der Hohen Tatra vorgehende Gruppe (3.Geb.Div., 4.l.Div., 2.Pz.Div.) schnell nach Nordosten Raum gewann. Ab 2. 9. nachmittags unter dem Befehl des Generalkommandos XXII. AK, hatten diese Divisionen in dem schwierigen Waldgebirge unter dauernden Kämpfen bis zum 3. 9. abends jedoch erst Jordanow, also noch nicht die Gebirgsausgänge erreichen können.

Noch ungünstiger lagen die Dinge östlich der Hohen Tatra. Dem XVIII. Korps standen hier zunächst nur die um Käsmark versammelten Slowaken zur Verfügung. Sie haben im „Angriff" nach Norden die Landesgrenze nicht überschritten. Im Antransport auf Käsmark war die 2.Geb.Div. erst am 4. 9. verwendungsbereit, und die 1.Geb.Div. konnte ihre Ausladungen hier nicht vor dem 5. 9. beendet haben.

Vom Westen her waren auf Krakau angesetzt:

das XVII. Korps (7.Inf.Div., 45. u. 44.Inf.Div.) über den Jablunka-Paß und aus dem Raum Mähr. Ostrau südlich der Weichsel,

das VIII. Korps (5.Pz.Div., 28.Inf.Div., 8.Inf.Div) aus dem Raum Ratibor — Gleiwitz nördlich der Weichsel.

Beide Korps durchbrachen in schweren Kämpfen die zum Teil sehr starken Stellungen und standen am 3. 9. nach einem Geländegewinn zwischen 50 und 80 km an der Sola und Przemsza, zwei Bächen, die, direkt von Süden und Norden kommend, bei Auschwitz in die Weichsel münden. Ein Ausweichen des Gegners nach Osten hatte nicht verhindert werden können.

Von den Heeresgruppenreserven wurden nachgeführt:

VII. Korps (68.Inf.Div. und 27.Inf.Div.) dem rechten Flügel der 10. Armee in die Gegend um Tarnowitz,

die 62.Inf.Div. von Oppeln nach Tarnowitz,

die 221.Inf.Div. von Breslau hinter den linken Flügel der 8. Armee auf Militsch.

Die 239.Inf.Div. sollte der 8.Inf.Div. folgen, das oberschlesische Industriegebiet zunächst im Süden abriegeln und später besetzen.

Die 213.Inf.Div. begann ihre Ausladungen ostwärts Breslau am 3. 9.

Heeresgruppe Nord

Die 4. Armee bildete nördlich Flatow aus dem II. Korps (3., 32.Inf.Div.) und dem XIX. Korps (3.Pz.Div., 2. u. 20.mot.Div.) eine Durchbruchsgruppe, die — nach der Mitte, der 3.Pz.Div., zusammengehalten — über die Brahe zwischen Crone und Tuchel auf Kulm gegen die Weichsel durchstoßen sollte. Auf dem linken Flügel hatte die 20.mot.Div. vorher noch Konitz zu nehmen und dann unter scharfem Heranhalten an den rechten Nachbarn, die 2.mot.Div., die linke Flanke der Stoßgruppe abzudecken.

Nördlich davon sollte das Grenzschutz-Abschnittskommando 1 die 207.Inf.Div. über Berent zur Abriegelung der bei Gdingen stehenden Feindkräfte und zur Aufnahme der Verbindung mit Danzig ansetzen. Dort hatte der „Verband Danzig" die Aufgabe, Stadt und Hafen gegen jeden Feindangriff zu halten.

Zur Sicherung der rechten Flanke gegen die Armee Posen hatte das um Krojanke versammelte III. Korps (50.Inf.Div., Brigade Netze) sich in den Besitz des Netze-Abschnittes von der Reichsgrenze bis Nakel zu setzen und später auf Bromberg vorzugehen.

Das anschließende Grenzschutz-Abschnittskommando 2 (Deutsch Krone) hatte die Grenze im Abschnitt Friedeberg—Scharnikau zu sichern, das südlich daran anschließende Grenzschutz-Abschnittskommando 12 zur „Täuschung und Fesselung des Gegners" Bentschen und Tirschtiegel angriffsweise zu nehmen.

Als Armeereserven waren bestimmt:

Die 23.Inf.Div. um Jastrow, die 218.Inf.Div. südlich Rummelsburg.

Die Heeresgruppe behielt sich die Verfügung vor über:

die 10.Pz.Div. westlich Neu-Stettin und die 73.Inf.Div. bei Deutsch-Krone, die 208.Inf.Div., die am 1.9. um Schloppe eintreffen sollte.

Der Angriff mußte zunächst gegen die feldmäßig stark ausgebaute Brahestellung geführt werden, die von der polnischen 9. Division verteidigt wurde. Bereits am 1. September gelang der 3.Pz.Div., der Armee weit voraus, der Einbruch in diese Stellung ostwärts Prust und am 2. September zusammen mit der ihr folgenden 23.Inf.Div. der Durchbruch. Der Pole begann, den Nordzipfel des Korridors zu räumen und versuchte, in verzweifelten Angriffen nach Süden durchzubrechen. Er stieß auf die 2.mot.Div., die vorübergehend bei Tuchel hängenblieb. Die 20.mot.Div. nahm Konitz und gewann den Brahe-Abschnitt nordostwärts davon. Sie wurde dann nach Ablösung durch die 218.Inf.Div. über Tuchel auf Neuenburg an der Weichsel abgedreht (Skizze 6).

Das II. Korps erreichte über Crone bis zum 3. 9. abends unter Sicherung gegen Bromberg die Weichsel in der Gegend von Kulm und stützte die 3.Pz.Div in ihren schweren Kämpfen beim Vorstoß nach Norden entlang des Stromes in Richtung Graudenz. Es gelang, die polnischen Kräfte, die im Korridor standen, von der Weichsel abzuschneiden, und im Raum westlich Graudenz mit der 23.Inf.Div. von Süden, der 2.mot.Div. von Westen, der 20.mot.Div. von Norden und schließlich der 3.Pz.Div. von Osten her einzukesseln. Die Masse der polnischen 9. und 27.Div., 1 Pz.-Bataillon, 2 Jägerbataillone und die Kav.Brigade Pommerellen streckten in den nächsten Tagen die Waffen. Die erste neuzeitliche Kesselschlacht war geschlagen. General Guderian hatte als Kommandierender General des XIX. Korps den Einsatz und die Verwendung der von ihm geschaffenen deutschen Panzerwaffe praktisch unweit des alten Stammgutes seiner Familie unter Beweis gestellt.

Noch in der Nacht vom 3. zum 4. September wurde südwestlich Kulm das Übersetzen des II. AK begonnen. Am Abend erfolgte der Brückenschlag.

Auf dem südlichen Flügel erreichte das III. Korps fast kampflos die Netze und fand die dortigen Brücken zerstört. Unter fortlaufender Sicherung an diesem Fluß drang es am 4. in Bromberg ein, das der Feind geräumt hatte. Die Stadt bot ein grauenhaftes Bild. Der Berichterstatter der schwedischen Zeitung „Christa Jäderlund" schreibt:

> „Eine fürchterliche Bartholomäusnacht fand am Sonntag (3. 9.) und in der Nacht zum Montag in Bromberg statt, bevor die deutschen Truppen die Stadt besetzten. Eine unbeschreibliche Schreckensstimmung lagert noch heute über der Stadt. Der Sonntag war fürchterlich. Die Anzahl der ermordeten und scheußlich verstümmelten Menschen — Deutsche und Polen, die als deutschfreundlich verdächtig waren — wird auf etwa Tausend berechnet. Ich fotografierte selbst eine ganze Reihe von großen Leichenhaufen, die noch heute teils auf den Straßen, teils in den Wäldern sowie in den Gärten umherlagen. Die Fotografien sind jedoch zu gräßlich, um in einer Zeitung veröffentlicht zu werden."

Im Norden erreichte unter kleinen Gefechten die 207.I.D. über Berent Danziger Gebiet. Die 73.Inf.Div. schloß um Konitz auf. Sie verblieb hier bis zu ihrem Abtransport nach dem Westen am 14. 9.

Die 3. Armee stellte befehlsgemäß ihre Hauptkräfte im Raum Neidenburg—Willenberg zum Angriff über den Narew bereit. Es sollten vorgehen:

Das I. Korps (Panzerverband Ostpreußen, 61.Inf.Div., 11.Inf.Div.) über Mlawa auf Pultusk,

das Korps Wodrig (1.Inf.Div., 12.Inf.Div.) über Przasnysz auf Rozan,

die 1.Kav.Brigade zum Schutz der offenen Ostflanke auf Ostrolenka.

Das XXI. Korps (21.Inf.Div., 228.Inf.Div.) hatte Graudenz zu nehmen.

Die Landesgrenzen sicherten:

Das Grenzschutz-Abschnittskommando 15 (Allenstein) in der Lücke zwischen dem XXI. und I. Korps,

die Gruppe Brand (Darkehmen) von Johannisburg bis zur Ostsee mit Grenzwacht in Verbindung mit den Festungstruppen von Lötzen und Königsberg.

Die 217.Inf.Div. stand als Armeereserve nördlich Neidenburg,

die 206.Inf.Div. als Heeresgruppenreserve um Osterode.

Der Angriff des XXI. Korps war erfolgreich. Unter dem Schutz der Ostflanke gegen Angriffe sehr starken Gegners durch die 228.Inf.Div. nahm die 21.Inf.Div. am 3. 9. den beherrschenden Höhenzug ostwärts der Festung und drang noch am selben Tage in die Vorstädte von Graudenz ein.

Der sorgfältig vorbereitete Handstreich der Gruppe Medem gegen Dirschau — nördlich davon — mißglückte. Zwar wurde die Stadt selbst genommen, doch konnte die Sprengung der überaus wichtigen Weichselbrücken nicht verhindert werden. Die Eisenbahnverbindung zwischen Ostpreußen und dem Reich war damit für lange Zeit unterbrochen.

Das I. Korps stieß nördlich Mlawa auf die bekannte, beiderseits an Sumpfgelände angelehnte feindliche Bunkerstellung, die es auch nach Einsatz von Panzern und Sturzkampfverbänden nicht durchbrechen konnte. Das Korps lag mit erheblichen Verlusten fest. Der Panzerverband Ostpreußen wurde herausgezogen und dem erfolgreicheren Korps Wodrig zugeführt, das im Vorgehen auf Rozan am 3. 9. Przasnysz nehmen konnte. Zu einem beabsichtigten Angriff in Flanke und Rücken der Armee Modlin beiderseits Mlawa, der dem I. Korps Entlastung bringen sollte, wurde es für richtig gehalten, auch die 1.Kav.Brigade aus ihrer ursprünglichen Vormarschrichtung (Ostrolenka) abzudrehen und nach Südwesten heranzuziehen. Es ist bedauerlich und tragisch, daß durch diese übervorsichtige Maßnahme der einzige und letzte deutsche Kavalerie-Verband in der Folge von dem offenen Flügel verschwunden ist und eingekeilt zwischen anderen Verbänden keine Gelegenheit findet zu einer Kampfesart, die seinem Wesen entspricht.

1. September

Das Oberkommando der Wehrmacht gibt bekannt:

Im Zuge der deutschen Kampfhandlungen aus Schlesien, Pommern und Ostpreußen wurden an allen Fronten schon heute die erwarteten Anfangserfolge erzielt.

Die von Süden über das Gebirge vorgegangenen Truppen haben die Linie Neumarkt—Sucha erreicht. Südlich Mährisch-Ostrau ist die Olsa bei Teschen überschritten. Südlich des Industriegebietes sind unsere Truppen in Höhe von Kattowitz im zügigen Vordringen. Die aus Schlesien angesetzten Truppen sind im flüssigen Vorgehen in Richtung Tschenstochau und nördlich davon.

Im Korridor nähern sich unsere Truppen der Brahe und haben die Netze bei Nakel erreicht.

Dicht vor Graudenz wird gekämpft.

Aus Ostpreußen vorgehende Kräfte stehen tief auf polnischem Gebiet im Kampf.

Die deutsche Luftwaffe hat heute in wiederholten kraftvollen Einsätzen die militärischen Anlagen auf zahlreichen polnischen Flugplätzen, so z. B. Rahmel, Putzig, Graudenz, Posen, Plock, Lodz, Tomaszow, Radom, Ruda, Kattowitz, Krakau, Lemberg, Brest, Terespol angegriffen und zerstört.

Außerdem unterstützten mehrere Schlachtgeschwader wirkungsvoll das Vorwärtskommen des Heeres.

Die deutsche Luftwaffe hat sich damit heute die Luftherrschaft über den polnischen Raum erkämpft, obwohl starke Kräfte in Mittel- und Westdeutschland zurückgehalten wurden.

Teile der deutschen Seestreitkräfte haben Positionen vor der Danziger Bucht eingenommen und sichern die Ostsee.

Das in Neufahrwasser liegende Schulschiff „Schleswig-Holstein" nahm die von den Polen besetzte Westernplatte unter Feuer.

In Gdingen wurde der Kriegshafen durch die Luftwaffe bombardiert.

2. September

Das Oberkommando der Wehrmacht gibt bekannt:

Das Vorgehen der deutschen Truppen brachte auf allen Fronten weitere schnelle Erfolge.

Die südlich des oberschlesischen Industriegebietes angesetzten Kräftegruppen nähern sich Biala und haben Pless genommen. Nördlich davon wurde eine polnische Bunkerlinie durchbrochen.

Nördlich des Industriegebietes nähern sich unsere Truppen der Warthe. Panzer-Verbände gehen nördlich Tschenstochau auf Radomsko vor. Wielun ist genommen. Die über Kempen angesetzten Teile sind im flotten Vorgehen auf Sieradz.

Die pommersche Kräftegruppe hat die Brahe überschritten und in kraftvollem Stoß mit Anfängen die Weichsel südwestlich Graudenz erreicht. Damit ist die Verbindung mit der aus Ostpreußen Richtung Graudenz angesetzten Gruppe nahezu hergestellt. Die im nördlichen Korridor befindlichen polnischen Heeresteile sind abgeschnitten. Die Säuberung der Tucheler Heide ist im Gange.

Auch der aus Ostpreußen nach Süden angesetzte Angriff gewann Boden. Deutsche Truppen sind im Vorgehen auf Przasnysz.

Die deutsche Luftwaffe hat heute blitzschnelle und wuchtige Schläge gegen militärische Ziele in Polen geführt. Zahlreiche polnische Flugzeuge wurden im Luftkampf vernichtet. Auf der Erde wurden eine große Anzahl von Militärfliegerhorsten angegriffen, insbesondere bei Gdingen, Krakau, Lodz, Radom, Demblin, Brest, Terespol, Lublin, Luck, Golab, Warschau-Okęcie, Posen-Lawica.

Die in den Hallen und auf den Rollfeldern befindlichen Flugzeuge gingen in Flammen auf.

Ferner wurden an den wichtigsten Bahnlinien Gleisanlagen zerstört sowie Militärtransporte zum Entgleisen gebracht und im Rückmarsch befindliche Marschkolonnen mit Bomben belegt.

Die Munitionsfabrik Skarzysko-Kamienna flog nach einem Angriff in die Luft.

Nach den Erfolgen des heutigen Tages ist damit zu rechnen, daß die polnische Fliegertruppe in ihrem Bestand aufs schwerste getroffen ist.

Die deutsche Luftwaffe hat die uneingeschränkte Luftherrschaft über dem gesamten polnischen Raum und steht nunmehr für weitere Aufgaben zum Schutze des Reiches zur Verfügung.

Die Seestreitkräfte vor der Danziger Bucht beschossen vormittags die Befestigungen auf Hela und den Kriegshafen Hela. Marine-Fliegerverbände griffen mehrfach den Kriegshafen Gdingen mit Bomben an.

3. September
Das Oberkommando der Wehrmacht gibt bekannt:

Am gestrigen Nachmittag und in den heutigen Morgenstunden drangen weiter die deutschen Truppen auf allen Fronten erfolgreich tief auf polnisches Gebiet vor.

Tschenstochau wurde genommen.

Ostwärts von Wielun wurde die Warthe überschritten.

Ein Versuch der im Korridor abgeschnittenen polnischen Truppen, nach Süden durchzubrechen, wurde abgeschlagen. Berent ist in deutscher Hand.

Nach der entscheidenden Wirkung des Einsatzes der deutschen Luftwaffe von gestern beherrschen die Divisionen der beiden gegen Polen eingesetzten Luftflotten uneingeschränkt den polnischen Luftraum und stehen wieder einsatzbereit in ihren Absprunghäfen. Die Einheiten der bisher nicht eingesetzten Luftflotten stehen wie bisher in den Fliegerhorsten bereit.

4. September
Das Oberkommando der Wehrmacht gibt bekannt:

Von den aus Schlesien und südlich vorgehenden Truppen drängen nördlich der Hohen Tatra und südlich des Industriegebietes starke Kräfte dem auf Krakau zurückweichenden Gegner nach.

Ostwärts Pless wurde der Weichselübergang erkämpft.

Nördlich des Industriegebietes folgen unsere Truppen dem zurückweichenden Feind über die Linie Koniecpol—Kamiensk und über die Warthe nordöstlich Wielun. Im scharfen Vorgehen haben sie sich Sieradz auf 20 km genähert.

Die pommersche Kräftegruppe erreichte mit starken Kräften die Weichsel bei Kulm. Das Abschneiden der im nördlichen Korridor stehenden polnischen Kräfte ist damit vollendet. Der deutsche Angriff gegen die Festung Graudenz ist im Nordosten in die Fortlinie eingedrungen.

Die aus Ostpreußen vorgehende Kräftegruppe nahm Przasnysz.

Polnische Kavallerie, die nördlich Treuburg versuchte, in deutsches Land einzudringen, wurde zurückgeworfen.

Die deutsche Luftwaffe führte im Laufe des 3. September vermehrt ihre Angriffe auf militärisch wichtige Verkehrsanlagen und größere Truppentransporte durch. Der wiederholte Einsatz von Schlacht- und Sturzkampffliegern trug wesentlich zu dem raschen Erfolg der aus Schlesien vorgehenden Truppen bei.

Die Bahnverbindungen Kutno—Warschau, Krakau—Lemberg, Kielce—Warschau, Thorn—Deutsch-Eylau wurden zerstört. Es sind zahlreiche Zugentgleisungen, Brände und Explosionen von Zügen festgestellt. Der Bahnhof Hohensalza liegt in Trümmern.

In Okęcie bei Warschau wurde das dortige Flugzeugwerk schwer beschädigt. Die dort von den Polen bereitgestellten Reserveflugzeuge wurden vernichtet. Bei einem Luftkampf über Warschau wurden 7 polnische Flugzeuge und 1 polnischer Ballon ohne eigene Verluste abgeschossen.

Die Seestreitkräfte waren auch gestern erfolgreich tätig. Zerstörer haben die im Kriegshafen von Hela liegenden feindlichen Schiffe unter wirkungsvolles Feuer genommen. Vor der Danziger Bucht wurde ein polnisches U-Boot versenkt.

Luftangriffe gegen Gdingen und Hela wurden erneuert und brachten hierbei den polnischen Zerstörer „Wicher" zum Sinken. Der Minenleger „Gryf" wurde schwer beschädigt.

Im Westen bisher keine Kampfhandlungen.

Die dreitägigen Kämpfe hatten somit bedeutsame Siege und reiche Erfolge, wenn auch selbstverständlich nicht die Erfüllung aller Wunschträume gebracht. Das unheimliche Dunkel, das lastend über dem Beginn jeder kriegerischen Handlung liegt, begann sich zu lichten. Der deutsche Operationsplan, der unter Umsturz aller damals gültigen Grundsätze der Kriegskunst kühn nach den höchsten Sternen gegriffen hatte, schien durchführbar. Die allzuschnell aufgebaute Truppe hatte alle Erwartungen erfüllt. Die großen Panzer- und motorisierten Verbände, deren Gliederung und Verwendung etwas völlig Neues darstellte, hatten die Feuerprobe bestanden und geleistet, was erhofft und theoretisch errechnet worden war. Die polnische Kordonaufstellung war durchbrochen, der unselige Korridor beseitigt, nach 20 langen Jahren die freie Verbindung mit Ostpreußen wiederhergestellt. Der Durchbruch der 10. Armee mitten durch einen starken abwehrbereiten Gegner hindurch geglückt. Die große Zange, die sich planmäßig westlich der Weichsel zu schließen hatte, zeichnete sich kartenmäßig bereits ab.

Alle Anzeichen deuteten darauf hin, daß der Pole schon jetzt nicht mehr absolute Handlungsfreiheit besaß. Er schien führungsmäßig kaum noch eine andere Wahl zu haben, als sich westlich der großen Stromschranke zum entscheidenden Kampf zu stellen. Seine Armee Modlin war in der Front gefesselt. Wenn sie stehen blieb, drohte ihr in kürzester Zeit eine doppelseitige Umfassung durch das II. Korps der 4. Armee von Westen und durch das Korps Wodrig der 3. Armee von Osten. Wich sie aus, so gab sie den Weg auf Warschau frei, da derartig erzwungene Rückzüge in Flucht auszuarten pflegen. Die Armee Pommerellen war an ihrer unlösbaren Aufgabe gescheitert und zum Teil bereits vernichtet. Eine noch kampfkräftige Division (15.I.D.) deckte bei Bromberg den Rückzug über die Weichsel. Die Armeen Lodz und Krakau waren durchbrochen und stark angeschlagen im Zurückfluten über Warthe und Dunajec. Das ostoberschlesische Industrierevier mußte bereits abgeschrieben werden. Von den sechs Armeen vorderster Linie standen intakt nur noch die Operationsgruppe Narew und die Armee Posen.

Die Divisionen der Operationsgruppe Narew wurden nacheinander verzettelt am Narew bei und unterhalb Rozan zur Verteidigung eingesetzt. Als operative Reserve fiel auch sie damit aus. Die Armee Posen, die noch gar nicht gekämpft hatte, blieb zunächst stehen und sah tatenlos zu, wie ihre Nachbarn geschlagen wurden. Erst am 3. 9. nahm Marschall Rydz-Smigly sie auf die „endgültige Verteidigungslinie" Bromberg—Hohensalza—Konin—Warthe zurück. Vergeblich schlug der Oberbefehlshaber, General Kutrzeba, vor, geschlossen mit seinen sieben großen Verbänden zum Angriff nach Süden in die tiefe Flanke der Heeresgruppe Süd anzutreten. Nach Ansicht von Feldmarschall v. Rundstedt hätte bei dieser Operation leicht „eine sehr ernste Lage" für die schwache 8. Armee und die durchgebrochenen Panzer der 10. Armee entstehen können.

Von den vier Reservearmeen war die Gruppe Polesie noch gar nicht, die Armee Karpaten nur z. T. versammelt. Die Armee Preußen hatten deutsche Panzer und Flieger in ihrem Versammlungsraum gefaßt. Auch sie war damit bereits gebunden. Voll verfügbar blieb demnach z. Z. nur die sehr schwache Armee Piskor, die aber nicht bewegt werden konnte, ohne die Weichselübergänge beiderseits Deblin freizugeben.

Marschall Rydz-Smigly soll nach seiner Flucht am 17. 9. in Rumänien geäußert haben: „Schon nach dem zweiten Tage des Feldzuges war ich überzeugt, daß er verloren war." „Ein Fehler im Aufmarsch ist", nach Moltke, „während eines ganzen Feldzugs schwer wieder gutzumachen." Die polnische Führung hat es im September 1939 vergeblich versucht.

Diesen unbestreitbar großen Erfolgen standen gegenüber die ebenso unbestreitbaren Mißerfolge an den beiden äußersten Flügeln der deutschen Front. Es war nicht gelungen, in der Ostslowakei vor dem 1. 9. eine schlagkräftige Angriffsgruppe zu versammeln. Der Politiker hatte dem Soldaten die Voraussetzungen dafür nicht geschaffen. Die Armee Karpaten hatte infolgedessen nur frontal gefaßt werden können. Ihr Ausweichen hinter den Dunajec und später vermutlich hinter den San konnte wahrscheinlich nicht mehr verhindert werden. Stand sie aber erst hinter dem San, so war wiederum nur „ein ordinärer Sieg" mit neuen Opfern im frontalen Angriff möglich.

Im Norden brachte die Sprengung der Dirschauer Brücken einen schmerzlichen Zeitverlust für die beabsichtigte Umgruppierung der Heeresgruppe Nord nach dem wichtigen Ostflügel. Die 3. Armee hatte hier geglaubt, mit dem I. Korps den Stier bei den Hörnern packen zu müssen [17]). Die starken Befestigungsanlagen auf den beherrschenden Höhen um Mlawa waren sehr wohl bekannt gewesen.

Blieben die vortrefflichen ostpreußischen Regimenter weiterhin erfolglos — wofür alle Anzeichen sprachen —, so konnte ostwärts davon die Lage für das durchgebrochene Korps Wodrig sich bei Przasnysz bedrohlich gestalten, sofern der Pole seine sture passive Verteidigung aufgab und seinerseits angriff. Die zu der Zeit noch völlig unbeschäftigte Operationsgruppe Narew (2 I.D., 2 Kav.Brig.) und die vier Divisionen im Raum Warschau—Rozan boten sich für diese Operation geradezu an. Noch bedeutsamer war jedoch, daß durch den Mißerfolg bei Mlawa die rückwärtigen Verbindungen der Armeen Pommerellen und Posen unbedroht blieben. Insbesondere die starke Armee Posen behielt volle Handlungsfreiheit. Es konnte vernünftigerweise nicht damit gerechnet werden, daß die polnische Führung diese Entwicklung der Dinge nicht nutzte [18]).

Über dem polnischen Raum herrschten wohl die deutschen Flieger, aber die tatsächliche Wirkung ihrer Waffen gegen Ziele auf der Erde wurde zunächst überschätzt und nach Erkenntnis später bewußt übertrieben. Das führte in weiten Kreisen zu Fehlschlüssen. Die Generation, die die Jahre 1943—1945 erlebt hat, weiß, daß einige hundert Flugzeuge nicht in wenigen Tagen Verkehr und Wirtschaft eines großen Landes wirklich

---

[17]) Die Instruktion Friedrich d. Großen für seine Generale von 1747. — Berlin 1936, S. 99: „Ich billige alle Angriffsarten, wofern sie sich gegen die schwächste und vom Gelände am wenigsten begünstigte Stelle der feindlichen Armee richten."

[18]) Wie die Fachleute Amerikas und Englands dachten, teilt Ch. C. Tansill in seinem Buche „Die Hintertür zum Kriege" (Düsseldorf 1956), S. 598/6, mit: „Die Berichte des britischen Geheimdienstes waren im Militärischen genau so irrig wie in ihren Vorhersagen über die Versorgung Deutschlands mit Öl und Benzin. General Ironside (Chef des britischen Gesamtgeneralstabes) berichtete auf Grund einer Reihe von Informationen: Die deutsche Strategie beruhe auf der Führung eines schnellen Feldzuges. Das Gelände sei aber im polnischen

lahm legen können. Bei der sprunghaften Entwicklung der Luftwaffe während dieser Zeit mutet zudem bei einem Vergleich mit den Waffen, die den Westmächten später zur Verfügung standen, das deutsche Gerät von 1939 wie Kinderspielzeug an.

Es muß festgestellt werden, daß entgegen allen propagandistischen Veröffentlichungen im September 1939 weder die oberste Führung der polnischen Wehrmacht gleich in den ersten Tagen ausgeschaltet war, noch daß Truppenbewegungen unmöglich gewesen wären. Nicht einmal für eine lückenlose Beobachtung des weiten Raumes reichten die deutschen Kräfte aus, wie sehr bald der unbeobachtet gebliebene Abmarsch der Armee Posen vor der Schlacht an der Bzura zeigen sollte.

Für die führenden Soldaten lag trotz aller Erfolge um so weniger Veranlassung vor, Siegesglocken zu läuten, als die Dinge in Berlin sich dramatisch und verhängnisvoll entwickelten. Am 1. 9. erklärte die Freie Stadt Danzig ihren Wiederanschluß an das Deutsche Reich. Das bedeutete einen offenen Schlag gegen alle Mitglieder des Genfer Völkerbundes. Der Hohe Kommissar, Professor Burckhardt, verließ um 9.00 Uhr die Stadt. Um 10.00 Uhr sprach Hitler vor dem Reichstag, dessen Mitglieder seit dem 25. 8. untätig in Berlin warteten. Die Abgeordneten stimmten seinen Ausführungen — wie üblich — begeistert zu. Nur der rheinische Industrielle Fritz Thyssen erhob warnend seine Stimme. Unter Hitler kam er dafür ins KZ und nach dem Sieg der Alliierten als Kriegsverbrecher ins Gefängnis. Von den zahllosen Schritten der ausländischen Diplomaten, die sich während des Tages in der Reichskanzlei die Tür in die Hand gaben, waren am bedeutungsvollsten am Abend die Noten Englands und Frankreichs. Sie forderten übereinstimmend sofortige Einstellung der Feindseligkeiten und Zurücknahme der deutschen Truppen über die Grenze. Beide Staaten würden Polen sonst bewaffnet unterstützen. Der Ton war entschieden ultimativ, wenn auch ein Zeitpunkt nicht genannt war. England und Frankreich verkündeten außerdem drohend die Gesamtmobilmachung ihrer Wehrmacht, die tatsächlich bereits erfolgt war.

Der 2. 9. brachte den Vermittlungsvorschlag Mussolinis für einen Waffenstillstand und Verhandlungen ohne Zurücknahme der deutschen Truppen. Frankreich zauderte. Man verstand dort nicht, daß man jetzt für Danzig sterben solle, nachdem man es zur Rettung der verbündeten Tschechoslowaken 1938 doch auch nicht hatte tun müssen. Aber England lehnte jede Verhandlung vor erfolgter Räumung ab, und Frankreich schloß sich schließlich zögernd dieser Ansicht an. Hitler glaubte die Annahme derartiger Bedingungen selbstverständlich ablehnen zu müssen.

Grenzgebiet zum Teil völlig unwegsam. Wenn es die Polen noch befestigten, so daß es ein paar Monate erfordern würde, überhaupt vorwärts zu kommen, dann würde es für Hitlers Horden sehr schwierig werden, zurückzugehen oder vorzudringen. Und: Der amerikanische Militärattaché in Berlin war ebenso optimistisch. Die Polen folgen, so meinte er, einem vorgefaßten Plan, der darin bestehe, den deutschen Vormarsch durch Deckungskräfte und hartnäckig widerstehende befestigte Abschnitte zu verzögern . . . Sie zwingen die Deutschen, jeden gewonnenen Kilometer teuer zu bezahlen, und erschöpfen die besten deutschen Divisionen. Die Polen verteidigen sich so, wie es von den Polen und der französischen Militärmission geplant sei, und seien dabei anscheinend erfolgreich."

Am 3. 9. übergab nach einem Ultimatum um 9.00 Uhr der britische Staatssekretär für Auswärtige Angelegenheiten dem deutschen Geschäftsträger in London 11.15 Uhr die britische Kriegserklärung. Premierminister Chamberlain erklärte im Unterhaus: „Ich hoffe den Tag noch zu erleben, an dem Hitler vernichtet ist." Die französische Regierung teilte um 12.20 Uhr mit, „. . . . daß sie sich verpflichtet sieht, von heute, dem 3. September, 17.00 Uhr ab, die vertraglichen Bedingungen Polen gegenüber zu erfüllen . . .".

Völkerrechtskundler haben darüber gestritten, ob diese beiden Erklärungen Verstöße gegen den Völkerbundpakt, gegen den Kelloggpakt, — „der dem Krieg den Krieg erklärt" — und in Frankreich außerdem gegen die Verfassung darstellen. Die Kammer war hier nicht befragt, hatte also ihre Zustimmung nicht gegeben. Tatsächlich waren die Würfel endgültig gefallen. Hitler hatte sein prahlendes Wort vor den Soldaten: „. . . meine Aufgabe ist, Ihnen im Westen den Rücken freizuhalten" nicht gehalten. Unheilschwanger und drohend standen zwei Weltreiche an der deutschen Westgrenze kriegsbereit in einer alles erdrückenden Übermacht. Keine Veranlassung lag vor, den führenden Männern Frankreichs und Englands Unfähigkeit ungewöhnlichen Ausmaßes oder Feigheit unterstellen zu dürfen. Nach menschlichem Ermessen und all den feierlichen Erklärungen mußte damit gerechnet werden, daß ihre vereinten Kräfte in den nächsten Tagen, vielleicht sogar schon in den nächsten Stunden, angriffsweise die Grenze überschreiten.

Die Fortsetzung des Krieges in Polen in der geplanten Weise wurde damit zu einem Glücksspiel mit der einzigen Gewinnchance für Deutschland, daß es England und Frankreich trotz aller feierlichen Erklärungen gar nicht um Danzig und Polen ging, daß sie trotz allem und allem nicht marschieren würden. Hitler setzte auf diese schlechte Karte — und wiederum schien er gewinnen zu sollen. Das deutsche Volk, und besonders die im Kampf stehende Truppe, ahnten bestenfalls dunkel dieses Vabanque-Spiel. Von den dreizehn Kriegserklärungen, die am 3. 9. bereits vorlagen (s. Anlage 5), erfuhren sie überhaupt nur die von England und Frankreich. Geschickt wußte das Propagandaministerium die Vorgänge zu vernebeln.

Vergleiche mit Bismarcks Verhalten in den Tagen von Königgrätz 1866 drängen sich auf. Für den verantwortlichen Führer des Deutschen Reiches und den Reichsaußenminister konnte es jetzt wie damals nur die einzige Aufgabe geben, den im Osten reifenden Sieg irgendwie politisch zu nutzen, auf alle Fälle aber im Spiel zu bleiben. In Berlin liefen alle Fäden zusammen, nur hier waren die Vertreter der fremden Mächte zu erreichen, nur von hier aus war es vielleicht noch möglich, den unheilvollen Lauf, den die Dinge genommen hatten, zu ändern oder wenigstens in der Auswirkung zu mildern. Berlin war der einzig mögliche Platz für den verantwortlichen Führer.

Hitler zog es vor, zur Front zu flüchten und blieb dort bis zum 26. 9. Er schaltete sich damit völlig aus. In Polen war er überflüssig, war bestenfalls Zuschauer und Schlachtenbummler. Mit ihm verließen in zwei langen Sonderzügen die Reichshauptstadt alle Männer, die befugt gewesen wären, Entscheidungen zu treffen. Zurück blieben nur Arbeitsstäbe.

Die Kämpfe vom 4.—6. September

Karten 5 und 7, Skizze 6

Bei der **Heeresgruppe Süd** wuchsen Zweifel, ob es noch möglich sein würde, den Gegner westlich der Weichsel zum entscheidenden Kampf zu stellen. Außer vor dem rechten Flügel der 14. Armee wich der Pole auf der ganzen Front. Transportbewegungen mit höchster Bahnleistung waren von Krakau und von Posen aus in ostwärtiger Richtung festgestellt. Gleichzeitig ergab jedoch die Aufklärung erfreulicherweise auch eine Versammlung starker Kräftegruppen

1. im Raum Sandomierz—Radom—Kielce
2. um Lodz—Petrikau.

Beide Gruppen konnten die Aufgabe haben, ein Ausweichen hinter die Weichsel abzudecken. Es war demnach mit Teilangriffen zu rechnen, die sich wahrscheinlich gegen den linken Flügel der 14. Armee und gegen den Nordflügel der 10. Armee richten würden. Auch ein Angriff in die Nordflanke der 8. Armee schien wahrscheinlich, denn zeitlich konnte die völlige Zurücknahme der Armee Posen noch gar nicht durchgeführt sein. Je mehr Kräfte der Gegner für diese Angriffe einsetzte oder einzusetzen gezwungen wurde, um mit der Hauptkraft seines Heeres über die Weichsel zu entkommen, desto günstiger gestaltete sich die Gesamtlage. In allen Befehlen wurde deshalb betont:

„Durch scharfes Vorwärtstreiben aller Teile den Gegner noch vorwärts des San und der Weichsel zum Kampf zu stellen, sich bildende Kräftegruppen anzugreifen und zu schlagen."

Darüber hinaus glaubte die Heeresgruppe, ein schnelles Vorgehen über den San durch Bildung eines starken Ostflügels bei der 14. Armee und gleichzeitig auch über die Weichsel durch Inbesitznahme der Brücken bei Pulawy und Deblin durch die 10. Armee schon jetzt einleiten zu müssen. Hier verlegte eine Sperrung der Übergänge zugleich der um Kielce—Radom vermuteten Feindgruppe den weiteren Rückzug, und der Vorstoß über den San — möglichst noch **vor** der Masse der ausweichenden Armee Krakau — hob die gesamte Weichselverteidigung aus den Angeln. Die Heeresgruppe Süd hat diese Idee, unter der sie angetreten, nie aufgegeben. Sie glaubte nach wie vor, mit der 14. Armee unter Ausnutzung der weit nach Osten vorspringenden Grenze zu einer überholenden Verfolgung kommen zu können. Alle ihre Befehle stehen unter diesem Zeichen. Die Weisung des Operationsplanes vom Juli 1939, der lediglich zur Flankensicherung der 10. Armee „frühzeitige Beherrschung des Geländes zunächst bis zum Dunajec" forderte, schien ihr von jeher zu kurz gesteckt.

Unter Meldung dieser Auffassung über die Lage an das Oberkommando des Heeres wurde gleichzeitig um Zuführung einer weiteren angriffsfähigen Division auf Kraftwagen-Transportregiment in die Ostslowakei zum Ansatz über den Duklapaß gebeten.

Der 14. Armee wurde noch am 3. 9. abends das scharfe Vorwärtstreiben eines starken Ostflügels über den Dunajec hinweg befohlen.

Die 10. Armee erhielt einen Doppelauftrag. Der rechte Armeeflügel war auf Radom vorzuführen, um von dort je nach der Entwicklung der Lage entweder unter Sperrung der Weichselübergänge Pulawy—Deblin zusammen mit der Heeresgruppenreserve (VII. Korps) die im Raum San-domierz—Radom—Kielce vermutete Feindgruppe einzukesseln oder von Radom nach Norden über die Pilica auf Warschau vorzugehen. Der linke Armeeflügel sollte die Feindgruppe um Petrikau—Tomaszow Maz. schlagen und nördlich der Pilica direkt auf Warschau vorgehen, um den weiteren Rückzug der Armeen Lodz und Posen zu verhindern. Das Aus-einanderklaffen der Armee und die zwangsläufig entstehende Lücke zwischen den beiden Flügelgruppen nahm die Heeresgruppe bewußt in Kauf. Die Heeresgruppenreserve, VII. Korps (68. und 27.Inf.Div.) wurde aus der Gegend ostwärts Tarnowitz hinter der rechten Flügelgruppe auf Kielce nachgeführt.

Die 8. Armee hatte unter Staffelung links und Aufklärung in der linken Flanke die Feindgruppe um Lodz anzugreifen. Die 221. Division wurde ihr zum Nachführen hinter dem linken Flügel und am 4. 9. als Armee-reserve unterstellt. Dahinter sollte die 213.Inf.Div. als Heeresgruppen-reserve auf Schildberg folgen.

Die Luftwaffe steigerte auftragsgemäß ihre Angriffe auf das Eisenbahn-netz namentlich in den Räumen um Lodz, Kielce, Sandomierz und im Süden auf die Hauptstrecke Galiziens Krakau—Przemysl—Lemberg. Sie meldete beachtliche Erfolge.

Auf die Beurteilung der Lage vom 3. 9. antwortete das Oberkommando des Heeres, das bisher in die Führung der Operationen nicht eingegriffen hatte, am 4. 9. Grundsätzlich stimmte es der Auffassung der Heeres-gruppe zu. Auch seiner Ansicht nach scheine der Pole z. Z. je eine Kräfte-gruppe bei Kielce—Radom und bei Lodz zusammenziehen zu wollen. In der Provinz Posen wurden keine Feindkräfte mehr angenommen, die zur ernsthaften Einwirkung auf den Nordflügel der 8. Armee befähigt wären. Mit einem Ausweichen des Feindes hinter die Weichsel und den San werde jedoch erst gerechnet, wenn sein Versuch mißlungen wäre, mit den Kräftegruppen Kielce—Radom und Lodz unser Vordringen aufzuhalten. Deshalb werde die Grundlage des Operationsplanes noch für gegeben er-achtet. „Dessenungeachtet wird auch bei OKH im Auge behalten, daß nach Erledigung des Feindes bei Krakau ein Vorführen der 14. Armee in allgemeiner Richtung Lublin in Frage kommt. Die Anweisung der Heeresgruppe Süd an die 14. Armee, die Dunajec- und Bialaübergänge in die Hand zu nehmen, liegt im Sinne dieses Gedankens." Die Zuführung der 57.I.D. nach dem rechten Flügel der 14. Armee wurde in Aussicht ge-stellt.

Während die Auffassung von Heeresgruppe und OKH sich deckten, glaubte die 14. Armee immer noch, die Armee Krakau im Raum um die Stadt Krakau einkesseln zu können. Bei dieser Hoffnung mag die Schwie-rigkeit mitgesprochen haben, das XVIII. und besonders das moto-risierte XXII. Korps in dem Waldgebirge der Beskiden nach Osten oder wenigstens Nordosten abzudrehen. Die wenigen schlechten Straßen folgen den Flüssen und Bächen, die hier von Süden nach Norden laufen. Die Armee beließ deshalb zunächst beide Korps ihres rechten Flügels im Angriff nach Norden und zog sogar einen Ansatz der 2.Geb.Div. nach

Nordwesten in Erwägung, um den motorisierten Verbänden des XXII. Korps aus dem Gebirge herauszuhelfen. Als sie auch am 5. 9. lediglich das XVIII. Korps, auf dessen rechtem Flügel jetzt endlich die 1.Geb.Div. eingesetzt werden konnte, auf Neu-Sandez abdrehte, griff am 5. 9. mittags erstmalig das OKH in die Operationen ein und wählte dabei sogar — ungewöhnlicherweise — einen Befehl an die 14. Armee unmittelbar:

„Ob.d.H. befiehlt, daß die schnellen Truppen der 14. Armee zu frühest möglichem Zeitpunkt in nordostwärtiger Richtung zusammengefaßt werden und mit größter Beschleunigung ostwärts der Weichsel auf Lublin vorzutreiben sind. Ein Zusammenführen auf Krakau liegt nicht im Sinne des Ob.d.H."

Dieser Befehl wurde ergänzt durch eine Weisung an die Heeresgruppe Süd:

„Mit dem Zurückwerfen der Feindgruppe Krakau und dem Erreichen des Dunajec ist die in der Aufmarschanweisung der 14. Armee gestellte erste Aufgabe erfüllt. Die 14. Armee ist nunmehr mit Schwerpunkt ostwärts der Weichsel auf Lublin vorzuführen mit dem Ziel, ein Ausweichen des Feindes über die Weichsel nach Osten zu verhindern und im Zusammenwirken mit der 3. Armee seine Einkreisung zu vollenden. Frühzeitiges Vortreiben der schnellen Kräfte über den San nach Norden ist geboten!"

Die Heeresgruppe Süd befahl hierauf noch am 5. 9. der 14. Armee, südlich der Weichsel die Richtung auf den unteren San zu nehmen und die motorisierten Verbände, zu denen später auch die 5.Pz.Div. treten sollte, zur Besitznahme der San-Übergänge über Tarnow vorzutreiben. Ob das VIII. Korps und die 5.Pz.Div. bereits bei Krakau die Weichsel zu überschreiten oder zunächst noch nördlich des Flusses vorzugehen hätten, sollte von der Entwicklung der Lage hier abhängen.

Am 6. 9. drehte die 14. Armee endlich das XVIII. Korps auf Jaslo, das XXII. Korps auf Tarnow ab. Der Dunajec wurde hier bei Neu-Sandez überschritten, die 4.l.Div. näherte sich Tarnow. Das XVII. Korps erreichte die Gegend südöstlich Krakau und besetzte mit der 44.Inf.Div. kampflos die Stadt selbst. Das VIII. Korps kam bis nordostwärts Krakau. Es wurde einschließlich der 5.Pz.Div. vorerst auf dem Nordufer der Weichsel belassen. Am Abend stand die Armee in der allgemeinen Linie ostwärts Neu-Sandez—nordöstlich Krakau.

Die 10. Armee hatte nach Überschreiten der Warthe am 3. 9. ursprünglich die Absicht, die rechte Flügelgruppe (XV. Korps) westlich der Lysa Gora vorbei über Konskie auf Radom vorzuführen. Der Ansatz zeigt sichtlich das Bestreben, die Lücke möglichst klein zu halten, die zwangsläufig der Doppelauftrag in der Mitte der Armeefront aufreißen mußte. Die Heeresgruppe griff sofort ein. Die ihr vorliegenden Aufklärungergebnisse bestätigten die Vermutung über die Versammlung einer starken Feindgruppe unter dem Schutz der unwirtlichen Lysa Gora zwischen Kielce und Radom. Sogar aus Galizien führte der Pole über Sandomierz Truppen heran. Generaloberst v. Rundstedt befahl noch am 4. 9. vormittags dem XV. Korps (2.l.Div., 3.l.Div.) die Richtung auf Kielce, dem IV. Korps (4., 46., 14.Inf.Div.) auf Konskie zu geben, und die 29.mot.Div. hinter dem rechten Flügel des XV. Korps nachzuführen.

Diese Weisung wurde im Heeresgruppenbefehl für den 5. 9. dahin ergänzt, daß die 10. Armee mit dem XV. Korps und dem IV. Korps die feindliche Kräftegruppe Kielce—Konskie angreifen sollte, um sie noch vor beendeter Versammlung zu fassen. Schnelle Kräfte sollten bis Radom und später bis zu den Weichselbrücken Pulawy—Deblin durchstoßen. Das XVI. und XIV. Korps, denen das XI. Korps nachzuführen war, sollten nördlich der Pilica vorgehen, um den Rückzug der Armee Lodz nach Osten oder auf Warschau zu verhindern und die Weichselbrücken bei Gora Kalwarja in Besitz nehmen.

Die 8. Armee hatte die Feindgruppe bei Lodz anzugreifen, deren Stärke auf 5—6 Divisionen geschätzt wurde.

Als Heeresgruppenreserven sollten das VII. Korps auch weiterhin hinter dem rechten Flügel, der 10. Armee nördlich des Industriegebietes vorbei auf Kielce, die 62.Div. zunächst bis Tarnowitz folgen.

Das beiderseits der Bahn Kattowitz—Kielce—Radom vorgehende XV. Korps, das die 29.mot.Div. zu überholender Verfolgung auf seinen rechten Flügel gezogen hatte, nahm am 5. September Kielce im Kampf gegen dort ausgeladene Feindkräfte und kämpfte sich bis zum 6. 9. abends durch die Lysa Gora bis an die Bahnlinie Sandomierz—Lodz beiderseits Kamienna durch. Das links gestaffelt folgende IV. Korps erreichte im Vormarsch auf Konskie die Pilica.

Westlich der Pilica ging das XVI. Korps mit der 1. und 4.Pz.Div. und der 31.Inf.Div. — die 14.Inf.Div. war zum IV. Korps getreten — weit vor der Armeefront unter schweren Kämpfen, besonders mit der polnischen 19.Div., am 5. 9. bis Petrikau vor. Nachdem die 1.Pz.Div. einen überraschenden Nachtangriff aus den Waldungen ostwärts Petrikau abgewiesen und dabei die polnische 29.Div. zerschlagen hatte, stießen beide Panzerdivisionen am 6. 9. bis in die Gegend Tomaszow Maz., an dem Knie der Pilica, vor. Dort trafen sie auf neuen Feind.

Der linke Flügel der 10. Armee — das XI. und XIV. Korps — lag seit dem 4. September vor einer starken Feindstellung an der Widawka fest. Unter der Einwirkung des Vorstoßes des XVI. Korps bis Petrikau räumte sie der Feind in der Nacht vom 5. zum 6. 9., so daß das XI. Korps den Weg nach Nordosten freibekam. Das XIV. Korps wurde vom linken Armeeflügel in die Gegend von Radomsko gezogen.

Die Maßnahmen der oberen Führung haben in diesen Tagen von der Truppe ungewöhnliche Leistungen verlangt. Beim XV. Korps kreuzten sich im Angriff durch die Lysa Gora die beiden leichten Divisionen. Die rechts vorgehende 2.l.Div. griff links und die links vorgehende 3.l.Div. rechts an Kielce vorbei nach Nordosten an. Senkrecht über ihre Gefechtsstreifen strebte zudem von Süden nach Norden die 29.mot.Div. In Sorge um die große Lücke in der Mitte der Front riß General v. Reichenau diese Division aus der überholenden Verfolgung heraus vom äußersten Südflügel nach der Gegend südlich Radomsko. Hierhin zog er vom äußersten linken Flügel auch das XIV. Korps (1.l., 13.mot.Div.) im Nachtmarsch (5./6. 9.) senkrecht über die Gefechtsstreifen des XI. Korps, des XVI. Korps und des IV. Korps hinweg. Das XIV. Korps folgte dabei merkwürdigerweise dem Beispiel des XV. Korps und benutzte den Übergang über die Widawka, um auch seine beiden Divisionen sich im Marsch kreuzen zu lassen.

Die Truppe hat diese seltsamen Bewegungen nicht verstanden, aber sie trotzdem in einer Weise gemeistert, die größte Hochachtung verdient. Eine Erklärung für diese Befehle ist wohl in dem Umstand zu finden, daß die 10. Armee ihre Reserve — das XIV. Korps — bereits am zweiten Tage des Krieges einsetzen zu müssen glaubte, und daß dieser übereilte Einsatz sich sehr bald als unzweckmäßig herausstellte.

Drei große wertvolle motorisierte Verbände vertaten viel Kraft ohne entsprechendes nützliches Ergebnis, denn ernsthaft gekämpft hatten sie bisher kaum. Willig und vertrauensvoll ließ die Truppe bisher diese Umgruppierungen über sich ergehen. Am 7. 9. kapitulierte jedoch das IV. Korps und stellte mit seinen drei Divisionen den Vormarsch an der Pilica ein. In seinem Gefechtsstreifen fuhr die 29.mot.Div. Karussell. Die kämpfenden Teile rollten nunmehr von Norden nach Süden wiederum quer über die Infanterie zurück, während die rückwärtigen Teile noch von Süden nach Norden aufschlossen. Gleichzeitig formierte sich das XIV. Korps mit der 1.l.Div. und der 13.mot.Div. innerhalb seines Raumes zum Angriff in Richtung Radom. Dieses Durcheinander auf polnischen Straßen zu entwirren, überstieg die Leistungsfähigkeit der örtlichen Führung.

Die 8. Armee hatte am 4. und 5. September unter harten Kämpfen den Übergang über die Warthe erzwungen und den Feind geworfen. Sie stieß am 6. 9. in der Verfolgung bis zum Ner vor, XIII. Korps rechts, X. Korps links. Der ausweichende Gegner staute sich bei Lodz.

Die immer noch in der Nordflanke befindliche Armee Posen schien nach den Ergebnissen der Luftaufklärung mit Fußmarsch und im Bahntransport nach Osten auszuweichen. Als Sicherung gegen sie sollten die 30. Division als Korpsreserve am linken Flügel des X. AK., dahinter die 221. Inf.Div. als Armeereserve und dahinter die 213.Inf.Div. als Heeresgruppenreserve gestaffelt folgen. Am 6. 9. nachmittags stießen vorgeworfene Teile der 30.Inf.Div. (A.A. 30 und MG.Btl. 6) bei Uniejow an der Warthe mit stärkerem Feind zusammen, der zur Armee Posen gehörte. Es war die polnische 25. Division.

Die verschiedenen „Mißverständnisse", die auftraten, sind charakteristisch für die ersten Tage eines Krieges. Die Führer sind noch nicht aufeinander eingespielt. Nur schwer, mit erheblicher Verzögerung und — wie der Ablauf der Ereignisse zeigt — keineswegs vollständig, setzte sich die Heeresgruppe der 14. und 10. Armee gegenüber durch. Bei der 8. Armee war der Auftrag „Flankendeckung" nur unter Staffelung rückwärts zu erfüllen, aber Warschau zog die Divisionen wie ein Magnet an, und die Führung bremste nicht, ließ dem Wettlauf nach der feindlichen Hauptstadt freien Lauf. Das Vorpreschen der Vorausabteilung der 30. Division am 6. 9. bis Uniejow, d. h. bis in Höhe der vordersten Angriffsspitzen der Armee, und das Auftreten dieser Abteilung überhaupt hier und nicht in der offenen Nordflanke hätte als Alarmsignal genommen werden müssen, daß die Truppe im Begriff war, nach vorn durchzugehen. In dem Streben nach taktischen Erfolgen drohte der operative Auftrag in Vergessenheit zu geraten.

Die **Heeresgruppe Nord** hegte in Übereinstimmung mit dem OKH von vornherein die Absicht, nach Abschluß der Operationen im Korridor die schnellen Truppen der 4. Armee zur Bildung eines starken Ostflügels nach Ostpreußen in die Gegend Johannisburg—Lyck zu überführen. Es sind ähnliche Gedankengänge, wie sie dem Streben der Heeresgruppe

Süd zugrunde liegen, einen starken Ostflügel aus der Slowakei und später aus Galizien heraus über den San in Bewegung zu bringen: In überholender Verfolgung weit ausholende Umfassung in den Raum Brest Litowsk—Lublin.

Auch bei der Heeresgruppe Nord kamen dann nach den Grenzschlachten Zweifel auf, ob es noch möglich sein würde, die polnische Wehrmacht westlich der Weichsel zu fassen, ob die Ziele, die der Feldzugsplan gesteckt hatte, nicht erweitert werden mußten. Wenn das aber der Fall war, so reichten für die neue Operation die schnellen Truppen allein nicht aus. Die Überlegungen führten zu dem kühnen Entschluß, den Angriff der 4. Armee auf Warschau beiderseits der Weichsel nur mit dem III. Korps und zunächst noch dem II. Korps fortzusetzen, alle anderen Kräfte nach dem Ostflügel zu bringen. Vorgesehen wurden dafür: XXI. Korps mit der 21.Inf.Div., XIX. Korps (3.Pz.Div., 2.mot.Div., 20.mot.Div.), 10.Pz.Div., 23.Inf.Div., 73.Inf.Div. Das II. Korps sollte gegebenenfalls später folgen.

Es dürfte kaum möglich sein, gegen diese Erweiterung des ursprünglichen Feldzugsplanes vom soldatischen Standpunkt aus irgendetwas anzuführen. Für den Oberbefehlshaber einer Heeresgruppe, der im Osten einen scharf umrissenen Auftrag — nämlich Vernichtung der polnischen Wehrmacht — auszuführen hat, gibt es zweifellos keine bessere und kühnere Lösung. Trotzdem schaltete sich erstmalig auch hier das OKH ein. Der Oberbefehlshaber des Heeres führte nicht nur im Osten. Jede Stunde konnte das Unwetter im Westen losbrechen, und dann mußten sofort Divisionen in Polen aus dem Angriff herausgerissen und schnellstens nach dem Westen gebracht werden. Für den Feldzug im Osten stand nach menschlichem Ermessen nur sehr begrenzte Zeit zur Verfügung, und mit der geplanten großzügigen Umgruppierung gingen zwangsläufig viele kostbare Tage verloren. Diese Sorge um Zeitverlust steht nur zwischen den Zeilen in den Weisungen des OKH. Der Ob.d.H. hat sie allein auf sich genommen, die Truppenführer damit nicht belastet.

Die Auffassung des Generalobersten v. Brauchitsch faßt ein Fernschreiben vom 5. 9. als Abschluß fernmündlicher Aussprachen zusammen:

„Es liegt im Sinne des Ob.d.H., wenn 4. Armee beiderseits der Weichsel auf Warschau, 3. Armee mit rechtem Flügel auf Warschau, mit linkem Flügel auf Ostrow-Maz. vorgeführt werden. Absicht der Heeresgruppe, 3. Armee durch Zuführung von Kräften — insbesondere schnellen — aus 4. Armee zu verstärken, entspricht der Auffassung des Ob.d.H. Vermeidung weit ausholender Bewegung des Ostflügels und Beschränkung des Ansatzes auf die Linie Warschau—Ostrow-Maz. wird für zweckmäßig gehalten. Vorführen der Gruppe Lötzen auf Lomza und Osowiec zur Bindung feindlicher Kräfte bleibt davon unberührt."

Diese Anordnung, die die Heeresgruppe an die Weichsel und näher an Warschau band, wurde von dem Leiter der Operationsabteilung des OKH in einem Ferngespräch mit dem Generalstabschef der Heeresgruppe Nord damit begründet, daß der Pole im Großen nicht mehr operationsfähig sei. Man glaube, daß es doch noch gelingen würde, die Masse des polnischen Heeres westlich der Weichsel zu vernichten und wolle zu diesem Zweck die eigenen Kräfte mehr zusammenhalten, ohne durch Umgruppierungen Zeit zu verlieren.

Die Gruppe Lötzen — später Brigade Lötzen unter Oberst Gall — war aus der Sicherheitsbesatzung der Festung Lötzen und ostpreußischem Grenzschutz der Gruppe Brand aufgestellt. Sie sollte nach einem Sonderbefehl des OKH vom 4. 9. durch Vorstoß auf Lomza die linke Flanke der 3. Armee decken und möglichst starke Kräfte vom Korps Wodrig abziehen, da mit einem Gegenangriff der Operationsgruppe Narew in die Ostflanke dieses Korps vernünftigerweise gerechnet werden mußte. Es sei vorweggenommen, daß dieser Gegenangriff polnischerseits nicht erfolgte. Ebenso wie die Armee Posen vom 1.—3. 9. sah die Operationsgruppe Narew vom 2.—7. 9. tatenlos zu, wie ihr Nachbar, hier die Armee Modlin, zerschlagen wurde.

Schon am 3. 9. hatte Generaloberst v. Bock die 10.Pz.Div. über die Brücke von Käsemark nach Johannisburg in Marsch gesetzt. Nach der Einnahme von Graudenz am 4. 9. durch das XXI. Korps wurden, am 5. 9. beginnend, das Generalkommando XXI mit Korpstruppen und die 21. Inf.-Div. ebenfalls dorthin abbefördert. Über die Brücken von Käsemark (nördlich Dirschau), Mewe (nördlich Marienwerder) und Topolno (südlich Kulm) sollten dann nacheinander folgen das XIX. Korps (3.Pz.Div., 2.mot.-Div., 20.mot.Div.), die 23.Inf.Div und die 73.Inf.Div.

Der 4. Armee wurde befohlen zur Säuberung der Tuchlerheide von Versprengten der Armee Pommerellen nur die 218.Inf.Div. im Korridor zu belassen, im übrigen den Angriff auf Warschau beiderseits der Weichsel mit Schwerpunkt auf dem Nordflügel unter Sicherung gegen Thorn fortzusetzen. Die 228.Inf.Div. des XXI. Korps (bisher 3. Armee) wurde dem II. Korps unterstellt.

Die 3. Armee sollte mit rechtem Flügel auf Warschau, mit linkem Flügel auf Rozan vorgehen, das XXI. Korps (10.Pz.Div., 21.Inf.Div., Brig. Lötzen), dessen Versammlung um Johannisburg bis 7. 9. beendet sein konnte, über Lomza auf Ostrow-Maz. antreten. Die 206.Inf.Div., bisher Heeresgruppenreserve im Raum nördlich Przasnysz, wurde der Armee freigegeben.

Die 4. Armee setzte das III. Korps (Brig.Netze, 50.Inf.Div.), dem es noch die 208.Inf.Div. von Schneidemühl über Nakel zuführte, südlich der Weichsel, Schwerpunkt links, mit Mittellinie über Hohensalza auf Kutno, das II. Korps (3., 32., 228.Inf.Div.) nördlich der Weichsel über die Drewenz auf Sierpz an. Grenzabschnittskommandos 2 und 12 sollten zur Sicherung der rechten Flanke des III. Korps so weit nach Osten vorstoßen, wie es ihre Kräfte erlaubten. Der Angriff führte nur beim III. AK am 5. 9. bei der Besitznahme von Bromberg und am 6. 9. im Waldgebiet südlich der Stadt zu ernsteren Kämpfen. Der Feind wurde geworfen. Bis zum 6. 9. abends erreichte die Armee mit den Grenzabschnittskommandos 12 und 2 die Linie Neutomischel—Rogasen, mit dem III. Korps die Gegend südlich und südöstlich Bromberg, mit dem II. AK. kampflos die Straße Thorn—Strasburg. Eine Vorausabteilung dieses Korps bildete bei Gollup einen Brückenkopf über die Drewenz.

Der Gegner ging südlich der Weichsel über Hohensalza—Thorn auf Kutno zurück, dorthin bogen auch die nördlich der Weichsel aus dem Raum Kulm—Graudenz—Strasburg zurückflutenden Feindteile über Thorn und Wloclawek ab.

Die 3. Armee beabsichtigte das Korps Wodrig (1., 12.Inf.Div., Pz.Verb.-Ostpr.) am 3. 9. von Prasznysz aus zum Angriff gegen Flanke und Rücken der Armee Modlin auf den Höhen von Mlawa nach Nordwesten abzudrehen. Es kam zu diesem Angriff nicht. Das I. Korps (61., 11.Inf.Div.) fand am 4. 9. früh die starken polnischen Stellungen geräumt. Es zerschlug in der Verfolgung die polnische 8. und 20. Division und drängte sie vom Narew auf Modlin ab, stieß aber am 6. 9. beiderseits Pultusk erneut auf so starken Feind, daß es den Übergang über den Narew nicht mehr an diesem Tage erzwingen konnte. Dem Korps Wodrig gelang es, ostwärts davon Rozan zu nehmen und auf dem südlichen Flußufer einen Brückenkopf zu bilden. Als Reserve führte die Armee die 217.Inf.Div. hinter dem rechten, die 206.Inf.Div. hinter dem linken Flügel nach.

Von den übrigen Kräften der Heeresgruppe Nord befanden sich am 6. 9. abends:

Grenzschutzabschnittskommando 1 mit der 207.Inf.Div. und dem „Verband Danzig" in Bereitstellung westlich Zoppot zum Angriff gegen den polnischen Küstenschutz im Raum Gdingen und nördlich.

XXI. Korps mit der 10.Pz.Div., Aufkl.Lehrabt. des III. AK, Brigade Lötzen und der noch nicht voll eingetroffenen 21.Inf.Div. im Raum um Johannisburg—Lyck.

XIX. Korps mit der 20.mot.Div. im Marsch über Käsemark—Elbing—Reichsautobahn mit Anfang um Bartenstein, mit 2.mot.Div. im Übergang über die Weichsel bei Mewe, mit der 3.Pz.Div. westlich Graudenz, bereit, der 2.mot.Div. bei Mewe über die Weichsel zu folgen.

Die 23.Inf.Div. sammelte westlich Graudenz, die 73.Inf.Div. um Tuchel zum Abtransport nach Ostpreußen.

Das Hauptquartier der Heeresgruppe Nord wurde am 6. 9. nach Allenstein verlegt.

5. September

Das Oberkommando der Wehrmacht gibt bekannt:

Das deutsche Ostheer brach am 4. September auf allen Fronten den feindlichen Widerstand und stieß unaufhaltsam weiter vor. Der Gegner geht stellenweise in Unordnung und schwer erschüttert zurück. Gefangenen- und Beutezahlen mehren sich und lassen sich zur Zeit noch nicht übersehen. Die 7. polnische Division wurde südostwärts Tschenstochau aufgerieben, der Divisionsstab gefangen.

Im Süden wurde im scharfen Nachdrängen die Verfolgung auf Krakau fortgesetzt, der Skawa-Abschnitt bei Wadowice überschritten, weiter nördlich Jaworzno genommen. Überstürzt räumte der Feind das ostoberschlesische Industriegebiet. Bei Sierądz wurde der Übergang über die Warthe erzwungen.

Im Norden versucht die umklammerte polnische Korridorarmee, in verzweifelten Einzelaktionen den eisernen Ring zu sprengen. Seit gestern häufen sich die Anzeichen der beginnenden Erkenntnis über die hoffnungslose Lage der Polen. Die Befestigungen von Graudenz wurden genommen. Die bei und südlich Kulm unter den Augen des Führers und Obersten Befehlshabers über die Weichsel gesetzten Truppen sind auf dem Ostufer in raschem Vordringen. Bei Mlawa nahmen die ostpreußischen Truppen in hartem Kampf Mann gegen Mann die Stadt und die dortigen Befestigungen. Der geschlagene Feind weicht nach Süden.

Die Kriegsmarine hat die Sicherungsmaßnahmen für die deutsche Küste planmäßig durchgeführt.

Die Luftwaffe beherrscht den Luftraum. 40 polnische Flugzeuge, darunter 15 im Luftkampf, wurden abgeschossen. In zunehmendem Maße wird durch die Luftangriffe auf feindliche Marsch- und Eisenbahnkolonnen ein planmäßiger Rückzug des Gegners vereitelt.

An der Nordseeküste griffen gegen 18 Uhr englische Kampfflugzeuge modernster Bauart Wilhelmshaven und Cuxhaven sowie die in den Flußmündungen liegenden Seestreitkräfte an. Die Jagd- und Flakabwehr von Kriegsmarine und Luftwaffe setzte so frühzeitig und wirksam ein, daß der Angriff auf Cuxhaven überhaupt vereitelt wurde, während die Bombenabwürfe in Wilhelmshaven keinen Schaden anrichteten. Von den angreifenden Flugzeugen wurden mehr als die Hälfte abgeschossen.

6. September
Das Oberkommando der Wehrmacht gibt bekannt:

Die Operationen des Heeres in Polen nahmen am 5. September ihren planmäßigen Fortgang. Gebirgstruppen und bewegliche Truppen erkämpften sich in breiter Front die Nordausgänge der Beskiden und befinden sich in flüssigem Angriff gegen Neu-Sandez.

Die von Süden und Westen gegen Krakau vorstoßenden Kräfte haben den Feind auf die Stadt zurückgeworfen. Das ostoberschlesische Industriegebiet ist in unserer Hand. Weiter nördlich wurde am frühen Nachmittag die Linie Chęciny—Lopussno—Piotrkow genommen. Beiderseits Sierądz wurde eine stark ausgebaute Bunkerlinie durchbrochen und der Angriff auf dem Ostufer der Warthe Richtung Lodz fortgesetzt.

Die bei Kulm und Graudenz auf das Ostufer der Weichsel übergegangenen Kräfte setzen die Verfolgung des geschlagenen Feindes fort.

Die aus Ostpreußen über Mlawa vorgestoßenen Truppen haben Ciechanow genommen. Der Gegner geht scharf gedrängt nach Süden zurück. Schnelle Truppen haben bei Rozan den Narew erreicht. 10 000 Gefangene und 60 Geschütze sind bisherige Beute unserer im Norden kämpfenden Truppen.

Die Angriffe der deutschen Luftwaffe haben am gestrigen Tage wiederum starke Störungen der feindlichen Verkehrslinien und rückwärtigen Verbindungen bewirkt. Die Bahnhöfe Zdunska-Wola-Skarzysko, Tarnow und Wreschen brennen. Die polnische Fliegertruppe ist mit Ausnahme einzelner Jäger bei Lodz überhaupt nicht mehr in Erscheinung getreten.

Luftangriffe auf deutsches Hoheitsgebiet fanden am 5. September an keiner Stelle statt.

Deutsche Seestreitkräfte vernichteten in der Ostsee ein drittes polnisches U-Boot.

7. September
Das Oberkommando der Wehrmacht gibt bekannt:

Der Rückzug des polnischen Heeres hielt gestern auf der ganzen Front an. Durch den entschlossenen Einsatz der Luftwaffe tatkräftig unterstützt, blieben die Truppen des Ostheeres dem weichenden Feind in scharfer Verfolgung auf den Fersen und stellten ihn an verschiedenen Stellen zum Kampf.

In Südpolen wurde Neu-Sandez genommen und dort sowie nördlich davon der Dunajec überschritten. Kampflos besetzten unsere Truppen die Stadt Krakau. Dem Grabe des Marschalls Pilsudski wurden militärische Ehren erwiesen. Nach der Einahme von Kielce sind unsere Truppen im raschen Vordringen durch den Westteil der Lysa Gora und nähern sich weiter nördlich den Städten Tomaszow und Lodz.

Im Norden ist die Tucheler Heide nordwestlich Graudenz nunmehr von den versprengten Resten der polnischen Korridor-Armee gesäubert. Die Zahl der erbeuteten Geschütze hat sich auf 90 erhöht. Die 9. und 27. polnische Division, ein polnisches Panzerbataillon, 2 Jägerbataillone und die Kavallerie-Brigade Pomorska sind vernichtet. Nur Reste haben sich ohne Waffen und Gerät durch die Weichsel schwimmend gerettet. Das noch in den Wäldern steckende Kriegsgerät kann erst in Wochen festgestellt und geborgen werden.

Ostwärts der Weichsel ist die Straße Thorn—Strasburg überschritten und ein Brückenkopf über die Drewenz gebildet. Die aus Ostpreußen vorgehenden Truppen haben den Narew beiderseits Pultusk und bei Rozan erreicht.

Die Luftwaffe hat gestern in durchschlagendem Tiefangriff die weichenden Feindkolonnen angegriffen und zersprengt. Der Angriff gegen Eisenbahnanlagen, Bahnhöfe und Brücken wurde fortgesetzt, dabei die Weichselbrücken südlich Warschau durch Bombentreffer schwer beschädigt. Der Warschauer Westbahnhof steht in Flammen.

Die Beurteilung der Lage durch das Oberkommando des Heeres am 6. 9.

Karten 5 und 7

Am 4. 9. hatte das OKH in der Weisung an die Heeresgruppe Süd „die Grundlage des Operationsplanes noch für gegeben erachtet".

Am 5. 9. erscheint erstmalig als neues Ziel für die 14. Armee Lublin und für die 3. Armee Ostrow-Maz. Das zeigt deutlich die Zweifel an, die auch beim OKH über die Möglichkeit entstanden sind, das gesamte polnische Heer noch w e s t l i c h der Weichsel zu fassen und vernichtend zu schlagen.

Am 6. 9. bekennt sich Generaloberst v. Brauchitsch eindeutig zu der Ansicht, zu der sich die beiden Heeresgruppen-Oberbefehlshaber bereits durchgerungen haben. Die Erfüllung des erhaltenen Auftrages erfordert eine neue großräumige Operation. Vor dieser Notwendigkeit hat die Sorge um die Front im Westen zurückzutreten. Als Hitler eine Beurteilung der Lage fordert, meldet das OKH am 6. 9. nachmittags noch vor Eingang der Nachricht über den geglückten Narewübergang bei Rozan:

„1. Nach den vorliegenden Feindnachrichten muß damit gerechnet werden, daß der Gegner hinter die Weichsel-Narew-Linie zurückgeht und sich nicht mehr vorwärts dieser Linie entscheidend schlagen will. Ob dieses Zurückgehen noch planmäßig erfolgen kann, erscheint zweifelhaft.

Die Bildung einer Kräftegruppe am Narew von zunächst höchstens 4—5 Divisionen scheint im Gange zu sein. Weitere Verstärkung aus den über Warschau zurückflutenden Truppen ist möglich. Die Bildung einer Kräftegruppe um Lodz stellt letzten Versuch des Gegners zum Schutz der Landeshauptstadt dar, vermutlich in späterer Anlehnung an den Bzura—Rawka—Pilica-Abschnitt. Auch dieser Versuch wird mißlingen, und es ist zu hoffen, daß nennenswerte Teile dieser Gruppe vernichtet werden. Nach Luftaufklärung scheint die Bildung der Kräftegruppe um Kielce nicht mehr zustande zu kommen. Der Gegner scheint hier vor dem rasch vordringenden Angriffsflügel der 10. Armee bereits nach Südosten über die Weichsel auszuweichen. Seine Vernichtung auf dem westlichen Weichsel-Ufer wird kaum mehr möglich sein. Auch vor der 14. Armee sind kaum noch stärkere operationsfähige Feindteile. Dagegen muß mit der Möglichkeit gerechnet werden, daß um Lublin eine Gruppe von etwa 7—10 Divisionen, von denen einzelne schon im Kampf gelitten haben, zusammengebracht wird.

Von den Feindkräften können 5 Divisionen als vernichtet gelten. 10 Divisionen haben noch nicht gelitten, der Rest ist durch Marsch und Gefechte stark mitgenommen.

2. Hieraus ergeben sich folgende Aufgaben:
Heeresgruppe Nord stößt mit 3. Armee rasch über den Narew vor, um den Aufbau einer planmäßigen Stromverteidigung zu verhindern, und trägt den Angriff dann über den Bug in Richtung Warschau—Siedlce vor, um die Weichselfront von Norden aufzurollen. 4. Armee bleibt zunächst im Vorgehen beiderseits der Weichsel in Richtung Warschau.

Heeresgruppe Süd verhindert gleichzeitig mit der Vernichtung der Gruppe Lodz den Aufbau einer Weichselverteidigung. Hierzu hat sie beschleunigt möglichst starke Kräfte unterhalb der Sanmündung auf das ostwärtige Weichselufer zu werfen, um dadurch den Übergang der 14. Armee über den San zu erleichtern. Letztere hat über den San in allgemeiner Richtung Lublin vorzustoßen, unter Versammlung schneller Kräfte auf ihrem rechten Flügel zur Umfassung.

Weiteres Operationsziel: die Umfassung der Reste des polnischen Haupttheeres **ostwärts** der Weichsel."

Die Verfolgung vom 7.—9. 9.

Karten 5 und 7, Skizzen 8 und 10

Die vermeintliche Erkenntnis, daß sich die Masse des polnischen Heeres einer Einkesselung westlich der Weichsel hatte entziehen können, zeitigte zunächst keine neuen Weisungen von Seiten des OKH. Die Hitler dargelegte Operationsabsicht war bereits durch die Befehle vom 5. 9. eingeleitet, die der 14. Armee die Richtung auf Lublin, der 3. Armee auf Ostrow-Maz. gaben.

Die **Heeresgruppe Süd** hatte zwar den Eindruck, daß die Feindgruppen südlich Radom und um Lodz nicht mehr volle Handlungsfreiheit besaßen, hielt es aber immerhin für möglich, daß diese Kräfte trotz starken Druckes in Brückenkopfstellungen vorwärts Sandomierz, Deblin und Warschau zurückgenommen werden konnten. Mit Teilangriffen gegen die am weitesten vorgestoßenen motorisierten Korps, das XV. und das XVI., und außerdem gegen die Nordflanke der 8. Armee mußte bei der Durchführung dieser Absetzbewegung gerechnet werden.

Für den 7. 9. wurde Verfolgung mit höchster Marschleistung angeordnet. Als Heeresgruppenreserve sollte rechts das VII. Korps (68., 27.Inf.-Div.) hinter der 10. Armee auf Jedrzejow, links die 213.Inf.Div. hinter der 8. Armee auf Ostrowo folgen. Die 62.Inf.Div. wurde der 14. Armee unterstellt und nach Krakau in Marsch gesetzt, das sie am 9. 9. erreichte. Sie verblieb zunächst dort.

Die Sicherung von Flanke und Rücken der 8. Armee übernahm die neu aufgestellte Kampfgruppe Gienanth. General der Kav. z. V. Freiherr v. Gienanth, bisher Kommandeur des Grenzschutz-Kommandos 14, besetzte mit der 252.Inf.Div., den Grenzschutz-Kommandos 14, 13, 12 und etwas später auch noch 2 die ehemalige preußische Provinz Posen, ohne nennenswerten Widerstand zu finden. Stadt und Festung Posen ergaben sich kampflos am 12. 9. dem inzwischen zum Militärbefehlshaber Posen (11. 9.) ernannten General.

Die Heeresgruppe verlegte am 6. 9. ihren Gefechtsstand von Neisse nach Lublinitz.

Die **14. Armee** trat am 7. 9. befehlsgemäß in breiter Front gegen den San an. Die Verfolgung entwickelte sich in der Folge zu einem beispiellosen Sturmlauf durch das galizische Land. Bereits am 8. 9. erzwang auf dem rechten Flügel das XVIII. Korps (1., 2.Geb.Div.) im Vorgehen über Gorlice den Übergang über die Wisloka bei Jaslo. Nördlich davon stieß das XXII. Korps (4.l., 3.Geb. und 2.Pz.Div.) weit über Tarnow bis Rzeszow an der Wisloka unter stetigen Gefechten mit zäh kämpfendem Gegner vor. Hinter ihm strebte das XVII. Korps (7., 45., 44.Inf.Div.) auf Tarnow. In den Gefechtsberichten der Truppe tauchten all die alten, kriegsgeschichtlich bekannten Namen wieder auf, die im Mai 1915 der deutsche Heeresbericht anläßlich der großen Durchbruchsschlacht von Gorlice—Tarnow der Heeresgruppe Mackensen brachte. Nördlich der Weichsel durchbrach die 5.Pz.Div. im Vormarsch von Krakau auf Sandomierz die stark befestigte und besetzte Nida-Stellung, während sich die beiden anderen Divisionen des VIII. Korps (28., 8.) noch zum Angriff bereitstellten.

Durch schnelles Vortreiben des rechten Flügels beabsichtigte die Heeresgruppe Süd nicht nur die Bildung einer neuen Feindfront am San unter Anlehnung an die alte Festung Przemysl zu verhindern, sondern auch gleichzeitig der 10. und 8. Armee den schwierigen Weichselübergang, mit dem sie in den nächsten Tagen rechnete, zu erleichtern. Sie unterstellte deshalb am 8. 9. abends ihre Reserve, das VII. Korps (68., 27.Inf.Div.) der 14. Armee und befahl, mit dem XXII. Korps (4.l., 2.Pz.Div.) und der auf das Südufer der Weichsel zu ziehenden 5.Pz.Div. voraus schnellstens die Sanübergänge beiderseits Jaroslaw (nördlich Przemysl) zu gewinnen, XVIII. und XVII. Korps gegen den San oberhalb der Wislokmündung, VIII. und VII. Korps gegen den unteren San anzusetzen.

Zunehmender Feindwiderstand vor der Front der Armee und die Erkenntnis der Obersten Führung, daß es dem Polen nicht gelungen war, seine Divisionen aus dem Waldgelände der Lysa Gora rechtzeitig zurückzunehmen, verzögerte die Durchführung dieser großzügig angelegten überholenden Verfolgung. Nur das XVIII. Korps (1.Geb., 2.Geb.Div.), dem nun auch die 3.Geb.Div., bisher XXII. Korps, unterstellt wurde, und auf dessen rechtem Flügel die 57.Inf.Div. über Lupkow- und Duklapaß eingriff, erreichte am 9. 9. den bei Sanok weit nach Westen vorbiegenden oberen San mit einer mot. Vorausabt. der 1.Geb.Div. Das XXII. Korps gelangte im Kampf mit starkem Feind über Rzeszow nur wenig hinaus. Das XVII. Korps schloß hinter ihm erst bei Tarnow auf. Nördlich der Weichsel erzwang das VIII. Korps mit der 28. und 8.Inf.Div. den Nida-Übergang. Es zerschlug dabei die polnische 23. und 55.Inf.Div. und die Kav.Brig. Krakau. Seine 5.Pz.Div. — zum Einsatz bei Jaroslaw vorgesehen — war inzwischen nördlich der Weichsel bis Opatow durchgestoßen. Sie wurde zur Mitwirkung bei der inzwischen entbrannten Kesselschlacht von Radom der 10. Armee und von dieser dem XV. Korps unterstellt. Das VII. Korps kam unter mehrfacher Kreuzung der eigenen Verbände und behindert durch die quer über seinen Vormarschstreifen nach Süden auf Krakau strebende 62.Inf.Div. nur bis Pinczow—Jedrzejow an der oberen Nida.

Die 10. Armee, die auf die Weichsellinie Pulawy—Gora Kalwarja durchstoßen sollte, um das Entkommen des Feindes über die Weichsel zu verhindern, bildete am 6. 9. drei Verfolgungsgruppen. Rechts das XV. Korps (3.l., 2.l.Div.) mit der wieder zur Verfügung gestellten 29.mot.Div. in Richtung Pulawy—Deblin, in der Mitte das XIV. Korps mit der 1.l.Div. und der 13.mot.Div. in Richtung Radom—Mündung der Pilica, links das XVI. Korps mit der 1. und 4.Pz.Div. nördlich der Pilica in Richtung Gora Kalwarja. Das IV. Korps sollte mit der 4., 14. und 46.Div. hinter dem rechten Armeeflügel über Kielce—Konskie, das XI. Korps mit der 31., 19. und 18.Inf.Div. nördlich der Pilica am linken Armeeflügel in Richtung Warschau vorgehen.

Als die Aufklärung ergab, daß sich starke Teile des polnischen Heeres vor der Armee noch westlich der Weichsel befanden, wurden alle verfügbaren Fliegerkampfkräfte auf die Stromübergänge und die Anmarschwege dorthin angesetzt. Darüber hinaus sah sich die Armee am 7. 9. veranlaßt, die Verfolgungsziele zu erweitern. Das XV. Korps sollte in ausholender Umfassung mit dem Schwerpunkt auf dem rechten Flügel über Opatow gegen die Weichselübergänge zwischen Sanmündung und Pulawy unter Unterstützung durch die 5.Pz.Div. des VIII. Korps vorgehen. Das XIV. Korps hatte durch den Nordwestteil der Lysa Gora über Radom gegen die Brücken bei Deblin und nördlich Kozienice vorzustoßen. Das XVI. Korps, dem die 31.Inf.Div. wieder unterstellt wurde, bekam als Ziel die Brücken bei Gora Kalwarja und in Warschau.

Das XV. Korps zog die 29.mot.Div. und die 3.l.Div. nach seinem rechten Flügel, umging das schwierige Waldgelände der Lysa Gora ostwärts und stand bereits am 8. 9. mit einer Vorausabteilung der 29.mot.Div. bei Zwolen auf der großen Straße, die über Radom nach Osten zur Weichsel führt. Am 9. 9. wurde die Verbindung mit der 1.l.Div. des XIV. Korps ostwärts Radom hergestellt, während gleichzeitig bei Ilza (3.l.Div.) und bei Szydlowiec (2.l.Div.) Durchbruchsversuche des zäh kämpfenden Gegners abgewiesen wurden. Damit war der Pole von der Weichsel abgeschnitten.

Nördlich davon stieß inzwischen das XIV. Korps in harten Gefechten durch das ausgedehnte, schwierige und wegearme Waldgelände am Nordwesthang der Lysa Gora entlang über Konskie—Opoczno durch. Die 1.l.Div. nahm bereits am 8. 9. Radom. Am 9. 9. kam das Korps bis an die Brücken von Deblin und Kozienice heran. Die 1.l.Div. griff unterstützend in das Gefecht der 3.l.Div. bei Ilza ein. Damit war der Ring im Süden, Osten und Norden geschlossen. Die Lücke im Westen verriegelte das IV. Korps mit der 4., 14. und 46.Inf.Div. in der Linie Kielce—ostwärts Konskie, in welchen Ort General v. Reichenau sein Hauptquartier bereits vorverlegt hatte. Ein großer Erfolg zeichnete sich ab. 5—6 feindliche Divisionen hoffte die Armee eingekesselt zu haben.

Vor der Verfolgungsgruppe nördlich der Pilica, dem XVI. Korps, ging der Gegner in der Nacht vom 6. zum 7. 9. zurück. Das Korps stieß am 7. 9., ohne Rücksicht auf den noch in seiner rechten Flanke stehenden Feind, durch das Waldgebiet von Tomaszow-Maz. bis zur Rawka durch. Da vor der 4.Pz.Div. die große Straße nach Warschau sich feindfrei erwies, befahl AOK 10 dem XVI. Korps, dem die 31.Inf.Div. wieder unterstellt wurde, für den 8. 9. den Vorstoß auf die Weichselbrücken bei Gora Kalwarja und in Warschau. Beide Orte wurden am 8. 9. von dem Korps erreicht, das sich nunmehr 70 bis 80 km vor der allgemeinen Front befand. Während sich die 1.Pz.Div. der Brücke bei Gora Kalwarja bemächtigen und Spähtrupps über den Strom vorschieben konnte, stieß die 4.Pz.Div. in Warschau auf starken Widerstand. Die 31.Inf.Div. erreichte am Abend des 8. 9. nach starken Märschen die Rawka.

Da der feindliche Widerstand innerhalb Warschaus am 9. 9. nicht gebrochen werden konnte, außerdem von der Luftaufklärung starke feindliche Kräfte im Anmarsch von Westen, von Skierniewice und Sochaczew auf Warschau, also gegen Flanke und Rücken der 4.Pz.Div. gemeldet wurden, beschloß das Generalkommando XVI. AK am 9. 9. nachmittags, sich auf einen kräftezehrenden Häuserkampf nicht einzulassen. Die 4.Pz.-Div. wurde aus der Stadt herausgezogen und unter Abschließung Warschaus im Süden rittlings der Straße nach Blonie, die 31.Inf.Div. südlich davon mit der Front nach Westen eingesetzt, um den anrückenden Feindkräften den Weg auf Warschau zu verlegen.

Die der 1.Pz.Div. am 9. 9. befohlene Verfolgung über die Weichsel gegen die Linie Garwolin—Minsk konnte durch einen Brückenkopf bei Gora Kalwarja nur vorbereitet werden.

Das XI. Korps war dem XVI. Korps links gestaffelt in Richtung Skierniewice gefolgt. Es warf am 8. 9. ihm entgegentretenden Feind in nordöstlicher Richtung zurück und erreichte am 9. 9. nach erfolgreichen Gefechten mit der 19. und 18.Inf.Div. die Straße Rawa Maz.—Lodz nördlich des Eisenbahnknotenpunktes Koluszki.

Die 8. Armee beabsichtigte, „den fliehenden Feind" mit höchster Marschleistung zu verfolgen und mit Schwerpunkt zwischen Lodz und Bzura auf Lowicz durchzustoßen. Das links vorgehende X. Korps bekam die Weisung, dabei die Bzura in ihrem West-Ost-Lauf als nördlichen Flankenschutz auszunutzen. Hinter dem linken Flügel sollte die Armeereserve (221.Inf.Div.) bis halbwegs Kalisch—Uniejow, die Heeresgruppenreserve (213.Inf.Div.) bis Ostrowo folgen.

Die Armee überschritt mit ihren beiden Korps (XIII. und X.) am 7. 9. den Ner, umging Lodz im Norden und erzwang unter Gefechten auch noch den Übergang über die obere Bzura bei und südlich Leczyca. Den in der linken Flanke bei Uniejow bereits am 6. 9. angefaßten Gegner (poln. 25.Inf.Div) warf die 30.Inf.Div. nach Norden zurück und besetzte den Ort.

Die Luftaufklärung stellte an diesem Tage starken Truppenverkehr aus der Richtung Kolo, Wloclawek und Plock auf Kutno fest und zeigte damit starke feindliche Kräfte, die zu der Armee Posen und der Armee Pommerellen gehörten, in der Nordflanke der 8. Armee an. Das AOK befahl dennoch auch für den 8. 9. die Fortsetzung der Verfolgung in Richtung Lowicz, da es mit dem Rückzug des Kutnoer Gegners n u r in Richtung Warschau rechnete. Es befand sich bei dieser Annahme in völliger Übereinstimmung mit der Heeresgruppe Süd, die in Sorge um die auf Warschau vorrollende 4.Pz.Div. am 7. 9. abends das AOK 8 nochmals besonders anwies, am 8. 9. in Richtung auf Warschau vorzugehen, mit dem linken Flügel über Sochaczew, um der 4.Pz.Div. die Hand zu reichen und dem von Kutno zurückgehenden Feind den Weg auf Warschau zu verlegen.

Diese Weisung wurde am 8. 9. abends durch den Befehl wiederholt, daß die 8. Armee in scharfem Vorgehen über die untere Rawka, mit dem linken Flügel auf Sochaczew, die südlich der Weichsel auf Warschau zurückflutenden Feindteile zu fassen und an einem Eingreifen gegen den Rücken der 4.Pz.Div. zu hindern habe. Am 9. 9. vormittags wurde der Befehl dahin erweitert, neben Lowicz auch den Weichselübergang bei Wyszogrod zu besetzen.

Die Heeresgruppe Süd gedachte so, auf ihrem linken Flügel die eigentlich nur gegen die Weichsel oberhalb Warschau gerichtete Operation zu einer überholenden Verfolgung des aus Posen und dem Korridor auf Warschau zurückströmenden Feind auszubauen. Sie sollte von dem weit vorgeworfenen XVI. und XI. AK der 10. Armee sowie der 8. Armee durchgeführt werden. Das AOK 8 machte sich diesen kühnen Gedankengang zu eigen in vollem Bewußtsein der damit verbundenen Gefährdung seiner Nordflanke.

Am 8. 9. gelangte die 8. Armee mit der 10.Div. des XIII. Korps und mit der 24.Inf.Div. des X. Korps bis Bielawy und südlich, mit der links rückwärts gestaffelten 30.Inf.Div. des X. Korps bis Leczyca. Die 17.Inf.Div.

des XIII. Korps war rechts rückwärts gegen Lodz gestaffelt, das erst am 9. 9. besetzt werden sollte.

Entsprechend den Weisungen der Heeresgruppe Süd ordnete das AOK 8 auch für den 9. 9. „scharfes Nachdrängen in allgemeiner Richtung Warschau zur Abschneidung der südlich der Weichsel vor 4. Armee zurückgehenden Feindkräfte" an. Hierzu sollte das XIII. Korps über Skierniewice, das X. Korps, das gleichzeitig „Durchbruchsversuche des Feindes über die Bzura zu verhindern hatte", auf Lowicz vorgehen. Die Armeereserve (221.Inf.Div.) hatte im Marsch auf Leczyca das ostwärtige Wartheufer zu erreichen. Über die bisherige Heeresgruppenreserve (213.Inf.Div.) verfügte das OKH. Sie sollte in Kalisch verbleiben, um später bei der Besetzung der Provinz Posen mitzuwirken. Der Befehl zeigt, daß auch der Oberbefehlshaber des Heeres nur mit einem Rückzug der Polen auf Warschau, keineswegs mit einem starken Angriff gegen die Nordflanke der 8. Armee rechnete.

Am 9. 9. drangen unter Gefechten die 10.Inf.Div. bis westlich Skierniewice und die 24.Inf.Div. bis Lowicz vor. Eine mot. Vorausabteilung dieser Division kam bis halbwegs Sochaczew. Die rechts rückwärts gestaffelte 17.Inf.Div. marschierte kampflos durch Lodz. Dagegen wurde die 30.Inf.-Div., als sie die Sicherungen der 24.Inf.Div. an der Bzura ablöste und gegen Bielawy aufrückte — zwischen Leczyca und Bielawy auf 40 km auseinandergezogen —, am Nachmittage von starken Feindkräften bei und östlich Leczyca überraschend angegriffen, in hin und her wogendem Kampfe zurückgedrängt und in eine schwierige Lage gebracht.

AOK 8 war bis zum Abend über die Schwere des Gefechtes noch nicht voll unterrichtet, hielt daher den Angriff zunächst nur für einen leicht abzuwehrenden Entlastungsvorstoß, zumal die Luftaufklärung in der Nordflanke auch an diesem Tage nur Bewegungen von Kutno auf Warschau festgestellt hatte. Darum befahl es auch für den 10. 9., entsprechend den Weisungen der Heeresgruppe Süd und mit Rücksicht auf die gefährdete Lage von Teilen des XVI. und XI. AK bei Warschau, die Verfolgung in Richtung der polnischen Hauptstadt fortzusetzen. Es sollten vorgehen XIII. Korps über Skierniewice, X. Korps südlich der Bzura gegen die Straße Sochaczew—Warschau unter Sicherung der linken Flanke an der Bzura „mit möglichst schwachen Kräften". Die Heeresgruppe Süd, die über den Flankenangriff gegen die 30.Div. noch gar nicht unterrichtet war, teilte dem AOK 8 am selben Abend ihre Absicht mit, ihm die einheitliche Leitung im Kampf um Warschau und zur Vernichtung des Kutnoer Gegners zu übertragen. XI. und XVI. Korps der 10. Armee sollten dazu unterstellt werden.

Der Heeresgruppenbefehl vom 9. 9. nahm vom Feinde Teile von 5—6 Divisionen südlich Radom, 5—6 weitere Divisionen innerhalb der Gefechtsstreifen des XVI., des XI. und der 8. Armee zwischen Pilica und Bzura, und weitere starke Kräfte zwischen Bzura und Weichsel im Zurückgehen auf Warschau—Modlin an. Als Aufgaben für die 10. und 8. Armee wurde nochmals bezeichnet, den Gegner westlich der Weichsel zu vernichten und das Entkommen der Feindkräfte um Kutno über Warschau—Modlin zu verhindern, außerdem Brückenköpfe an der Weichsel zum Nachstoßen auf Lublin, Lukow und Siedlce zu bilden. Das XVI. Korps und die 8. Armee wurden besonders auf den schnellen Vorstoß von Warschau auf Siedlce und über Nowy Dwor zur Unterstützung der Heeresgruppe Nord bei deren Bug-Übergang hingewiesen. Die 14. Armee be-

101

hielt den Auftrag, die Bildung einer geschlossenen San-Front des Feindes oberhalb der Wislok-Mündung zu verhindern und das VIII. Korps, das VII. Korps und die 5.Pz.Div. über die obere Weichsel gegen den unteren San zu führen, um die Fortsetzung der Offensive auch unterhalb der Wislok-Mündung auf Lublin einzuleiten.

Bei der **Heeresgruppe Nord** setzte die zahlenmäßig sehr schwach gewordene **4. Armee** am 7. 9. befehlsgemäß die Verfolgung beiderseits der Weichsel mit dem III. Korps (208., 50.Inf.Div., Brig. Netze) von Bromberg auf Kutno, mit dem II. Korps (3., 32., 228.Inf.Div.) über die Drewenz auf Sierpc fort. Es galt, den schnell weichenden Gegner durch scharfes Nachdrängen festzuhalten. Am 8. 9. wurde Hohensalza (III. Korps) und Thorn (II. Korps) nach geringem Widerstand besetzt. Am 9. 9. erreichte das III. Korps in unbedeutenden Gefechten mit Freischärlern und Nachhuten den Raum halbwegs zwischen Hohensalza und Wloclawek, das II. Korps mit der Masse Sierpc, mit der 3.Inf.Div. sogar die Gegend nördlich Plock.

Die Armee war von dem Eindringen der 4.Pz.Div. des XVI. Korps in die Stadt Warschau und von dem Zurückfluten starker Kräfte über Kutno—Sochaczew unterrichtet. Sie hatte infolgedessen befohlen, die Weichselübergänge von Wloclawek, Plock und Wyszogrod durch Vorausabteilungen der 3.Inf.Div. zu sperren, um ein Ausweichen nach Norden zu verhindern. Die Brücken wurden befehlsgemäß zerstört.

Auf dem rechten Flügel der **3. Armee** überschritt das I. Korps (61., 11.Inf.Div.) am 7. 9. den Narew bei Pultusk, blieb dann aber am 8. 9. vor Wyszkow am Bug wieder liegen. Links neben ihm konnte das Korps Wodrig (1., 12.Inf.Div., Pz.Verb.Ostpr., 1.Kav.Brig.), aus dem Narew-Brückenkopf Rozan antretend, nur schwache Teile der 1.Kav.Brig. bei Brok auf das Südufer des Bug bringen. Das im Raum Johannisburg—Lyck noch nicht vollzählig versammelte XXI. Korps (10.Pz.Div., Brig. Lötzen, 21.Inf.Div.) versuchte, die Festung Lomza am 7. 9. im Handstreich mit der 10.Pz.Div. zu nehmen. Der Versuch scheiterte an der tapferen Abwehr der Polen (18.Inf.Div.), aber auch an der Kampfungewohntheit der neu aufgestellten Truppe, die zum erstenmal mit einem derartig schwierigen Auftrag ins Gefecht trat.

Das XXI. Korps drehte in der Nacht vom 7. zum 8. 9. die 10.Pz.Div. nach Osten auf Wizna ab und setzte die 21.Inf.Div. von Johannisburg entlang der Pissa über Kolno nach Süden auf Nowogrod an. Die Brig.Lötzen folgte von Gehlenburg auf Wizna. Den beiderseits an Lomza vorbei geplanten Angriff über den Narew sollte der Panzerverband Ostpreußen des Korps Wodrig durch Vorstoß von Ostrow-Maz. nach Nordosten in den Rücken der polnischen Front am nächsten Tage unterstützen.

Bedeutsame Erfolge konnte die 3. Armee am 7. und 8. 9. somit nicht buchen, zumindest kann von „Verfolgung" keine Rede sein.

Entgegen den Vorstellungen der Heeresgruppe Nord, die weiter nach Osten ausholen wollte, hatte inzwischen der Oberbefehlshaber des Heeres in persönlicher Aussprache mit Generaloberst v. Bock die Fortsetzung der Operation mit dem linken Flügel der 3. Armee auf Siedlce — also genau nach Süden — unter Sicherung gegen Warschau befohlen. Es wurden angesetzt:

das I. Korps von Wyszkow auf Minsk,

das Korps Wodrig von Brok über Wegrow unter beschleunigtem Vorwerfen der 1.Kav.Brig. und des Pz.Verb.Ostpr. in den Raum zwischen Minsk und Siedlce.

Den Schutz der rechten Flanke gegen Modlin—Warschau übernahm die 217.Inf.Div. (bisher Armeereserve) durch Angriff über Serock (an der Mündung des Bug in den Narew) nach Südosten, den Schutz der linken Flanke die 206.Inf.Div. durch Staffelung hinter den Ostflügel des Korps Wodrig. Das XXI. Korps sollte nach Wegnahme von Lomza auf Ostrow-Maz. folgen.

Die Heeresgruppe Nord war über die Entwicklung der Lage bei der Heeresgruppe Süd selbstverständlich unterrichtet. Den Angriff der 4.Pz.-Div. nach Warschau hinein hatte zudem der deutsche Rundfunk in einer Sondermeldung des OKW gebracht:

„Deutsche Panzer sind heute 17.15 Uhr in Warschau eingedrungen." Als gegen Abend die eingegangenen Meldungen den Schluß zuließen, daß der Gegner vor der Front zu weichen anfing, wurde das XIX. Korps zu überholender Verfolgung über Wizna auf Siedlce angesetzt. Ihm wurden unterstellt die 10.Pz.Div. und die Brig. Lötzen des XXI. Korps, die bereits im Raum Wizna standen, die 20.mot.Div., die um Gehlenburg sammelte, und die 3.Pz.Div., die um Johannisburg aufschloß. Die ebenfalls gerade dort eintreffende 2.mot.Div. sollte vorerst Heeresgruppenreserve bleiben.

Der Kommandierende General des XIX. Korps, Gen. d. Pz.Tr. Guderian, vermochte zwar nicht die Stoßrichtung auf Siedlce zu ändern — auch er schlug eine weitere Umfassung etwa in Richtung Brest vor —, erreichte aber, daß das Korps nicht, wie zunächst beabsichtigt, der 3. Armee unterstellt wurde, sondern unmittelbar unter dem Befehl der Heeresgruppe blieb. Er schreibt in seinen „Erinnerungen eines Soldaten" (Seite 66): „Mir schien die enge Bindung an eine Infanteriearmee nicht dem Wesen meiner Waffe zu entsprechen." Der Befehl des Generalobersten v. Bock schuf die erste selbständig operierende Panzergruppe der Kriegsgeschichte.

Am 9. 9. konnte auf dem rechten Flügel weder die 217.Inf.Div. den Widerstand der Kav.Brig. Masowien bei Serock brechen noch das I. Korps den Übergang über den Bug bei Wyszkow gegen die inzwischen dort eingetroffene polnische 1.Inf.Div. erzwingen. In die offene Ostflanke des Korps Wodrig stießen bei und nördlich Ostrow-Maz. die Kav.Brigaden Suwalki und Podlachien. Sie wurden zwar geschlagen und über den Bug zurückgeworfen, aber die 12.Inf.Div. und der Pz.Verb.Ostpr. des Korps waren den Tag über gebunden und fielen sowohl für den Vormarsch nach Süden wie für die vorgesehene Unterstützung des XXI. Korps bei Nowogrod aus. Immerhin konnte der kleine Brückenkopf von Brok erweitert und nach Osten ausgedehnt werden. Das XXI. Korps, das nur noch über die 21.Inf.Div. verfügte, kämpfte 60 km nördlich von Brok vergeblich um den Narew-Übergang von Nowogrod. Es konnte in die neuzeitlichen Befestigungen des Brückenkopfes nicht eindringen.

Auf dem äußersten Ostflügel öffnete sich das selbständige XIX. Korps bei Wizna mit der 10.Pz.Div. den Übergang über den Narew und zog zum Vormarsch nach Süden die 20.mot.Div. rechts daneben bis zum Fluß vor. Die 3.Pz.Div. sollte hinter der 10.Pz.Div. folgen, die Brig. Lötzen die offene Flanke sichern.

Neue Befehle des O. K. H. am 9. 9.

Ein Befehl des OKH zur doppelten Umfassung des Feindes **ostwärts** der Weichsel gab beiden Heeresgruppen am 9. 9. abends neue Ziele.

„Die über die Weichsel und Narew zurückgehenden Feindkräfte sind durch doppelte Umfassung o s t w ä r t s der Weichsel zu vernichten. Heeresgruppe Nord setzt die Verfolgung nach Süden in allgemeiner Richtung Siedlce fort und erleichtert den Weichselübergang des Nordflügels der Heeresgruppe Süd. Auf dem Ostflügel der Heeresgruppe sind bewegliche Kräfte so vorzuführen, daß ihr späteres Zusammenwirken mit Heeresgruppe Süd auch ostwärts des Bug möglich ist.

Heeresgruppe Süd vernichtet den noch westlich der Weichsel haltenden Gegner und verhindert durch weiteren Vorstoß über die Weichsel den Abmarsch feindlicher Kräfte nach Osten. Mit starkem rechten Flügel geht sie über den oberen und mittleren San vor, um den Gegner am unteren San zu umfassen. Sie hat später die allgemeine Richtung auf Chelm zu nehmen, bereit, mit rechtem Flügel nötigenfalls auch über den Oberlauf des Bug auszuholen. Die Möglichkeit der Entsendung einer besonderen Kräftegruppe zur Befriedung Ostgaliziens muß gewahrt bleiben.

Neuregelung der Trennungslinie — als Trennungslinie wurde befohlen: Obornik (Warthe)—Gnesen—Kutno—Lowicz — erfolgt erst, wenn Brückenköpfe auf dem Ostufer der Weichsel gebildet sind.

Die Befriedung des rückwärtigen Armeegebietes ist durch eigene Kräfte der Armeen durchzuführen."

Mit diesem Befehl, der ohne Rücksicht auf einen möglichen Angriff aus Frankreich, die Masse des deutschen Feldheeres weit in die Tiefe des polnischen Raumes — nötigenfalls bis ostwärts des Bug — führt, beginnt ein neuer Operationsabschnitt. Die nunmehr angesetzte zweite äußere Zange mußte nach den bereits errungenen Erfolgen auf dem Westufer der Weichsel das Ende der polnischen Wehrmacht bringen, w e n n die Zeit blieb, sie etwa im Raum um Chelm zu schließen. Von seiten der polnischen Heeresleitung waren planmäßige, wirkungsvolle Gegenmaßnahmen größeren Ausmaßes kaum noch zu erwarten. Marschall Rydz-Smigly hatte mit der polnischen Regierung zusammen Warschau bereits in der Nacht vom 5. zum 6. 9. verlassen und war nach Lublin geflüchtet. „Alle Armeeoberbefehlshaber marschieren auf eigene Faust in den Raum ostwärts Lemberg", lautete sein letzter Operationsbefehl, der am 10. 9. über die polnischen Rundfunksender ging.

Die Gefahr drohte von Westen her. Sie wuchs mit jeder Stunde und mit jedem Kilometer, den die Truppe sich weiter von ihrer Ausgangsstellung entfernte. Ostwärts der alten Reichsgrenze waren die Straßen und Brücken weitgehendst zerstört. Einspurige Eisenbahnendpunkte bildeten erst Presow in der Ostslowakei, Krakau, Kielce, Sieradz an der Warthe, Hohensalza und Thorn. Selbst mit Ostpreußen bestand nach Sprengung der Dirschauer Brücke am 1. 9. keine Bahnverbindung mehr. Je weiter die Divisionen nach Osten vorstießen, um so schwieriger und zeitrauben der gestaltete sich unter den Umständen ein Herumwerfen nach dem Westen, wenn es die völlig ungeklärte Lage dort erfordern sollte. Nur in diesem Zusammenhang wird der Entschluß, zu dem sich der Oberbefehlshaber des Heeres durchgerungen hatte, in seiner ganzen Bedeutung erkennbar.

8. September
Das Oberkommando der Wehrmacht gibt bekannt:

Die Operationen in Polen nahmen gestern an vielen Stellen den Charakter einer Verfolgung an, nur an einzelnen Stellen kam es noch zu ernsteren Kämpfen. — Südostwärts Gorlice und ostwärts Tarnow dringen unsere Truppen gegen die Wisloka vor. Nördlich der Weichsel haben bewegliche Kräfte Staszow und nördlich der Lysa Gora die Gegend dicht westlich Kamienna erreicht. Die Bahnlinie Konskie—Opoczno wurde im Angriff überschritten. Nördlich Tomaszow haben Panzertruppen den Feind aus Rawa-Mazowiecka geworfen und stehen dort 60 km vor Warschau. Zwischen Thorn und Strasburg ist die Drewenz überschritten.

Die Besatzung der Westernplatte in Danzig hat sich ergeben, ihr Widerstand wurde durch Pioniere, Marine-Sturmkompanien und SS-Heimwehr unter Mitwirkung der „Schleswig-Holstein" gebrochen.

Nordostwärts Warschau ist der Narew bei Pultusk und Rozan überschritten. In der Provinz Posen wurden im Süden und Norden weitere Gebietsteile besetzt.

An diesen schnellen und großen Erfolgen hatte die Luftwaffe wieder entscheidenden Anteil. Ihr Masseneinsatz richtete sich gegen die zurückgehende polnische Armee. Sie griff mit Schlacht- und Sturzkampfgeschwadern unmittelbar in den Erdkampf ein. Marschkolonnen wurden zersprengt, Rückzugswege durch Zerstörung von Brücken und Übergängen versperrt, Versuche von feindlichen Gegenangriffen schon in der Bereitstellung zerschlagen. Die Weichselbrücken südlich Warschau sind nachhaltig zerstört, in Warschau selbst die Durchgangsstraßen mit Kolonnen angefüllt und verstopft. Die eilige Räumung der Stadt ist im Gange.

Zwei deutsche Flugzeuge wurden über polnischem Gebiet abgeschossen, ein Flugzeug wird vermißt.

Das deutsche Hoheitsgebiet wurde auch gestern nicht angegriffen.

In Nord- und Ostsee wurde eine Reihe von Minensuchunternehmungen durch die Kriegsmarine durchgeführt. Boote einer Minensuch-Flottille beschossen eine polnische Strandbatterie, die das Feuer erfolglos erwiderte. Ein viertes polnisches U-Boot wurde vernichtet.

9. September
Das Oberkommando der Wehrmacht gibt bekannt:

Auch gestern nahm der Rückzug des geschlagenen polnischen Heeres fast an allen Fronten seinen Fortgang. Die feindlichen Nachhuten vielfach durchstoßend, erreichten bewegliche Truppen mit den vordersten Teilen zwischen Sandomierz und Warschau an verschiedenen Stellen die Weichsel und drangen am Nachmittag von Südwesten her in die polnische Hauptstadt ein.

In Südpolen wurde kämpfend über die Wisloka nach Osten Raum gewonnen und mit motorisierten Verbänden Rzeszow erreicht. Bei Sandomierz gelang es auch im Osten von der Weichsel Fuß zu fassen. In der Vormarschrichtung auf

Lublin wurde westlich der Weichsel Zwolen und Radom genommen, weiter nördlich bei Gora Kalwarja bis an die Weichsel durchgestoßen. Lodz wird heute von rückwärts gestaffelten Verbänden besetzt werden, während die Masse der dort kämpfenden Truppen an der Stadt beiderseits vorbeistoßend südlich der Bzura dem kämpfenden, weichenden Feind folgt. Die Provinz Posen wird ohne feindlichen Widerstand fortschreitend besetzt. Nordostwärts Warschau ist der Feind hinter den Bug bei Wyszkow und ostwärts geworfen.

Die Luftwaffe hat während des ganzen Tages vor allem die Rückzugswege des Gegners westlich und ostwärts der Weichsel angegriffen. Abgesehen von einigen Jagdflugzeugen über den Weichselbrücken zwischen Sandomierz und Warschau trat die polnische Fliegertruppe nur noch wenig in Erscheinung.

Im Westen wurden zwei französische Flugzeuge über deutschem Gebiet abgeschossen.

10. September

Das Oberkommando der Wehrmacht gibt bekannt:

Zwischen dem Gebirge und dem Oberlauf der Weichsel setzten die deutschen Kräfte die Verfolgung des geschlagenen Feindes in ostwärtiger Richtung fort. Im großen Weichselbogen zwischen Sandomierz und Kutno hat der schnelle Durchbruch der motorisierten und Panzertruppen bis an die Weichsel große Erfolge angebahnt.

Teile zahlreicher polnischer Divisionen sind um Radom von der Weichsel abgeschnitten und von allen Seiten umstellt. Ebenso ist dem aus dem Raume Skierniewice—Sochaczew—Kutno nach Osten drängenden Feind der Rückzug über die Weichsel bei Warschau und südlich verlegt.

Das Schicksal dieser polnischen Heeresteile, mit denen noch heftige Kämpfe im Gange sind, wird sich in den nächsten Tagen erfüllen.

Die im nördlichen Polen beiderseits der Weichsel vorgehenden deutschen Kräfte haben die Gegend westlich Wloclawek und nordwärts Plock erreicht.

Nordostwärts Warschau haben wir am Südufer des Bug Fuß gefaßt. Um Lomza und ostwärts wird noch gekämpft.

Die Luftwaffe hat die von Warschau nach Ost und Südost zurückführenden Straßen und Eisenbahnen durch Bombenangriffe blockiert und die in diesem Raume noch vorhandenen Reste der polnischen Bodenanlagen angegriffen.

Bei einem Unternehmen gegen Lublin wurden von einem gemischten Kampf- und Zerstörerverband 7 polnische Flugzeuge im Luftkampf abgeschossen, 8 polnische Flugzeuge am Boden durch Bombenabwurf schwer beschädigt.

Zur Unterstützung des Heeres griffen Fliegerverbände im Raume um Radom sowie zwischen Narew und Bug wirkungsvoll in den Kampf ein.

Im Westen haben erstmalig französische Spähtrupps die deutsche Grenze überschritten und sind in Gefechtsberührung mit unseren weit vor dem Westwall befindlichen Vorposten getreten. Der Feind ließ zahlreiche Tote und Gefangene, darunter auch einen Offizier, zurück.

In der Nacht zum 9. September warfen britische Flugzeuge über einigen Städten Nord- und Westdeutschlands Flugblätter ab. Die Besatzung eines über Überstedt/Thüringen abgestürzten englischen Kampfflugzeuges wurde gefangengenommen.

An der Westgrenze wurden 3 französische Flugzeuge über deutschem Hoheitsgebiet abgeschossen.

Bombenangriffe haben nicht stattgefunden.

Die 14. Armee überschreitet den San am 11. 9.

Karten 5 und 9

Die letzten Anordnungen der Heeresgruppe Süd entsprachen bereits der Weisung des OKH vom 9. 9. abends, so daß eine Ergänzung zunächst nicht erforderlich war. Die Gruppierung der **14. Armee** ermöglichte ohne weiteres die Einleitung der befohlenen Bewegungen.

Ihre rechte Flügelgruppe, das XVIII. Korps, überschritt am 10. 9. mit der 1.Geb.Div. den oberen San bei Sanok und stieß am 11. 9. mit einer motorisierten Vorausabteilung weit bis Sambor am Dnjestr vor, während die Spitzen der 1. und 2.Geb.Div. bis an die Bahnlinie gelangten, die von Przemysl nach Süden zum Lupkowpaß führt. Den Lupkowpaß selbst überschritt in Richtung Nordosten die 57.Inf.Div., die um Presow in der Ostslowakei ihre Ausladungen endlich beendet hatte. Ihr sollte die ebenfalls dorthin anrollende 56.Inf.Div. folgen. Die 3.Geb.Div., in Gewaltmärschen von Tarnow herangezogen, schloß westlich Sanok auf.

Zwischen Przemysl und der Wislokmündung hatte in dem schwierigen wegelosen Bergland das XXII. Korps im Vormarsch von Rzeszow harte Kämpfe zu bestehen. Trotzdem erzwang die 4.l.Div. bereits am 10. 9. den Übergang über den San bei Radymno (15 km südlich Jaroslaw), die 2.Pz.-Div. am 11. 9. bei Jaroslaw selbst.

Wenn sich zwischen den beiden Korps die alte, vielfach umkämpfte Sperrfeste Przemysl auch noch hielt, so hatte der schnelle Vorstoß über den Fluß doch die Bildung einer zusammenhängenden Front an dem starken Abschnitt bereits verhindert. Der Armee Karpaten, die mit ihren Hauptkräften um die Festung stand, drohte, wenn sie stehenblieb, Einkesselung durch beiderseitige Umfassung. Die Luftaufklärung meldete bereits am 11. 9. den Rückmarsch starker polnischer Verbände auf Lemberg selbst und besonders durch das große Waldgebiet nordwestlich der Stadt mit Richtung auf den Bug.

Hinter dem XXII. Korps rückte das XVII. Korps mit der 45.Inf.Div. am 11. 9. bis Rzeszow heran. Die 7.Inf.Div. folgte rechts, die 44.Inf.Div. links gestaffelt. Auf dem linken Armeeflügel überschritt das VIII. Korps am 10. 9. mit der 28. und 8.Inf.Div. die obere Weichsel beiderseits der Nidamündung und am 11. 9. die Wisloka nördlich der Bahn Tarnow—Rzeszow. Das VII. Korps (27. und 68.Inf.Div.) war bei seinem Vormarsch von der oberen Nida gegen die Weichsel südwestlich Sandomierz noch in Kämpfe verstrickt mit Teilen der Armee Krakau, die dem Kessel von Radom entkommen waren und nunmehr über den Strom nach Osten zu flüchten versuchten. Links neben ihm stand die 5.Pz.Div. noch unter dem Befehl des XV. Korps der 10. Armee im Angriff auf Sandomierz.

Für die weitere Verfolgung gab die 14. Armee dem XVIII. Korps die Richtung auf Lemberg, dem durch die mot. Verbände des XVII. Korps verstärkten XXII. Korps die Richtung nach Nordosten auf Rawa Ruska an der großen und einzigen Verbindungsstraße Ostpolens mit dem neutralen Rumänien.

Die Kessselschlacht von Radom
auf dem rechten Flügel der 10. Armee, 7.—11. 9.

Karten 5 und 9, Skizze 8

Der kühne Ansatz der beiden motorisierten Korps am 7. 9. ostwärts (XV.) und westlich (XIV.) der Lysa Gora vorbei auf Radom unter gleichzeitigem Nachführen des IV. Korps in der Mitte zeitigte ein neuzeitliches Cannae klassischen Stiles. Die schnellen Verbände rissen rechts und links noch am 7. 9. die feindlichen Linien auf und schnitten damit aus der Gesamtfront zunächst den Block heraus, in dem die Masse der polnischen Kräfte vermutet wurde. Auf polnischen Landwegen durchstürmten die Regimenter sodann unter voller Ausnutzung des Motors als Waffe, ohne Rücksicht auf Bedrohung der eigenen Flanken in zwei Tagen bis zu 200 km. Sie hatten den Ring um die Lysa Gora bereits geschlossen, bevor der Pole Zeit zu Gegenmaßnahmen fand.

Zweifellos hat diese außerordentliche Kühnheit den bereits angeschlagenen Gegner gelähmt. Der noch am 8. und 9. 9. sehr heftige Widerstand erlahmte sehr bald, die Durchbruchsversuche wurden schwächer und schwächer. Unter Abriegelung im Osten durch das XV. Korps, dessen 5.Pz.Div. bereits am 10. 9. herausgezogen und gegen Sandomierz angesetzt werden konnte, durchkämmte das IV. Korps den Ostteil der Lysa Gora mit der 4. und 14.Div. Die 46.Inf.Div. säuberte unter dem Befehl des XIV. Korps zusammen mit der 1.l.Div. das große Waldgebiet nördlich der Radomka.

Wenn sich auch die Säuberungsaktionen beim XIV. Korps noch länger hinzogen, so streckte die Masse der eingekesselten polnischen Divisionen doch schon am 10. und 11. 9. die Waffen.

Der Erfolg war größer als zunächst vermutet wurde. Der amtliche Wehrmachtsbericht vom 14. 9. meldete als v o r l ä u f i g e s Ergebnis u. a. 60 000 Gefangene. Die Zahl ist nie ergänzt worden, sie enthält zumindest nicht die polnischen Soldaten, die ohne Waffen ihren heimatlichen Dörfern zustrebten und unbehelligt zu vielen Tausenden die Landstraßen bevölkerten. Mit der Sichtung von Beute hielten sich die deutschen Divisionen damals nicht auf. Die Armee Preußen war vernichtet, soweit ihre Verbände im Aufmarsch das westliche Weichselufer erreicht hatten, zusammen mit den Teilen der Armeen Lodz und Krakau, denen ein Absetzen nach Osten bzw Nordosten in den stürmischen Grenzschlachten gelungen war. Acht polnische Divisionen waren völlig oder mit namhaften Teilen zerschlagen.

Am Abend des 11. 9. stand das XV. AK mit der 29.mot.Div. um Zwolen, mit der 3. und 2.l.Div. um Radom, mit der 5.Pz.Div.im Angriff auf Sandomierz. Das XIV. AK war mit der 13.mot.Div. westlich Deblin, der 1.l.Div. und der 46.Inf.Div. im konzentrischen Vorgehen gegen die Feindreste nördlich der Radomka. Das IV. Korps erreichte mit der 4.Inf.Div. Opatow, 10 km südlich Ostrowiec, und mit der 14.Div. Ilza. Die angeordnete Bildung von Brückenköpfen an der Weichsel oberhalb der Pilicamündung war jedoch noch nirgends gelungen.

Die Schlacht an der Bzura 7.—11. 9.

Karte 9, Skizzen 10 und 11

„Die Schlacht an der Bzura ist die größte, in sich geschlossene Kampf-
handlung des Feldzuges gewesen, sein Gipfelpunkt, wenn auch nicht die
Entscheidung. Diese lag, operativ gesehen, bereits in der weit ausholen-
den Umfassung der polnischen Gesamtstreitkräfte durch die Heeresgruppe Nord von Norden, durch die 14. Armee von Süden beschlossen"*).
Die Heeresgruppe Süd, deren Chef der damalige Gen.Lt. v. Manstein
war, hat es verstanden, aus einer Reihe von Führungsfehlern auf beiden
Seiten eine Vernichtungsschlacht zu entwickeln, in der ein Drittel des
polnischen Heeres, insgesamt über 12 Divisionen, von etwa der gleichen
Anzahl deutscher Verbände völlig zerschlagen wurden. Die Ausweitung
des ursprünglichen Operationsplanes durch Ansatz der linken Flügelgruppe der 10. Armee und der 8. Armee zu einer überholenden Verfolgung der Armeen Posen, Pommerellen und sogar Lodz brachte Spannungen, wie jede kühne Operation, zeitigte dann aber auch große Erfolge.
Nach Abschluß der Kämpfe, die sich über zehn Tage hinzogen, war in
Verbindung mit der anderen, am 11. 9. beendeten Kesselschlacht der
Heeresgruppe bei Radom die Entscheidung des Feldzuges bereits vorweggenommen. Die Schlußkämpfe auf dem Ostufer der Weichsel bilden nur
noch einen Ausklang, an dem Schicksal Polens vermochten sie nichts mehr
zu ändern.
Das große Ringen, dessen Leitung später Generaloberst v. Rundstedt
unmittelbar übernahm, wurde am 10. und 11. 9. eingeleitet durch:
1. Die Kämpfe des linken Flügels der 10. Armee vor Warschau.
2. Die Kämpfe der 8. Armee südlich der Bzura zwischen Uniejow
   und Sochaczew.
3. Die Kämpfe der 4. Armee beiderseits der Weichsel.

Der linke Flügel der 10. Armee vor Warschau am 10. und 11. 9.

Karten 5 und 9

Auf dem linken Armeeflügel nördlich der Pilica versammelte das XVI.
Korps, das den Schwerpunkt seiner vielfältigen Aufgaben in dem Vorstoß ü b e r die Weichsel sah, am 10. 9. die 1.Pz.Div. bei Gora Kalwarja
und drehte auch die 31.Inf.Div. aus der Gegend südlich Blonie dorthin
ab. Die Abschließung Warschaus im Südwesten und Westen übernahm
die 4.Pz.Div., die außerdem eine starke Kampfgruppe in Richtung Blonie
vorschob. Das XI. Korps erreichte am 19. 9. den Raum nordöstlich Rawa-
Maz.
Ein am Abend eingehender Befehl der Heeresgruppe Süd verlangte von
der 10. Armee nach Erledigung des Gegners westlich der Weichsel, das
IV. und entbehrliche Teile des XI. Korps schnell an die Weichsel vorzuführen, um ein rasches Übergehen des XV. Korps bei Pulawy und den

---

*) v. Manstein. Verlorene Siege. S. 47.

Vorstoß des XVI. Korps südlich Warschau über die Weichsel zu ermöglichen. Die 10. Armee ordnete hierauf noch am selben Abend an, daß die Korps die Säuberung ihrer Gefechtsstreifen beschleunigt abzuschließen hätten, und daß dann das IV. Korps in breiter Front gegen den Weichselabschnitt beiderseits Annapol vorgehen sollte.

Der Ablauf der Ereignisse bei der 8. Armee zeitigte in der Nacht vom 10. zum 11. 9. einen Gegenbefehl der Heeresgruppe. Nach ihm hatte die 10. Armee das XI. Korps zur Verfügung der 8. Armee in Richtung Lowicz zum Angriff gegen die Flanke des von Kutno auf Lodz angreifenden Gegners abzudrehen und die 31.Inf.Div. wieder auf Blonie zur Sperrung der Straße Sochaczew—Blonie in Marsch zu setzen. Am 11. 9. stand das XI. Korps beiderseits Mszczonow mit der Front nach Nordwesten.

Die Kämpfe der 8. Armee südlich der Bzura am 10. und 11. 9.

Karte 9, Skizze 10

Die Meldungen, die im Laufe der Nacht vom 9. zum 10. 9. beim Armeeoberkommando in Lodz über die Vorgänge auf dem Westflügel eingingen, klangen alarmierend. Die Armee glaubte bisher ebensowenig an einen starken Angriff in diesem Raum wie die Heeresgruppe und das Oberkommando des Heeres. In den frühen Morgenstunden klärte sich dann die Lage so weit, daß kein Zweifel mehr möglich war: Die 30.Inf.Div. war von weit überlegenem Gegner, dessen erste Welle auf mindestens 3 Inf.Div. und 2—3 Kav.Brigaden geschätzt wurde, auf breiter Front in der Flanke gefaßt und vermutlich — zumindest teilweise — inzwischen geworfen. Lodz war bereits bedroht. Ein weiteres Vordringen dieser offensichtlich sehr starken Feindgruppe führte in den Rücken der 8. Armee und auf die rückwärtigen Verbindungen der 10. Armee, deren linker Flügel weit vorgestaffelt immer noch allein vor Warschau stand.

Die Fernsprechverbindung mit der Heeresgruppe in Lublinitz war unterbrochen, schnelles Handeln schien aber dringend geboten. General Blaskowitz faßte daher selbständig den Entschluß, zunächst den bei Leczyca durchgebrochenen Gegner zu schlagen. Das bedingte, den von der Heeresgruppe befohlenen und von der Armee schon vor Stunden angeordneten Vormarsch auf Warschau durch Gegenbefehle wieder abzudrehen.

Zum konzentrischen Angriff wurden angesetzt:

Die 17.Inf.Div., die Lodz im Vormarsch nach Nordosten gerade durchschritten hatte, nach Nordwesten über Ozorkow auf Leczyca.

Die 10.Inf.Div. aus der Gegend westlich Skierniewice ebenfalls nach Nordwesten auf Bielawy.

Die 221.Inf.Div., bisher Armeereserve hinter dem linken Flügel, über Poddebice in die feindliche Westflanke Richtung Leczyca.

Die 24.Inf.Div. sollte Bielawy, Lowicz und den inzwischen erkämpften Brückenkopf Sochaczew halten.

Der Angriff kam nicht zur Entwicklung, da die 30.Inf.Div. noch vor Eintreffen der 10. und 17.Inf.Div. bereits weit zurückgeworfen wurde und die getrennt kämpfende 221.Inf.Div. über Poddebice nur wenig hinauskam. Nur mit Mühe konnte die Armee in breiter, lückenhafter Aufstellung in den Brückenköpfen Sochaczew und Lowicz, bei der Gefechtsgruppe Bielawy und besonders nördlich und nordwestlich Ozorkow, wo die 17.Inf.Div. — selbst in der linken Flanke bedroht — in sehr breiter

110

Aufstellung die zurückgehenden Teile der 30.Inf.Div. aufnahm, sich der hartnäckigen Feindangriffe erwehren.

Am 11. 9. mußte der Brückenkopf von Sochaczew und der Kampfraum um Bielawy aufgegeben werden. Die 24. und 10.Inf.Div. wurden um Lowicz und südlich Bielawy unter dem XIII. Korps, die 30., 17. und 221. Inf.Div. unter dem X. Korps zusammengefaßt. In die Bereitstellungen eines für den Nachmittag erneut angesetzten Angriffs stieß der Pole mit überlegenen Kräften hinein. Immerhin gelang es, die verschmälerte, wenn auch noch nicht lückenlose und auf dem westlichen Flügel der 17.Inf.Div. mit Umfassung bedrohte Front zu behaupten. Bedauerlicherweise mußte auch der Brückenkopf Lowicz in der Nacht vom 11. zum 12. 9. nach Einbruch des Feindes in die Stadt geräumt werden.

Die Kämpfe der 4. Armee beiderseits der Weichsel am 10. und 11. 9.

Karte 9

Auf dem rechten Flügel der Heeresgruppe Nord setzte die 4. Armee mit dem III. und II. Korps die Verfolgung beiderseits der Weichsel in südostwärtiger Richtung auf Kutno und Modlin fort.

Südlich des Stromes hatte das III. Korps am Abend des 10. 9. unter stetigen kleinen Gefechten mit hinhaltend kämpfendem Gegner erst die Gegend westlich und südwestlich Wloclawek erreicht. Das Korps verfügte nur über zwei Landwehrdivisionen (208.Inf.Div., Brig. Netze) und die Ende August behelfsmäßig aus Festungstruppen aufgestellte 50.Inf.-Div. Mit diesen uneingespielten und mangelhaft ausgerüsteten Verbänden war ihm bisher ein durchschlagender Erfolg nicht beschieden gewesen, immer wieder hatte der Pole ausweichen können und sich nur langsam frontal zurückdrücken lassen. Knapp 60 km Luftlinie trennten am Abend das Korps immer noch von dem schon am 4. 9. bei Bromberg befohlenen Angriffsziel Kutno. Ein schneller Durchbruch hätte die Krise vor dem Westflügel der 8. Armee schlagartig beseitigt. Der Stoß hätte genau in den Rücken des bei Leczyca nach Südosten angreifenden Gegners geführt. Er wurde von der 4. Armee, die im Laufe des Tages von der Lage an der Bzura Kenntnis erhalten hatte, für den 11. 9. erneut mit Schwerpunkt auf dem Südflügel, befohlen.

Das Korps gewann jedoch wiederum nur so wenig Boden, daß es auf die Kämpfe südlich Kutno keinen Einfluß gewann. Der Ort wurde erst am 17. 9. erreicht, nachdem der Pole abgezogen war.

Die Stoßkräfte, die hier fehlten, waren unmittelbar nach der Schlacht im Korridor auf den Ostflügel der Heeresgruppe verlegt worden. Trotzdem wäre eine Verstärkung des III. Korps durchaus möglich gewesen. Die 218.Inf.Div. stand tatenlos um Thorn und die 73.Inf.Div. seit Kriegsbeginn bei Konitz. Die eine hatte bisher kaum, die andere überhaupt noch nicht im Kampf gestanden. Darüber hinaus waren die beiden aktiven Inf.Div., über welche die Armee noch verfügte, die 3. und 32. beim II. Korps nördlich der Weichsel belassen worden. Für den ursprünglichen Auftrag des III. Korps, Flankenschutz der 4. Armee gegen Posen, genügten die Kräfte vielleicht. Als das Oberkommando des Heeres zumindest stillschweigend die Ausweitung der Aufgabe der 8. Armee durch die Heeresgruppe Süd — statt Flankenschutz der 10. Armee überholende Verfolgung der Armee Posen — billigte, war vorauszusehen, daß dem III. Korps neue Aufgaben zufallen mußten, für die seine Kräfte bestimmt nicht ausreichten.

Nördlich der Weichsel wurde die 3.Inf.Div. unter unmittelbaren Befehl der Armee gestellt und zur Sperrung des Weichselabschnittes Wloclawek—Plok—Wyszogrod mit D e f e n s i v - Auftrag eingesetzt. Das II. Korps tratt allein mit der 32. und 228.Inf.Div. von Sierpc auf Modlin an. Ein Versuch am 11. 9. die starke Festung mit Vorausabteilungen im Handstreich zu nehmen, mißlang.

Die Heeresgruppe Süd

in Lublinitz erhielt erst im Laufe des 10. 9. einen Überblick über die Entwicklung der Dinge bei der 8. Armee. Mit den getroffenen Maßnahmen hatte sie sich zunächst abzufinden. Sie kam jedoch bei der Beurteilung der Lage zu anderen Ergebnissen als die Truppe. Der Vorstoß bei Leczyca konnte kein entscheidungsuchender Angriff sein, dazu kam er zeitlich zu spät und war räumlich in einer Richtung angesetzt, die im besten Falle für die Polen zu einer Schlacht mit verwandter Front führen mußte. Abgeschnitten von seinem Hinterland und von jeglichem Nachschub suchte der Gegner mit den noch verfügbaren Kräften unmöglich eine derartige Schlacht, über deren Ausgang Zweifel nicht bestehen konnten. Ein derartiger operativer Fehler war nicht zu unterstellen.

Demnach konnte es sich nur um eine planlose Verzweiflungstat einzelner Verbände handeln, die gemerkt hatten, daß sie abgeschnitten waren, oder um einen Entlastungsangriff eines noch planmäßig geführten größeren Truppenkörpers, der sich für einen Durchbruch, der vernünftigerweise zu diesem Zeitpunkt **nur** nach Osten zielen konnte, Luft zu machen versuchte. Dann war sein Ziel beschränkt. Der bisherige Ablauf des Feldzuges und besonders der gleichzeitige Druck bei Sochaczew und Lowicz sprachen für diese Annahme.

Der kühne Plan, in überholender Verfolgung sich allem vorzulegen, was aus dem Raum Pommerellen, Posen und Lodz mit Sicherheit nach Warschau strömen würde, war demnach geglückt. Diesen Erfolg galt es zu nutzen, die entstandene Krise nicht etwa nur abzuwehren, sondern den Ring fest um all die Feindteile, die sich noch westlich der Weichsel befanden, zu schließen. Wurden sie hier vernichtet, so brauchten sie auf dem Ostufer nicht erst mühsam erneut gesucht werden. Leider hatte die Aufklärung keinerlei Ergebnisse gebracht, die Rückschlüsse auf die Stärke des Gegners zuließen. Die Heeresgruppe schätzte ihn zunächst auf nur etwa fünf Divisionen und zwei bis drei Kav.Brigaden. Sie hat ihren Irrtum sehr bald erkannt und das Auftreten einer weitaus höheren Anzahl polnischer Verbände nicht etwa bedauert, sondern begrüßt.

An dem Operationsplan, der in seinen Grundzügen seit dem 10. 9. festlag, brauchte deshalb nichts mehr geändert zu werden. Im Westen mußte der Einbruch abgeriegelt werden, um ein Durchsickern einzelner Gruppen, und damit einen lästigen Kleinkrieg hinter der Front von vornherein auszuschalten. **Wo** räumlich diese Abriegelung erfolgte, war ohne besondere Bedeutung, wenn sie nur überhaupt einige wenige Tage hielt. Selbst ein vorübergehender Verlust von Lodz war nicht entscheidend, höchstens eine Prestigefrage. Erwünscht war darüber hinaus aber, den Gegner in diesem Raum zu fesseln, ihm die Handlungsfreiheit zu nehmen, von dem entscheidenden Punkt, Lowicz—Sochaczew, fernzuhalten. Hier, auf dem Wege nach Warschau, fiel die Entscheidung, nicht bei Lodz.

Clausewitz[19]) preist die „Beharrlichkeit in dem gefaßten Vorsatz" als eine hervorragende Tugend des Feldherrn. Er meint:

„Im Kriege mehr als sonstwo in der Welt sehen die Dinge in der Nähe anders aus als in der Entfernung. Im Kriege befindet sich der Führer eines großen Ganzen in beständigem Wellenschlag von falschen und wahren Nachrichten, von Fehlern, die begangen werden aus Furcht, aus Nachlässigkeit, aus Übereilung, von Widerspenstigkeiten, die ihm gezeigt werden aus wahrer oder falscher Ansicht, aus übelem Willen, wahrem oder falschem Pflichtgefühl, Trägheit oder Erschöpfung, von Zufällen, an die kein Mensch gedacht hat. Kurz, er ist hunderttausend Eindrücken preisgegeben, von denen die meisten eine besorgliche, die wenigsten eine ermutigende Tendenz haben."

Es zeigt sich, daß die Lehren des großen Philosophen — geschrieben vor mehr als hundert Jahren — keineswegs veraltet waren. Nur die Formen des Krieges ändern sich, nicht sein Wesen und nicht die Menschen mit ihren Schwächen, die ihn führen.

Für die Beharrlichkeit und Kompromißlosigkeit, mit der die Heeresgruppe Süd ihren Operationsplan gegen alle Widerstände in die Tat umsetzte, kennt die Kriegsgeschichte wenig Beispiele. Alle Maßnahmen sind von demselben, gleichbleibenden Geist erfüllt. Die Einzelanordnungen, die an die 8. Armee inzwischen ergangen waren, faßte der Befehl vom 11. 9. abends in den Auftrag zusammen, den Feind

„. . . durch schnelles Vorgehen des XI. Korps auf Sochaczew—Lowicz, Angriff mit XIII. Korps, X. Korps, sowie Abschließung im Westen zur Kapitulation südlich der Weichsel zu zwingen".

Die 10. Armee wurde angewiesen, mit dem XVI. Korps einen Durchbruch von Feindteilen nach Warschau zu verhindern. Die 1.Pz.Div. war dabei allerdings bei Gora Kalwarja zu belassen. Der erkämpfte Weichselbrückenkopf war für die Fortsetzung des Feldzuges von zu großer Bedeutung.

Inzwischen wurde die Luftflotte 4 aufgefordert, durch Einsatz starker Fliegerkampfkräfte im Raum um Kutno den Gegner zu lähmen. Vom Oberkommando des Heeres wurde die Freigabe der 213.Inf.Div. erbeten, die in Kalisch am 9. 9. angehalten worden war, um in der Provinz Posen Verwendung zu finden. Die Division wurde hinter der 221.Inf.Div. auf Poddebice zur Abriegelung der Westfront in Marsch gesetzt und der 8. Armee unterstellt. Sie konnte den Zeitverlust von 24 Stunden in Kalisch nicht aufholen und kam überall zum Eingreifen einen Tag zu spät. Eine Bitte vom 10. 9., das III. Korps zum scharfen Vorgehen in Richtung Kutno zu veranlassen, wurde am 11. 9. dahin erweitert, dieses Korps vorübergehend der 8. Armee zu unterstellen, und durch die 3.Inf.Div. zu verstärken, die bei Plock über die Weichsel nach Süden vorzuführen war.

Dem Militärbefehlshaber Posen (Kampfgruppe Gienanth) wurde die Sicherung der Ostgrenze seines Bereichs befohlen. Zwischen Konin und Hohensalza übernahmen in den nächsten Tagen die 252.Inf.Div. und das Grenzschutz-Abschnittkdo. 2 den Schutz der Provinz gegen versprengte Feindteile.

---

[19]) Vom Kriege, Drittes Buch, 7. Kapitel.

Die Operationen auf polnischer Seite

Karten 5 und 9, Skizze 10

Die Aussagen von Gefangenen aller Dienstgrade ergaben ein selten vollkommenes Bild der Maßnahmen auf der Gegenseite. Da sie noch während der Kämpfe oder im unmittelbaren Anschluß daran erfolgten, haben sie den Vorzug, ungefärbt zu sein. Einwandfrei dürfte aus ihnen hervorgehen, daß

1. die polnische höhere und oberste Führung nach den Grenzschlachten keineswegs ausgeschaltet war,
2. die deutsche 4. Armee es nicht vermocht hatte, den Sieg im Korridor und bei Graudenz durch eine vernichtende Verfolgung in Scharnhorstschem Geiste zu krönen. Mit insgesamt nur zwei aktiven Divisionen war sie dieser Aufgabe nicht mehr gewachsen.

Die Ostgruppe der Armee **Pommerellen** (4. und 16.Inf.Div.) ging nach dem Verlust von Graudenz bei Thorn über die Weichsel, da nach Aufgabe der Grenzstellungen um Mlawa durch die rechts anschließende Armee Modlin ein Rückzug nördlich des Stromes unmöglich schien. Beide Divisionen nahmen dann die Marschrichtung auf Kutno.

Von der Westgruppe (9., 15., 27.Inf.Div., Kav.Brig.Pommerellen) wurde die 9.Inf.Div. bei den Grenzschlachten im Korridor vernichtet und hörte auf, als Einheit zu bestehen. Die 15.Inf.Div., die von Anfang an nordwestlich von Bromberg gestanden hatte, übernahm hier und später südlich der Stadt zusammen mit der herangeführten 26.Inf.Div. der Armee Posen, sehr erfolgreich die Deckung des Rückzugs der Armee nach Südosten. Unter ihrem Schutz sammelte die 27.Inf.Div. nach sehr schweren Verlusten die verbliebenen Reste südlich Thorn. Einige ON-Bataillone und ein selbständiges Infanterieregiment füllten sie wieder auf. Auch die Kav.Brig.Pommerellen, deren Schwadronen in der Tucheler Heide heroisch, aber sinnlos die deutschen Panzer mit eingelegter Lanze attakkiert hatten, fand Zeit, in ihrem Friedensstandort Bromberg wie ein Phönix aus der Asche neu zu entstehen. Aufgefüllt und neu ausgestattet, wurde diese Elitetruppe in Richtung Uniejow in Marsch gesetzt, wo sie am 9. 9. eintraf.

Die Armee **Posen** (14., 17., 25., 26., eine ON-Div., Kav.Brig.Podolien und Großpolen) erhielt von Marschall Rydz-Smigly erst am 3. 9. die Genehmigung, ihre Kordonaufstellung an der Grenze, die nicht angegriffen worden war, aufzugeben, und auf die „endgültige Verteidigungslinie" Bromberg—Hohensalza—Konin—Warthe zurückzugehen. Noch während dieser Bewegung lief am 5. 9. ein Befehl ein, die auf dem Südflügel marschierende 25.Inf.Div. zur Entlastung der Armee Lodz gegen die deutsche 8. Armee abzudrehen. Sie geriet am 6. und 7. 9. bei Uniejow in ein unglückliches Gefecht mit der deutschen 30.Inf.Div. Gleichzeitig wurde die polnische 26.Inf.Div. auf dem Nordflügel nach Bromberg befohlen (siehe oben).

114

In der Nacht vom 5. zum 6. 9. befahl die Heeresleitung den weiteren Rückmarsch der Armeen Posen und Pommerellen auf Warschau. Ein Vorschlag des Oberbefehlshabers der Armee Posen, General Kutrzeba, aus dieser Bewegung heraus zu geeigneter Zeit die Nordflanke der deutschen 8. Armee anzufallen, lehnte Marschall Rydz-Smigly ausdrücklich ab.

Die Rückmärsche erfolgten in den ersten Tagen so planmäßig und ungestört durch das deutsche III. Korps, daß zeitweilig die Fühlung mit dem Feinde überhaupt verloren ging. Sie wurden freilich behindert durch zahlreiche Flüchtlingskolonnen und erschwert durch Fliegerangriffe, die Verluste verursachten und die ohnehin schwer belastete seelische Verfassung der Truppe zu schwächen begannen. Reste der zerschlagenen Armee Lodz, insbesondere der 2., 28. und 30.Inf.Div., stießen dazu. Am 8. 9. unterstellte die Heeresleitung die Armee Pommerellen der Armee Posen. Sie wiederholte dabei den Befehl, keine Angriffsschlacht gegen die deutsche 8. Armee zu schlagen, sondern den Marsch auf Warschau unter möglichst geringen Kämpfen fortzusetzen.

Die Durchführung dieser Anordnung erwies sich als unmöglich. Am 8. 9. räumten die polnischen Nachhuten erst Thorn und Hohensalza, 200 km Luftlinie von der Hauptstadt entfernt, vor deren Toren bereits feindliche Panzer standen. Im eigenen Lande kämpfend, war General Kutrzeba über die Vorgänge in seinen beiden Flanken durchaus unterrichtet. Links näherte sich das deutsche II. Korps Sierpc. Es störte so lange nicht, wie es nördlich der Weichsel verblieb. Rechts war der Eisenbahnknotenpunkt Koluszki verloren, Skierniewice und Lowicz bereits bedroht, Lodz geräumt, und unmittelbar an der Bzura strömten durch Leczyca und Bielawy deutsche Divisionen nach Osten mit einem zeitlichen Vorsprung von mindestens zwei bis drei Tagesmärschen. Kampflos war das befohlene Ziel nicht mehr zu erreichen. Der spitz zulaufende Bewegungsraum verengte sich zusehends.

General Kutrzeba beschloß, sich durch einen Angriff Luft zu machen und hoffte, damit gleichzeitig den Gegner von Warschau abzuziehen. Er wählte die Stoßrichtung nordostwärts an Lodz vorbei und setzte in 40 km Breite über die Linie Leczyca—Bielawy nebeneinander an: die Kav.Brig. Pommerellen und Podolien, die 25., 17., 14.Inf.Div., die Kav.Brig.Großpolen, der die 4.Inf.Div. zu folgen hatte, und die 16.Inf.Div. Die Armee Pommerellen sollte ihren Marsch auf Warschau zunächst fortsetzen, und gegebenenfalls etwa ab 12. 9. ihrerseits in Richtung Skierniewice angreifen, wo bereits Teile der Armee Lodz (2., 28., 30.Inf.Div.) im Gefecht standen.

Der Angriff begann am 9. 9. nachmittags auf dem rechten polnischen Flügel bei Leczyca und traf neben Teilen der deutschen 24.Inf.Div. in der Hauptsache die deutsche 30.Inf.Div., die sich hartnäckig zur Wehr setzte, aber schließlich geworfen wurde. Nach Anfangserfolgen flaute das Vordringen bereits am 10. 9. nachmittags merklich ab und erstarb mit dem Eingreifen zweier neuer deutscher Divisionen (10. und 17.Inf.Div.) dann im Laufe des 12. 9. völlig.

Die Heeresgruppe Nord überschreitet den Bug am 10. und 11. 9.

Karten 5 und 9

Der **Heeresgruppe Nord** gab der Befehl des OKH vom 9. 9. abends die erwünschte Bewegungsfreiheit für ihren Ostflügel. Das selbständige XIX. Korps bekam sofort Brest an Stelle von Siedlce als Angriffsziel.

Ungeachtet der völlig ungeklärten Lage bei Lomza und Nowogrod in der rechten Flanke und des erkannten Gegners um Bialystok in der linken setzte das **XIX. Korps** von Wizna aus an:

20.mot.Div. über Zambrow auf den Bugübergang Nur,
10.Pz.Div. über Bransk auf Bielsk,
3.Pz.Div. links daneben in den Raum nördlich Bielsk.

In die Marschkolonnen der 20.mot.Div., die den Bug mit Anfängen bereits erreicht hatte, stießen noch am 10. 9. südlich Zambrow von Westen her überraschend starke Feindkräfte. Es war die polnische 18.Inf.Div. mit den Kav.Brigaden Suwalki und Podlachien, die am Narew bei Lomza und Nowogrod zu lange gehalten hatten und nun einen Weg in die Freiheit suchten. Die 20.mot.Div. war gezwungen, mit den Verbänden, die südlich bereits zum Bug strömten, kehrt zu machen. Im Verein mit Teilen der 10.Pz.Div., die von Bransk und Wizna her abgedreht wurden, gelang es, den Gegner einzukesseln. Am 11. 9. dauerten die Kämpfe hier noch an, während die 10.Pz.Div. mit der Masse Bielsk, die 3.Pz.Div. unter stetigen Gefechten die Gegend nördlich des Ortes erreichten.

Die Stoßrichtung der **3. Armee** über Minsk—Siedlce nach Süden erfuhr keine Änderung.

Das Korps Wodrig trat aus dem erweiterten Bug-Brückenkopf Brok mit dem Panzerverband Ostpreußen voraus auf Siedlce an. Er stand am 11. 9. abends unmittelbar vor dem wichtigen Knotenpunkt und hatte daneben gleichzeitig eine Vorausabteilung des I. Korps bei der Einnahme von Kaluszyn unterstützt. Ihm waren gefolgt die 1.Kav.Brig. bis südlich, die 1.Inf.Div. bis nördlich Wegrow. Die 12.Inf.Div. auf dem linken Flügel hing erheblich ab.

Das I. Korps erkämpfte am 10. 9. den Bugübergang beiderseits Wyszkow und stieß am folgenden Tage mit der 61. und 11.Inf.Div. bis über die Bahn Warschau—Bialystock, mit einer mot.Vorausabteilung bis Kaluszyn vor.

Auf dem rechten Flügel der Armee fehlte der 217.Inf.Div. bei Serock Brückengerät, so daß sie im Fährbetrieb nur wenig Boden südlich des Flusses gewann.

Das XXI. Korps (21.Inf.Div.) besetzte im Kampf mit Nachhuten der polnischen 18.Inf.Div. am 10. 9. Nowogrod und überschritt am 11. den Narew im Vormarsch nach Süden. Die Brigade Lötzen nahm Lomza.

Zur Sicherung nach Osten wurde die Gruppe Brand offensiv angesetzt. Sie hatte gegen Bialystok vorzugehen von Westen mit der dazu unterstellten Brigade Lötzen, und von Norden mit der Brigade Goldap, einem behelfsmäßig aus Grenzschutz und Festungstruppen aufgestellten Verband.

Die 206.Inf.Div. wurde als Armeereserve in die Gegend nördlich Brok gezogen. 2.mot.Div. und 23.Inf.Div. schlossen um Johannisburg auf und verblieben zunächst Heeresgruppenreserven.

11. September
Das Oberkommando der Wehrmacht gibt bekannt:

Die große Schlacht in Polen nähert sich ihrem Höhepunkt, die Vernichtung des polnischen Feldheeres westlich der Weichsel.

Während in Südpolen der sich zäh wehrende Gegner über den San zurückgedrängt und der Übergang über den Fluß im Abschnitt Sanok—Jawornik-Polski sowie bei Radymno und Jaroslaw erzwungen wurde, begannen die in verschiedenen Räumen eingeschlossenen Truppen die Waffen zu strecken. Durchbruchsversuche der eingeschlossenen Teile wurden überall verhindert.

Nach hartem Kampf um die polnischen Befestigungen am Narew gelang es, bei Nowogrod und Wizna Brückenköpfe an dem Südufer zu bilden.

Polnische Artillerie aller Kaliber hat von den östlichen Teilen Warschaus aus das Feuer gegen unsere im Westteil der Stadt befindlichen Truppen eröffnet.

Die Einschließung des polnischen Kriegshafens Gdingen wurde fortgesetzt. Neustadt und Putzig sind in deutscher Hand.

Seestreitkräfte unterstützten das Vorgehen des Heeres durch erfolgreiche Beschießung polnischer Batterien sowie des Kriegshafens Gdingen.

Die Luftwaffe hat die Straßen und Eisenbahnlinien ostwärts und nordostwärts Warschau und in den Räumen Lemberg und Lublin—Chelm wiederholt mit Erfolg angegriffen und Kolonnen und Truppentransporte dort zerschlagen. In Lemberg wurde der Westbahnhof zerstört.

Im Westen wurde der geräumte Flugplatz Saarbrücken von französischer Artillerie beschossen. 3 französische Flugzeuge wurden über Reichsgebiet abgeschossen.

12. September
Das Oberkommando der Wehrmacht gibt bekannt:

Die große Schlacht in Polen geht westlich der Weichsel ihrem Ende entgegen.

Die Südgruppe dringt in Gewaltmärschen gegen und über den San vor. Gebirgstruppen haben am äußersten Südflügel Chyrow südlich Przemysl erreicht. Im Raume zwischen Zwolen, Radom und der Lysa Gora streckt der Feind die Waffen, Geschütze und Kriegsgerät von wenigstens 4 Divisionen stehen als Beute in Aussicht. Die Gefangenenzahl ist noch nicht zu übersehen. Auf dem Ostufer der Weichsel südlich Warschau nahmen Panzertruppen eine Anzahl schwerer Geschütze, darunter 4 21 cm-Mörser.

Verzweifelte Versuche der um Kutno eingeschlossenen starken feindlichen Kräfte, nach Süden durchzubrechen, wurden vereitelt. Der Ring auch um diese feindliche Gruppe ist geschlossen.

Nördlich der Weichsel nähern sich unsere Truppen der Festung Modlin.

Nach hartem Kampf ist der Feind auch nordostwärts Warschau geworfen. In der Verfolgung haben unsere Truppen mit der Masse die Bahnlinie Warschau—

Bialystok überschritten, mit vorgeworfenen Abteilungen die Bahnlinie Warschau—Siedlce erreicht.

Verbände der Luftwaffe wurden, wie am Vortage, zur Unterstützung des
Heeres bei Kutno und Zerstörung der rückwärtigen Verbindungen des Gegners
ostwärts der Weichsel mit gutem Erfolg eingesetzt. Eine Sturzkampfgruppe hat
die Ostausgänge von Warschau abgeriegelt. Der Bahnhof Bialystok wurde zerstört.

Großendorf im westlichen Teil der Halbinsel Hela und seine Hafenanlagen
sind von leichten Seestreitkräften in Besitz genommen.

Im Westen örtliche Vorpostenkämpfe zwischen Saargemünd und Hornbach.

Luftangriffe auf das Reichsgebiet ereigneten sich gestern nicht.

Drôle de guerre im Westen

Unheilvoll und drohend hatten sich inzwischen, wie die Nachrichten zuverlässig zeigten, vor dem Westwall an die hundert schlagkräftige französische Divisionen versammelt. Jeder einzelne Tag ohne Kampfhandlungen hier war ein Gewinn, der gar nicht hoch genug gewertet werden konnte. Von unserer Seite wurden deshalb die scharfen Befehle, auf keinen Fall die Feindseligkeiten zu eröffnen, immer wieder betont. Es war ein Tanz auf dem Pulverfaß, an dem die angelegte Lunte bereits brannte. Ein überspringender Funke und der ganze Spuk war zu Ende [20]). Darüber bestand in der obersten militärischen Führung vollständige Einigkeit und Klarheit. Auch Hitler empfand nicht anders, wie seine immer wiederholten nervösen Fragen zeigten. Er pflegte jeden Vortrag, wenn er mit Polen begann, sofort zu unterbrechen und nach dem Westen zu fragen.

Für die Untätigkeit der französischen Wehrmacht gibt es soldatisch keine Erklärungen und keine Entschuldigungen. Frankreich hat in diesen Tagen seinen polnischen Verbündeten verraten und in den Tod getrieben.

„So sehr ich auch suche, ich finde nur einen Grund für unsere Niederlage: Dummheit, Feigheit. Die französischen Generale hielten das Werkzeug des Sieges in ihren Händen . . ."

„Im Jahre 1940 haben sich die Deutschen einer Herde von eineinhalb Millionen Soldaten bemächtigt; ihre Arbeit bestand darin, sie in ein Gehege zu treiben. Am 3. 9. 1939 war der Krieg nicht verloren. Er ging erst verloren in den Monaten, die auf den Tag der Kriegserklärung folgten."[21])

Die Vierte Republik hat vergeblich versucht, die entschwundene gloire und ihr Selbstbewußtsein später durch Pflege der Heldentaten der résistance zu regenerieren. Die schlummernden Minderwertigkeitsgefühle sind verblieben und erklären vieles, was sonst unverständlich erscheint. Frankreich erklärte zwar den Krieg, es wollte aber nicht kämpfen und kämpfte auch nicht.

Die sich daraus ergebende Lage war derart grotesk, daß ein ähnlicher Vorgang in der Kriegsgeschichte kaum zu finden ist. Hochgerüstet standen sich zwei Großmächte als Feinde gegenüber, heftig bemüht, einander nicht weh zu tun.

In den ganzen ersten Tagen fiel überhaupt kein scharfer Schuß. Die Zivilarbeiter setzten mit mächtigen, modernen Baumaschinen ihre Tätigkeit an den Bunkern in vorderster Linie ungestört fort. Große Lautsprecher auf beiden Seiten verkündeten dröhnend, wie sinnlos ein Krieg und wie blödsinnig die jeweils andere Regierung sei. Bei Saarbrücken zeigten die Franzosen große Spruchbänder: „Von uns fällt der erste

---

[20]) Oberst Goutard, Lehrer für Geschichte an der franz. Offizierschule Saint Cyr, 1956 in seinem Buch „1940, der Krieg der versäumten Gelegenheiten".

[21]) Jean Dutord: „Les Taxis de la Marne".

Schuß in diesem Kriege nicht." Mit englischen Truppen bestand noch keine Berührung. Auf dem Oberrhein verkehrten weiter die Dampfer neutraler Staaten, mit freudigem Winken und frohen Zurufen begrüßt aus den Kampfständen auf den beiden Ufern des Stromes. An vielen Stellen kam es zu gegenseitigen Besuchen und zum Austausch von Lebensmitteln und Getränken. Französische Überläufer erklärten, daß die vordersten Postierungen nicht scharf geladen hätten und auch nicht laden dürften.

In erstaunlichem Widerspruch zu diesen tatsächlichen Verhältnissen standen die französischen Heeresberichte. Sie meldeten schwere Kämpfe besonders im Raum von Saarbücken und ließen zwischen den Zeilen diese als Einleitung baldiger großer Operationen durchschimmern. Zunächst sei die Eroberung der bereits völlig umzingelten und zerstörten Hauptstadt des Saargebiets mit Sicherheit in Kürze zu erwarten. Diese Meldungen sind selbstverständlich in den täglichen Berichten des OKW nicht widerlegt worden. Sie bestärkten Hitler in seiner Annahme, daß Frankreich zum Abschluß eines Friedensvertrages sofort bereit sein würde, wenn der polnische Verbündete nicht mehr vorhanden sei. Um Zeit zu gewinnen, scheue es deshalb selbst vor der Verkündung offensichtlicher Unwahrheiten nicht zurück.

1940 machten unsere Truppen in Frankreich eine bemerkenswerte Beute. Unter gefundenen Akten befand sich ein Schreiben, das General Gamelin, der alliierte Oberbefehlshaber im Westen, am 10. 9. 1939 an den polnischen Militärattaché in Paris gerichtet hatte. Es ist offenbar die Antwort auf polnische Fragen, wann denn nun eine wirksame Hilfe für Polen kommen werde. General Gamelin schreibt hierzu zur Weitergabe an den Marschall Rydz-Smigly:

„Mehr als die Hälfte unserer aktiven Divisionen des Nordostens stehen im Kampf. Seit Überschreiten der Grenze haben uns die Deutschen einen nachdrücklichen Widerstand entgegengesetzt. Wir sind nichtsdestoweniger vorwärtsgekommen. Aber wir sind in einem Stellungskrieg gebunden, gegenüber einem abwehrbereiten Gegner, und ich verfüge noch nicht über alle notwendige Artillerie . . . Der Luftkrieg hat seit Beginn eingesetzt in Verbindung mit den Operationen auf der Erde. Wir haben das Bewußtsein, einen beträchtlichen Teil der deutschen Luftwaffe uns gegenüber zu haben.

Ich habe daher mein V e r s p r e c h e n , mit meinem Gros am 15. Tage nach dem ersten französischen Mobilmachungstag die Offensive zu beginnen, vorher erfüllt. Es war unmöglich, mehr zu tun."[22]

Nachstehendes Lied ist etwas später entstanden. Es mag hochkünstlerischen Ansprüchen nicht gerecht werden, zeigt aber vielleicht besser als langatmige Schilderungen, wie der deutsche Landser die Lage sah und empfand.

Bunkerlied

(Melodie: Wo die Nordseewellen . . .)

1. 's hausen Landwehrmänner hoch im Eifelland,
Für unbekannte Zeit sind sie nach hier verbannt,
Tatenlos und müßig stehn sie Mann für Mann,
An die Bunkerwände lehnen sie sich an.

---

[22] Erich v. Manstein: Verlorene Siege. S. 34.

2. Wo die Mündungsklappen bleiben immer zu,
   Wo die Meldereiterpferde stehn in Ruh,
   Wo die Führer pirschen wie in Friedenszeit,
   Ist jetzt unsere Heimat, da stehn wir bereit.

3. Wo die Arbeitsmänner schaffen früh bis spät,
   Wo kein Mädel küßt und auch der Hahn nicht kräht,
   Wo die Ehefrauen werden eingelocht,
   Ist jetzt unsere Heimat, wird für uns gekocht.

4. Wo hinterm Drahtverhau der Feind nur ist markiert,
   Wo man sich mit Kaffee und mit Tee rasiert,
   Wo das Wasser knapp und Bier nur selten fließt,
   Da stehn wir im Regen, der vom Himmel fließt.

5. Wo der Kommandeur am frühen Morgen flucht,
   Wo jeder krampfhaft nach ein bißchen Arbeit sucht,
   Da stehn wir und warten: Franzmann komm heraus,
   Sonst geh'n ohne Lorbeern wieder wir nach Haus.

6. Wo für Waffenmeister keine Arbeit ist,
   Wo der Sanitäter seine Pillen frißt.
   Wo die Schreiber wollen nicht auf Wache ziehn,
   Da ist Ruh und Frieden, da zieht's manchen hin.

7. Wo der Mainzer Dom nicht mehr zu sehen ist,
   Wo man Linsensuppe wie Schweinebraten frißt,
   Da ist alles einsam, wo die Bunker stehn,
   Laßt uns in die Heimat, zu Fuß zum Rheingau gehn.

8. Wo die Welt mit Brettern zugenagelt ist,
   Wo der warme Bunker noch nicht fertig ist,
   Wo kein Fischlein mehr zum Angeln ist im Teich,
   Da gilt die Parole, wir woll'n heim ins Reich.

Verfasser unbekannt.

6. September
Französischer Heeresbericht:

Unsere ersten Truppen, die über die Grenze hinaus vorrücken, und zwar mit einem wechselnden Fortschritt je nach den verschiedenen Frontteilen, stoßen überall auf automatische Waffen und Feldorganisationen. Tätigkeit unserer Luftwaffe in Verbindung mit den Bodenaktionen. Die für die Mobilmachung vorgesehenen Bewegungen und Transporte und die Aufstellung aller Einheiten verlaufen normal. In den verschiedenen Staffeln sorgen Cadres gemäß unseren Überlieferungen dafür, das materielle Leben der Truppen, deren Moral ausgezeichnet ist, im ganzen Ausmaß des Möglichen zu erleichtern. Die Lebensmittelversorgung der Armee funktioniert in korrekter Weise.

11. September
Französischer Heeresbericht:

Trotz des feindlichen Widerstandes machten unsere Angriffe auf einer Front von etwa 20 km östlich der Saar weiterhin bedeutende Fortschritte.

12. September

Im französischen Rundfunk wird amtlich mitgeteilt, daß ein deutscher Gegenangriff in der Nähe von Luxemburg fehlgeschlagen ist, und daß französische Streitkräfte den Vormarsch im Saargebiet mit entschiedenem Erfolg fortgesetzt haben.

14. September

Reuter:

Die Kriegsoperationen an der Westfront zwischen Rhein und Mosel werden fortgesetzt. Die Franzosen umzingeln Saarbrücken von Osten und Westen.

Petit Parisien:

Saarbrücken steht vor dem Fall.

Radio Paris:

Französische Truppen haben Saarbrücken abgeschnitten und beherrschen die Verbindungen zum deutschen Hinterland.

Evening Standard:

Die englische Luftflotte beschoß deutsche Truppenkonzentrationen aus Maschinengewehren und bombardierte die Eisenbahnen und Chausseen hinter der Siegfriedlinie.

16. September

Londoner Sender:

Die deutschen Verluste in Polen betragen einem in Paris eingetroffenen Bericht zufolge bisher 100 000 Tote und Verwundete.

Schweizer Sender Beromünster:

Trotz Sprengung mehrerer Moselbrücken durch die Deutschen sind die Franzosen 12 km in nördlicher Richtung vorgerückt.

New Yorker Sender:

Hunderttausende französischer und deutscher Truppen kämpfen eine fürchterliche Schlacht der 65 km langen Westfront entlang.

Kurzwellensender London:

Der Druck auf Saarbrücken kann jeden Augenblick zu der Ankündigung führen, daß die Stadt in französischer Hand ist. Pariser Zeitungen versichern, daß das unaufhörliche Sperrfeuer des Feindes und seine fruchtlosen Gegenangriffe beweisen, daß die Deutschen mit jedem Tag nervöser werden. Sie sind der Ansicht, daß der Fall des wichtigen Kohlenzentrums Saarbrücken bevorsteht.

Daily Mirror:

Nach einer Meldung der Associated Press ist Saarbrücken durch eine Beschießung aus den Forts der Maginot-Linie in einen Trümmerhaufen verwandelt.

The Irish Press:

In Paris wurde erklärt, der Fall der Hauptstadt des Saargebiets könne jeder Zeit bekannt gegeben werden. Die Franzosen warten nur darauf, daß ihre Einkreisungsbewegung so weit durchgeführt sei, daß sie jeden Rückschlag ausschließe.

Daily Express:

Saarbrücken, die Hauptstadt von Deutschlands reichstem Industriebezirk, ist von der französischen Armee umklammert. Paris erwartet den Fall der Stadt für Ende der Woche.

18. September

Während an der Westfront der Tagesablauf bis auf einige für den Feind verlustreiche Stoßtruppunternehmungen ruhig war, weiß der französische Heeresbericht Dramatisches zu melden:

Sehr starke Artillerietätigkeit in der Gegend südlich Saarbrücken. Unsere Truppen machten östlich der Mosel einige Fortschritte. Ein starker Gegenangriff mit Artillerievorbereitung in der Gegend beim Unterlauf der Nied wurde zurückgeschlagen . . . Der Feind fährt fort, uns gegenüber Verstärkungen an die Front zu senden. An verschiedenen Stellen hat er gewisse Dörfer vor seinem Rückzug verlassen und zerstört.

19. September

Kurzwellensender London:

Während der vergangenen 24 Stunden waren die Kämpfe an der Westfront durch ein schweres Artillerieduell gekennzeichnet. Die Franzosen, die eine größere Zielsicherheit bewiesen, gewinnen dabei die Oberhand . . . Die Kämpfe, die sich bisher auf die Gegend um Saarbrücken konzentriert haben, dehnen sich jetzt über die ganze 160 km lange Front aus. Französische Streitkräfte sind bei Weißenburg weiter vorgedrungen und haben die dortigen Befestigungen beinahe umzingelt. Andere französische Truppen haben schnelle Vorstöße vorgenommen und stehen nun 16 km innerhalb der deutschen Grenze. In den östlichen Vogesen haben heftige Zusammenstöße zwischen französischen und deutschen Grenzpatrouillen stattgefunden. In vielen Abschnitten sind die Franzosen so weit in die deutschen Vorpostenstellungen vorgedrungen, daß sie jetzt unmittelbar vor den Hauptbefestigungen des Westwalls stehen und viele hunderte Quadratkilometer deutschen Bodens besetzt halten.

Der französische Rundfunk verbreitet am 12. Oktober eine von der Arbeiterzeitung Zürich veröffentlichte (völlig frei erfundene) angebliche Statistik der „Reichswehrpropagandastelle", welche die Zahl der Gefallenen mit 91 278, die der Schwerverwundeten mit 63 417 und die der Leichtverwundeten mit 84 938 angibt. Das bedeutet eine Gesamtverlustziffer von 239 633 Mann.

Neue Weisungen des OKH für die Fortsetzung der Operationen am 11. 9. abends

Karten 12 und 14

Am 11. 9. forderte Hitler einen Vorschlag des OKH

„... in welcher kürzest möglichen Stellung mit schwächsten Kräften gegen das restpolnische Gebiet gesichert werden kann für den Fall, daß das restliche ostpolnische Gebiet von uns nicht besetzt wird." OKH meldete:

„Es ist notwendig und auch möglich, die Operationen so zu beenden, daß mit nennenswerten polnischen Kräften auf dem bisherigen polnischen Staatsgebiet nicht mehr zu rechnen ist. Unter dieser Voraussetzung schlägt OKH vor, bis zur polnisch-russischen Grenze zu gehen, deren Besetzung unter Ausnutzung der derzeitigen polnischen Ostbefestigungen geringsten Kräfteaufwand erfordert. Falls das aus politischen Gründen unerwünscht ist, wird Linie Stanislau—ostwärts Lemberg—Bug bis Brest—Grodno vorgeschlagen. Kräftebedarf für beide Linien etwa gleich. Besetzung mit Landwehrdivisionen, Bereithalten einiger weiterer Divisionen 4. und 5. Welle im rückwärtigen Gebiet und gegen Rumänien."

Die Antwort ist typisch für das Verhältnis der Soldaten zu Hitler in dieser Zeit. Sie zeigt eine beängstigende Arglosigkeit. In der Fassung „v o n u n s nicht besetzt wird" fand das OKH keinen Doppelsinn, sah auch nicht entfernt die Möglichkeit, daß eine andere Macht etwa dafür in Frage kommen könnte. Der Gedanke lag damals noch dem Soldaten zu fern, daß das Staatsoberhaupt dem verantwortlichen Führer des Heeres aus Mißtrauen oder persönlicher Mißgunst von einem wichtigen militärischen Abkommen keine Kenntnis geben könnte.

Tatsächlich hatte Deutschlands Außenminister bei der Unterzeichnung des deutsch-russischen Nichtangriffspaktes (s. Anlage 2) am 23. 8. 1939 in Moskau gleichzeitig ein geheimes Zusatzabkommen unterfertigt, in dem Rußlands Eingreifen in den polnischen Krieg und sogar bereits eine Demarkationslinie festgelegt war. Kein Soldat erhielt davon Kenntnis, und kein Fachmann war bei der Formulierung herangezogen worden. Der Außenminister hatte selbst den deutschen Botschafter in Moskau und den zuständigen Militärattaché, General Köstring, bei den Verhandlungen nicht eingeschaltet. Ganz abgesehen von dem unentschuldbaren Fehler, daß infolgedessen keinerlei Vorkehrungen für die schwierige Zusammenarbeit in einem Bündniskrieg getroffen waren, als die Russen vertragsgemäß am 17. 9. antraten, fehlte schon vorher den Planungen des OKH jeder Boden.

Am 11. 9. rechnete Gen.Oberst. v. Brauchitsch nur noch mit zwei Möglichkeiten für die Polen: Ausweichen nach Osten auf die russische Grenze oder Ausweichen nach Südosten in Richtung Rumänien. Die Möglichkeit, an der Weichsel—San-Schranke eine neue Front aufzubauen, bestand nicht mehr. Für beide Fälle waren auf weite Sicht Gegenmaßnahmen zu treffen, und da gleichzeitig eine unerwünschte Zusammenballung der beiden Heeresgruppen nach der Mitte sich abzeichnete, erging am 11. 9. abends eine ergänzende

„Weisung für die Fortsetzung der Operationen".

„Da starke Kräfte der 8. Armee südwestlich Warschau im Kampf gebunden sind, während die 3. Armee mit ihrem Westflügel heute rasch Gelände gewonnen hat, erhält die am 9. 9. gegebene Weisung folgende Änderung:

Heeresgruppe Nord setzt Verfolgung in südostwärtiger Richtung fort. Rechter Flügel von Ryki (10 km nordöstlich Deblin) über Lubartow nach Kowel (Orte der H.Gr.Nord). Sie hält sich bereit, in weiterem Verlauf in die Linie Kowel—Slonim einzuschwenken. Das Vorführen beweglicher Kräfte auf Brest wird hierdurch nicht berührt, um zurückflutende Feindteile abzuschneiden und den Knotenpunkt Brest in die Hand zu bekommen.

Heeresgruppe Süd verfolgt mit Teilen der 10. Armee über die Linie Krasnik—Lublin, während 14. Armee über den San vorstößt und mit über Lemberg und südlich vorgenommenem starken rechten Flügel ein Ausweichen des Gegners Richtung Rumänien verhindert. Für eine spätere Befriedigung von Ost-Galizien sind rechtzeitig Kräfte von H.Gr.Süd bereitzuhalten.

1.Pz.Div. ist baldigst auf dem Ostufer der Weichsel in Richtung Deblin vorzuführen und hat das Vorgehen des rechten Flügels der 3. Armee zu erleichtern. Die Säuberung von Warschau ist unter Leitung des Kom.Generals XVI. AK durchzuführen.

8. Armee bringt die Kämpfe um Kutno zum Abschluß. OKH behält sich die Verfügung über die 8. Armee sowie Gen.Kdo. XVI.AK und 4.Pz.Div. nach Erledigung der Kämpfe vor."

Das OKH unterschätzte die Stärke des Gegners um die feindliche Hauptstadt ebenso, wie es die Feindgruppe um Kutno für weit schwächer hielt, als sie tatsächlich war. Der Wehrmachtsbericht vom 12. 9. kündet deshalb auch voreilig bereits das Ende der großen Schlacht in Polen westlich der Weichsel an. Eine Gefährdung der rechten Flanke oder gar des Rückens der 3. Armee von Warschau her bei dem nunmehr befohlenen Vorstoß nach Südosten wurde deshalb auch nicht für wahrscheinlich, die Abschirmung durch die gestaffelt über Serock folgende 217.Inf.Div. für ausreichend gehalten. Das OKH hat seinen Irrtum bereits am 12. 9. erkannt.

Die Heeresgruppe Nord vom 12.—17. 9.

Karten 12 und 14, Skizze 13

Die Anordnungen, die die Heeresgruppe Nord für den 12. 9. erlassen hatte, brauchten auf Grund der „Ergänzenden Weisungen des OKH vom 11. 9." nicht geändert werden.

Die **4. Armee** auf dem rechten Flügel beiderseits der Weichsel wurde von den neuen Planungen nicht betroffen.

Die **3. Armee** mußte zwangsläufig zunächst den Gegner vor ihrer Front schlagen und Ryki, d. h. die Weichsel bei Deblin, erreichen, bevor sie befehlsgemäß mit dem rechten Flügel nach Osten auf Kowel abgedreht werden konnte. Es blieb daher bei dem befohlenen Angriff genau nach Süden.

Das selbständige **XIX. Korps** hatte bereits Brest als Ziel. Ihm wurde noch die 2.mot.Div. unterstellt und aus Gegend Johannisburg über Lomza nach Zambrow—Bielsk in Marsch gesetzt.

Das Einschwenken in die Linie Kowel—Slonim war schon eingeleitet durch den Ansatz der selbständigen **Gruppe Brand** (Brig. Lötzen und Goldap) gegen Bialystok und des **XXI. Korps** mit der 206. und 21.Inf.Div. rechts daneben über Bielsk nach Osten gegen den oberen Narew.

Technisch stieß die Durchführung dieser Bewegungen allerdings auf außerordentliche Schwierigkeiten. Gut 12 Divisionen hatten sich neben- und hintereinander durch den Engpaß zwischen Pultusk und Wizna, beiderseits an den noch gehaltenen Festungen Nowogrod und Lomza vorbei, nach Süden über den Narew gedrängt und sollten nun hier fächerförmig auseinanderstreben. Das führte zu Dutzenden von Marschkreuzungen der Verbände und die Bewegungen drohten überhaupt zu ersticken, als ab 10. 9. die wichtige Straßenspinne Zambrow dicht südlich des Flusses gesperrt war. Hier stand, weit hinter der vordersten Linie, die verstärkte 20.mot.Div. in schwerem Kampf gegen die polnische 18.Inf.Div. und die Kav.Brigaden Suwalki und Podlachien. Diese Sperre konnte alle Planungen zumindest um Tage verzögern.

Die Heeresgruppe griff über die Korps hinweg ein und drehte durch direkten Befehl die 21.Inf.Div. von Norden und die 206.Inf.Div. von Süden auf das Gefechtsfeld ab. Dem konzentrischen Angriff der drei deutschen Divisionen erlag der Gegner. Die tapfere polnische 18.Inf.Div. kapitulierte am 13. 9. früh. Der Wehrmachtsbericht vom 14. 9. meldete neben dem Div.Kommandeur 6000 Gefangene. Reste der beiden polnischen Kav.Brigaden entkamen nach Osten, sie stießen bei Bielsk auf Teile des XIX. Korps und wurden erneut geschlagen. Allerdings hätten sie hier beinahe noch den Kommandeur der 2.mot.Div., General Bader, gefangen, der seiner Division mit wenigen Begleitern vorausgeeilt war.

Am Mittag des 13. 9. war die wichtige Straße frei. Die 20.mot.Div. stand dem XIX., die 206. und 21.Inf.Div. dem XXI. Korps wieder zur Verfügung.

Die Auflösung der 4. Armee am 13. 9.

Die 4. Armee setzte am 12. 9. ihren Vormarsch beiderseits der Weichsel unverändert fort.

Das III. Korps, im Raum südwestlich Wloclawek, erhielt erneut Befehl, zur Entlastung der 8. Armee entschlossen nach Südosten anzugreifen. Um es vorzureißen, wurde die 3.Inf.Div. von Plock am 12. 9. über die Weichsel auf Gostynin angesetzt und am 13. 9. dem III. Korps unterstellt. Am gleichen Tage verfügte antragsgemäß das OKH die Unterstellung des ganzen III. Korps unter die 8. Armee. Die Kampfführung in der Schlacht an der Bzura kam damit in eine Hand.

Das II. Korps riegelte mit der 228.Inf.Div. die Festung Modlin zunächst in dem Winkel zwischen Narew und Weichsel auf dem Nordufer, später auch von Osten her, ab. Die 32.Inf.Div. erzwang ostwärts davon bei Debe am 13. 9. gegen sehr starken Widerstand den Übergang über den Narew und trat an gegen die Nordfront von Praga, der Fabrikvorstadt Warschaus auf dem Ostufer der Weichsel. Das II. Korps war damit in den Gefechtsstreifen der 3. Armee gekommen und wurde folgerichtig dieser auch unterstellt.

Von den 14 Divisionen, die am 1. 9. im Bereich der 4. Armee in Hinterpommern gestanden hatten, war General v. Kluge keine einzige mehr verblieben. Das freigewordene Armeeoberkommando wurde vom rechten nach dem äußersten linken Flügel in Marsch gesetzt. Es sollte hier ab 16. 9. den Befehl über all die einzelnen Verbände übernehmen, die bisher unmittelbar unter der Heeresgruppe standen und nach Osten und Südosten angesetzt waren.

Angriff der 3. Armee auf Warschau

Die 3. Armee war in der bisherigen Gliederung und befehlsgemäß in der alten Stoßrichtung am 12. 9. erneut nach Süden angetreten. Wieder stürmte der Panzerverband Ostpreußen voraus, nahm Siedlce und stieß in einem Anlauf über Stoczek—Zelechow bis dicht an die große Straße Warschau—Lublin heran, auf der starker Verkehr in Richtung Südosten herrschte. Die nachfolgenden Infanteriedivisionen wurden überraschend an der Straße Warschau—Minsk—Siedlce angehalten. Das OKH war zu der Überzeugung gekommen, daß um Warschau doch sehr viel stärkerer Feind stand, als es bisher angenommen hatte. Es hob seine knapp zwölf Stunden alte operative Weisung vom 11. 9. abends auf und befahl:

Eindrehen der 3. Armee gegen Warschau

Die Armee setzte am 13. 9. das I. Korps (61., 11.Inf.Div.) zum Angriff nach Westen über die Linie Radzymin—Karczew an und unterstellte ihm die 1.Kav.Brig. und den Panzerverband Ostpreußen. Der Panzerverband Ostpreußen konnte den Befehl, nach Norden abzumarschieren, nicht ausführen. Er lag wegen Betriebsstoffmangels bewegungsunfähig fest. In kleine Kampfgruppen aufgeteilt hat er, ab 14. 9. unter dem Korps Wodrig, bis zum 16. 9. in der Linie Stoczek—Zelechow in sehr harten Kämpfen zahlreiche Durchbruchsversuche polnischer Verbände nach Osten aufgefangen und zerschlagen. Die 1.Kav.Brig. zog quer über die 11. und 61.Inf.Div. hinweg nach Nordwesten. Sie stellte am 13. 9. abends südlich Radzymin die Verbindung mit der 217.Inf.Div. her, die von Serock heranrückte. Bei einer völlig offenen Ostgrenze von rund 1000 km zwischen

Stanislau und Suwalki war damit der einzige Reiterverband Deutschlands festgelegt, eingeklemmt zwischen Infanterieverbänden zum Kampf um Festungen geeignet befunden.

Die Heeresgruppe, die nunmehr exzentrisch gleichzeitig nach Westen (I. Korps), nach Süden (XIX. Korps) und nach Osten (XXI. Korps) angriff, ließ in der Mitte das Korps Wodrig zunächst um Siedlce—Stoczek aufschließen.

Der Angriff auf Praga, die Vorstadt Warschaus auf dem Ostufer der Weichsel, mit dem verstärkten I. Korps von Osten und dem II. Korps (32., 217.Inf.Div.) von Norden brachte harte Kämpfe, war aber erfolgreich. Der Wehrmachtsbericht vom 16. 9. meldete 8000 Gefangene. Am 15. 9. abends standen beide Korps unmittelbar vor den Ausläufern der Stadt. Die Weisungen zum Einbruch am 16. 9. waren bereits gegeben, als in der Nacht ein Befehl Hitlers einging, Warschau am 16. 9. zur Übergabe aufzufordern und gleichzeitig durch Flugblätter den Einwohnern bekanntzugeben, daß ihnen eine zwölfstündige Frist zum Verlassen der Stadt eingeräumt werde. Im Fall der Ablehnung würde die Stadt beschossen werden. Die durch die 3. Armee übermittelte Aufforderung zur Übergabe blieb erfolglos. Der Kommandant von Warschau lehnte jede Erörterung ab, von der Räumungsfrist wurde kein Gebrauch gemacht. Die 3. Armee begann am 16. 9. nachmittags mit dem planmäßigen Feuerkampf der Artillerie.

Inzwischen war es im Rücken des I. Korps im Raum Garwolin zu ernsten Gefechten mit starken Feindgruppen gekommen, die nach Osten, Richtung Lukow und Lublin, immer wieder durchzubrechen versuchten. Das Korps Wodrig hatte hier mit der 12. und 1.Inf.Div. und dem Panzerverband Ostpreußen die Linie Siedlce—Zelechow—Weichsel zu sperren versucht. Am 16. 9. erhielt es Befehl, nach Westen bis zur Weichsel bei Karczew und südlich Gora Kalwarja anzugreifen. Am 17. 9. erreichten, gewissermaßen als 2. Treffen links gestaffelt hinter dem I. Korps, nach erfolgreichen Gefechten die 12.Inf.Div. Kolbiel, die 1.Inf.Div. Garwolin. 12 000 Gefangene waren die Beute der letzten Tage (Wehrmachtsbericht vom 17. 9.).

Der Panzerverband Ostpreußen rollte am 17. 9. in einem Tagesmarsch von Zelechow über Siedlce—Wegrow—Brok—Rozan den weiten Weg zurück, den er im Angriff gefahren, und über Pultusk weiter bis nördlich Debe. Eine schlagkräftige Panzerdivision schied damit frühzeitig aus dem Feldzug aus. Auf Grund eines abgehörten polnischen Funkspruches, der durch Fliegermeldungen bestätigt schien, glaubte das OKH an einen Feinddurchbruch aus dem Kessel von Kutno über Modlin oder Wyszogrod auf das Nordufer der Weichsel. Unter dem II. Korps sollte die „Gruppe Wyszogrod" im Abschnitt Wyszogrod—Modlin diesen erwarteten Durchbruch verhindern. Neben dem Panzerverband Ostpreußen und Teilen der 228. Inf.Div., die Modlin bereits abriegelte, wurden der Gruppe zugeführt: drei Grenzwachregimenter des Grenzschutzabschnittskommandos 15 aus Ostpreußen, ein Polizeiregiment von dem „Verband Danzig" und schließlich einzelne Maschinengewehrkompanien (so!) der 23.Inf.-Div. aus dem Raum ostwärts Wizna.

Eine ernsthafte Bewährungsprobe ist dieser „gemischten" Gruppe erspart geblieben. Welche Erfolge dem Panzerverband Ostpreußen, nachdem er nun schon vom Hauptschlachtfeld weggeführt war, selbst zu diesem Zeitpunkt noch etwa auf dem linken Flügel des III. Korps im Verein mit der 3.Inf.Div. südlich der Weichsel hätten beschieden sein können, ist schwer vorzustellen.

Angriff des XIX. AK auf Brest

In der Mitte der Heeresgruppenfront stand im Vormarsch auf Brest das selbständige XIX. Korps am 11. 9. abends mit der 10.Pz.Div. um Bielsk, mit der 3.Pz.Div. nördlich davon. Ohne Rücksicht auf die Kämpfe bei Zambrow, die die 20.mot.Div dort noch banden, den Gegner in der offenen linken Flanke und im Rücken (Bialystok) setzte das Korps den Vormarsch mit den beiden Divisionen nebeneinander fort. Am Abend war die große Bahnlinie Siedlce—Lida—Wilna erreicht. Dahinter rollte inzwischen die neu unterstellte 2.mot.Div. auf Bielsk.

Am 13. 9. schoben sich 10.Pz.Div. und 3.Pz.Div. in erfolgreichen Gefechten längs der Bahn Bielsk—Brest näher an die große Festung heran. Das Korps beabsichtigte, Brest am 15. 9. planmäßig anzugreifen und hierzu die 20.mot.Div., die 10.Pz.Div. und 3.Pz.Div. in zwei Nachtmärschen gegen die Nord- und Westfront heranzuführen, mit der 2.mot.Div. die tiefe linke Flanke gegen den Bialowiezer Urwald, das berühmte Jagdrevier der Zaren, zu sichern.

Bereits am 14. 9. drangen jedoch Teile der 10.Pz.Div. in die Fortlinie ein. Der Überraschungserfolg wurde von der 20.mot.Div. und der 10.Pz.-Div. sofort genutzt. Beide Divisionen stießen bis in die Stadt vor, während die 3.Pz.Div. ostwärts umfassend die Straße Brest—Kobryn sperrte. Die 2.mot.Div. kam bis südlich Bielsk.

Am 15. 9. wurde der Ring um Brest auf dem Ostufer des Bug geschlossen. Ein Versuch, die riesige Zitadelle im Handstreich zu nehmen, mißglückte ebenso wie ein planmäßiger Angriff am 16. 9. Sie fiel erst am 17. 9. durch das Infanterieregiment 76 (20.mot.Div.), das von Westen gerade in dem Augenblick über den Bug ging, als die Besatzung auszubrechen versuchte.

Inzwischen war dem Korps befohlen, mit einer Panzerdivision nach Süden, einer mot. Division nach Osten und einer mot. Division, verstärkt durch eine Panzerabteilung, nach Norden anzugreifen. Eine Panzerdivision, ohne ein Pz.Abteilung, sollte in Brest verbleiben.

„Klotzen — nicht Kleckern", hatte Guderian seiner Panzerwaffe laufend gepredigt und nach diesem Grundsatz geführt. Dieser Zersplitterungsbefehl setzte dem Wirken des XIX. Korps ein Ende.

Die 3.Pz.Div. trat befehlsgemäß am 16. 9. nach Süden auf Wlodawa an. Sie nahm dem Ort am 17. 9. nach Kampf mit starken feindlichen Nachhuten und bildete einen Brückenkopf auf dem Westufer des Bug. Aufklärung stieß bis zur großen Bahn Lublin—Kowel beiderseits Chelm vor.

Die 2.mot.Div. sollte zunächst nach Osten auf Kobryn angreifen, später war dann ein Abdrehen auf Kowel vorgesehen. Der Weg dorthin hätte durch die Pripjetsümpfe geführt. Sie konnte wegen Betriebsstoffmangels nur ein verstärktes Regiment bewegen und daher das zäh verteidigte Kobryn erst am 18. 9. früh nehmen.

Von dem vorgesehenen Einsatz der verstärkten 20.mot.Div. nach Norden auf Bialystok mußte wegen der schwierigen Betriebsstofflage Abstand genommen werden. 20. mot.Div. und 10.Pz.Div. verblieben zur Verfügung der Heeresgruppe zunächst in Brest.

Angriff nach Osten auf Bialystok

Dem Generalkommando XXI. Korps wurde am 12. 9. der Befehl über all die Kräfte übertragen, die zum Schutz von Rücken und Flanke der Heeresgruppe nach Osten auf Bialystok vorgehen sollten. Zunächst stand allerdings nur die Gruppe Brand dazu bereit. 206. und 21.Inf.Div. waren von der Heeresgruppe unmittelbar auf das Gefechtsfeld von Zambrow abgedreht. Die Rollbahn (Vormarsch- und Nachschubstraße) des XIX. Korps Lomza—Zambrow—Bransk—Bielsk konnten und sollten beide Divisionen sowieso erst von Westen nach Osten überqueren, nachdem die 2.mot.Div. von Norden nach Süden durchgerollt war.

Der Vormarsch der Gruppe Brand stieß auf geringen Widerstand. Die Brigade Goldap fand Osowiec am 13. 9. geräumt. Sie drückte langsam entlang der Bahn nach Bialystok 25 km bis Knyszyn vor, wo sie zunächst bis zum 15. 9. angehalten wurde. Die Brigade Lötzen nahm im Vormarsch von Wizna nach kurzem Kampf am 15. 9. Bialystok. Schwierig gestaltete sich das Heranziehen der 206. und 21.Inf.Div. quer über den Gefechtsstreifen des XIX. Korps hinweg. Beide Divisionen wurden zudem erst am 19. 9. abends bei Zambrow frei. Immerhin stand am 15. 9. die 206.Inf.Div. verwendungsbereit bei Bielsk, die 21.Inf. Div. nördlich davon am Narew.

Mit dem Auftrag, die Linie Pruzana—Wolkowysk—Grodno zu erreichen, übernahm am 16. 9., 0.00 Uhr, das Armeeoberkommando 4 hier den Befehl. In dem unwegsamen sumpfigen Waldgelände stießen die vier Verbände nun nebeneinander nach Osten unter leichten Gefechten mit den Kav.Brigaden Suwalki, Podlachien und schwachen Nachhuten der Operationsgruppe Narew vor. Am Abend des 17. 9. war die allgemeine Linie von Hajnowka (30 km ostwärts Bielsk) nach Grodek (30 km ostwärts Bialystok) vom XXI. Korps mit der 206. und 21.Inf.Div., die Linie von Sokolka (35 km nordostwärts Bialystok) nach Dabrowa (30 km westlich Grodno) von der Gruppe Brand mit den Brigaden Lötzen und Goldap erreicht.

Die Schlacht an der Bzura vom 12.—23. 9.

Fortsetzung und Abschluß

Karten 12 und 14, Skizzen 10, 11 und 13

Unmittelbar vor den Toren der polnischen Hauptstadt erstreckt sich zwischen der Weichsel im Osten und Norden, der Bzura im Westen und der großen Straße Warschau—Blonie—Sochaczew im Süden die Puszcza Kampinoska, die Kampinoser Heide, in einer Breite von 50 km und einer Tiefe von 20 km. Zwischen hohen Dünen aus leichtem, fliegendem Wüstensand liegen weite, ungangbare Moorflächen mit kümmerlichen, mannshohen Bäumen und Sträuchern. Befestigte Wege gibt es nicht. Vereinzelt sammeln sich windschiefe dreckige Katen zu Gruppen, die auf Karten großen Maßstabes Dorfnamen tragen, und durch kringelige Räderspuren miteinander verbunden sind. Benutzbar sind diese „Straßen" nur bei gutem Wetter für leichte Panjewagen. Jedes in Westeuropa übliche Fahrzeug bleibt rettungslos stecken. 1000 qkm Land haben hier die Jahrhunderte im Urzustand überdauert, sind von Kultur und Zivilisation völlig unberührt geblieben. Die deutschen Divisionen mit ihrer neuzeitlichen Ausstattung hat dieses Gebiet vor schier unlösbare Aufgaben gestellt. Dauerregen in den kritischen Tagen Mitte September 1939 kam den Polen zu Hilfe. Jede kritische Betrachtung der Operation setzt Kenntnis dieser eigenartigen Zustände auf dem Ostflügel voraus. Das ganze große Viereck ist nach den Kämpfen 1939 nicht wieder von deutschen Truppen betreten worden.

Dies ungewöhnliche, für Westeuropäer nur schwer vorstellbare Gelände, hat sich taktisch erheblich zu unseren Ungunsten ausgewirkt. Für den Ablauf der großen Schlacht ist jedoch die zahlenmäßige Unterschätzung des Gegners von größerer Bedeutung gewesen. Die deutsche Führung hat sehr lange nur mit drei, später mit höchstens fünf polnischen Divisionen und ein bis zwei Kav.Brigaden gerechnet. Der zögernde und verspätete Einsatz des XVI. Korps, dann dessen Verstärkung, und dann erst der Einsatz des XV. Korps an der entscheidenden Stelle zwischen Warschau und Sochaczew war die Folge.

Die Absicht der 8. Armee auf Grund des Heeresgruppenbefehls vom 11. 9. abends,

> „konzentrisch gegen die nördlich der Bzura, südlich der Weichsel befindlichen Feindkräfte vorzugehen, um sie im Zusammenwirken mit der 4. Armee zu vernichten",

kam am 12. 9. über die ersten Ansätze nicht hinaus. Der Pole führte seine Angriffe auf der ganzen Front zwischen Bielawy und Ozorkow mit unverminderter Kraft weiter. Die 24., 10., 30. und 17.Inf.Div. wichen zurück. Bei Glowno und Strykow konnten Durchbrüche mit den letzten Reserven gerade noch abgeriegelt werden. Dem Westflügel (17.Inf.Div.) drohte weiterhin Umfassung, da die 221.Inf.Div. südwestlich Leczyca nicht vorwärts kam. Die Armee befahl vorsorglich die 213.Inf.Div. hinter die Lücke in den Raum nordwestlich Lodz.

Das III. Korps, noch unter dem Befehle der 4. Armee, gewann keinen Einfluß auf die Kämpfe hier. Es stieß südlich Wloclawek auf abwehrbereiten Feind, dessen Widerstand es nicht zu brechen vermochte. Der Angriff des XI. Korps (19. und 18.Inf.Div.) auf dem rechten Flügel von Mszczonow und Skierniewice gegen den Bzura-Abschnitt Sochaczew—Lowicz gewann zwar langsam Boden, auch fand die 18.Inf.Div. Anschluß an die 24.Inf.Div. südostwärts Lowicz. Eine Entlastung brachte auch er der schwer ringenden Mittelfront verständlicherweise noch nicht.

Associated Press wußte am 13. 9., gerade an dem Tage, an dem Hitler bei den Truppen in Lodz war, der Welt zu berichten:

„Polen meldet seinen ersten großen Sieg. Zwei seiner Armeen, die angeblich von den deutschen Truppen eingeschlossen waren, haben sich mit der Hauptarmee vereinigt. Es handelt sich um das im Korridor stationierte Korps und das in Posen. Das letztere zog sich in vollkommener Ordnung zurück. Lodz wurde von den Polen wieder eingenommen."

Die Anordnungen der Heeresgruppe für den 13. 9. lassen sichtlich das Streben erkennen, sich noch nicht festzulegen. Bei der Schätzung des Gegners um Kutno auf höchstens fünf Inf.Div. mag der Wunsch der Vater des Gedankens gewesen sein. Schätzte man ihn erheblich stärker ein, so hätten zur Erzwingung einer schnellen Entscheidung Kräfte vom rechten Flügel der 10. Armee (XIV., XV., IV. Korps) herangeführt werden müssen. Das hätte aber den Verzicht auf den geplanten Vorstoß über die Weichsel auf Lublin, die derzeitige Residenz der polnischen Regierung und Wehrmachtsleitung, das Zentrum Polens ostwärts der Weichsel, bedeutet. Den Entschluß, diese reifgewordene Frucht nicht zu pflücken, zögerte die Heeresgruppe noch hinaus. Gegen alle damalige Gepflogenheit fing sie an, mit Bataillonen zu operieren.

Zur Sicherung des bedrohten Lodz wurde in einem Nachtmarsch von 200 km das Kav.Schützen-Regt. 9 aus Gegend Radom dorthin befohlen. Die 3.l.Div., zu der dieses Regiment organisch gehörte, war damit zerrissen. Auch das Luftlanderegiment 16 der 22.Inf.Div., OKH-Reserve, landete bei Lodz. Es war mit seinen leichten Waffen wohl geeignet, aber augenscheinlich zu wertvoll, um in der Puszcza Kampinoska eingesetzt zu werden. Dort sollte gegen den Unterlauf der Bzura das XVI. Korps der 10. Armee mit der 4.Pz.- und 31.Inf.Div. angreifen. Der Auftrag war schwierig, denn gleichzeitig mit dem Angriff nach Westen hatte das Korps mit der Front nach Osten und Norden Warschau abzuriegeln und außerdem den Weichselbrückenkopf von Gora Kalwarja zu halten.

Der Angriff des Korps, d. h. von Teilen der 4.Pz.Div., zu denen die 31.Inf.Div. bei dem Doppelauftrag nur das verstärkte I.R.12 abzustellen vermochte, kam über Blonie am 13. 9. deshalb auch nicht hinaus.

Die 8. Armee hatte unter dem Eindruck der bisherigen wenig erfolgreichen Kämpfe nur das XI. Korps mit der 19. und 18.Inf.Div. am 13. 9. zum Angriff mit begrenztem Ziel auf die Bzura zwischen Sochaczew und Lowicz angesetzt. XIII. und X. Korps hatten ihre Stellungen zu halten. Das neu unterstellte III. Korps, in dessen Verband an diesem Tage nun noch die 3.Inf.Div. südlich Plock trat, sollte aus der Gegend südlich Wloclawek auf Kutno in den Rücken des Gegners an der Bzura stoßen.

Der Tag brachte erstaunliche Überraschungen. Das XI. Korps erreichte die Bzura zwischen Sochaczew und Lowicz so gut wie kampflos. Es richtetete sich befehlsgemäß am Fluß zur Verteidigung ein. Vor dem XIII. und X. Korps räumte der Pole das Gefechtsfeld und ging nach Norden zurück. Zögernd und sehr vorsichtig folgten die deutschen Divisionen. Auf dem rechten Flügel kam die 24.Inf.Div. westlich Lowicz bis an die Bzura, der Ort selbst blieb unangegriffen in Feindeshand. Auf dem linken Flügel fand die 17.Inf.Div. wenige km nördlich Ozorkow endlich Verbindung mit der 221.Inf.Div. Beide Divisionen begnügten sich mit diesem Erfolg. Der Geländegewinn des III. Korps war wiederum ohne Bedeutung. Die 3.Inf.Div. hatte sich in einem kleinen Brückenkopf südlich Plock starker Angriffe zu erwehren.

Für den 14. 9. befahl die Heeresgruppe Süd die Fortsetzung des Angriffs in konzentrischer Form, den die Luftflotte 4 mit allen Mitteln unterstützen sollte. Sie unterstellte der 8. Armee taktisch auch das XVI. Korps der 10. Armee, dessen schwache Kräfte durch Teile der 1.Pz.Div. zu verstärken waren. Jedoch die Sternenstunde, die das Schicksal am 13. 9. der 8. Armee geschenkt, war versäumt.

Den vorgehenden rechten Flügel traf nach Anfangserfolgen ein starker polnischer Angriff, der beiderseits an Lowicz vorbei in südostwärtiger Richtung zielte. Die 4. Pz.Div. (XVI. Korps) wich von der Bzura, die sie bei Sochazew gerade erreicht hatte, wieder zurück. Auch das XI. Korps (19. und 18.Inf.Div.) und der rechte Flügel des XIII. Korps (24.Inf.Div.) gaben nach. Der Gegner überschritt den Fluß. Dagegen drang auf dem linken Flügel das X. Korps gegen schwachen Widerstand bis an den Südrand der Bzuraniederung vor. Die 221.Inf.Div. besetzte das geräumte Leczyca. Durch das konzentrische Vorgehen wurde die 30.Inf.Div frei, deren einzelne Bataillone weit auseinandergerissen auf der ganzen Front verteilt waren. Sie sammelte südlich des Flusses um Piatek. Ihre blutigen Verluste seit dem 9. 9. waren bitter: 79 Offiziere, 250 Unteroffiziere, 1300 Mann. Das III. Korps, nunmehr auch unter dem Befehl der 8. Armee, folgte ausweichendem Gegner bis zur Bahnlinie Wloclawek—Kutno. Seine 3.Inf.Div. mußte nach einem Vorstoß auf Gostynin vor überlegenem Gegner wieder auf den kleinen Brückenkopf bei Plock zurückgehen.

Nach den Mißerfolgen, die der Tag gebracht hatte, glaubte nunmehr die Heeresgruppe Süd nicht länger abwarten zu dürfen. Generaloberst v. Rundstedt übersiedelte von Lublinitz nach Kielce und übernahm persönlich die Leitung der Schlacht. Das XV. Korps mit der 1.l.Div., 2.l.Div. und 29.mot.Div. wurde von Radom nach Norden in den Raum um Grojec —Rawa-Maz., die 3.l.Div. zur Verfügung der 8. Armee nach Uniejow auf den äußersten Westflügel befohlen. Es sollten nunmehr die 10. Armee von Osten mit dem XVI., XI. und XV. Korps, die 8. Armee von Süden, Westen und Nordwesten mit dem XIII., X. und III. Korps angreifen.

General v. Reichenau verlegte seinen Gefechtsstand von Konskie sofort nach Gluchow, 30 km südlich Lowicz, hinter den gefährdetsten Punkt der Front. Er war der Ansicht, daß seine persönliche Anwesenheit hier wichtiger sei, als jede Fernsprechverbindung, und schuf damit den im 20. Jahrhundert reichlich ungewöhnlichen Fall, daß ein Armeeoberkommando tagelang nur auf dem Funkwege zu erreichen war. Die 10. Armee beabsichtigte, am 15. 9. mit dem XI. Korps (19. und 18.Inf.Div.) zwischen Sochaczew und Lowicz einen Brückenkopf auf dem westlichen Bzuraufer zu bilden, aus dem dann am 16. 9. die inzwischen von Gora Kalwarja herangeführte 1.Pz.Div. nach Nordwesten angreifen sollte. Das von Radom anrollende XV. Korps hatte sich mit der 1.l.Div. und der 2.l.Div. um Grojec—Rawa-Maz. so bereitzustellen, daß es der 1.Pz.Div. folgen konnte. Vor dem 16.9. abends war allerdings mit seinem Eintreffen nicht zu rechnen. Die 29.mot.Div. war zunächst als Armeereserve bestimmt. Dem XVI. Korps wurde befohlen, die 4.Pz.Div. erneut gegen die Bzura nördlich Sochaczew anzusetzen. Aufgabe der 31.Inf.Div. blieb die Abriegelung von Warschau im Süden und Westen. Ihr verstärktes I.R. 12 sollte in der Puszcza Kampinoska bereits durchgebrochenem Gegner den Weg verlegen. Bei der 19.Inf.Div. gelang am 15.9. die Bildung eines kleinen Brückenkopfes südlich Sochaczew. Die übrigen Verbände lagen in harten Abwehrkämpfen fest.

Das XIII. und X. Korps der 8. Armee ordneten am 15. 9. ihre durcheinandergekommenen Verbände, rückten bis an die Bzura heran und bereiteten sich für den Übergang am 16. 9. über den versumpften Flußabschnitt vor. Nur die 221.Inf.Div. verbreiterte ihren Brückenkopf um Leczyca bis zu einer Tiefe von 10 km. Hinter dem Westflügel traf südlich Uniejow die 3.l.Div. nach einem Marsch von 250 km von Radom über Petrikau ein. Ihr Betriebsstoff war damit verbraucht, die Bewegungsfähigkeit von dem spärlich fließenden Nachschub abhängig. Das III. Korps stieß auf dem rechten Flügel mit der 208. und 50.Inf.Div. die südwestlich und westlich Gostynin vor. Sein linker Flügel, die Brigade Netze, fand an der Weichsel noch keine Verbindung mit dem Brückenkopf Plock. Hier war die 3.Inf.Div. auf Veranlassung des Oberbefehlshabers des Heeres zunächst angehalten, um sie nicht einer Teilniederlage auszusetzen. Sie hatte am 15. 9. wiederum starke Feindangriffe abzuwehren.

Der Angriff der 10. Armee am 16. 9. über die Bzura brachte Anfangserfolge. Die 4.Pz.Div. bildete nördlich Sochaczew einen kleinen Brückenkopf. Die 1.Pz.Div., aus dem Brückenkopf der 19.Inf.Div. südlich Sochaczew antretend, kam bis Rybno. In den Mittagsstunden stieß gegen beide Divisionen der Pole aus westlicher Richtung mit starken Kräften vor, die offensichtlich verzweifelt direkt nach Osten durchzubrechen suchten. Vergeblich bemühten sich beide Divisionen durch Abdrehen beiderseits der Bzura nach Norden die noch bestehende Lücke von 10—15 km bis zur Weichsel zu schließen. Dicht südlich des Stromes fluteten, teilweise schon in Auflösung, die polnischen Verbände in die Puszcza Kampinoska. Sie trafen hier auf das verstärkte I.R. 12 der 31.Inf.Div., das um und westlich Gorki vom 16.—20. 9. in Igelstellungen, allseits vom Feinde umbrandet, zwar nicht alle Rückzugsstraßen zu sperren, aber den Bewegungsraum doch erheblich einzuengen vermochte. Das XV. Korps erreichte am Abend im Anmarsch von Radom mit der 1.l.Div. und der 2.l.Div. die Bahnlinie Warschau—Skierniewice. Die 29.mot.Div. stand um Radom zum Vorgehen auf Grojec bereit.

Die 8. Armee hatte am 16. 9. für das XIII. und X. Korps Verfolgung nach Nordosten angeordnet. Unter Deckung der rechten Flanke gegen das immer noch feindbesetzte Lowicz überschritt das XIII. Korps (24. und 10.Inf.Div.) am Abend gegen abnehmenden Feindwiderstand die große Straße Lowicz—Kutno. Auch das X. Korps kam auf seinem rechten Flügel mit der 17.Inf.Div. bis an diese Straße heran. Auf seinem linken Flügel besetzte die 221.Inf.Div. das vom Feind geräumte Kutno. Teile der 3.l.Div. kämpften sich über Kutno 30 km ostwärts bis Zychlin durch feindliche

Nachhuten hindurch. Die 213.Inf.Div. sammelte um Leczyca als Armee-reserve. Das nach Nordosten eingedrehte III. Korps folgte weichendem Gegner bis über die große Straße Kutno—Gostynin—Plock. Die Verbindung mit der 3.Inf.Div. war damit endlich hergestellt.

Am 17. 9. wurde von der 8. Armee befehlsgemäß die Verfolgung in nordöstlicher Richtung fortgesetzt, um „dem Gegner möglichst südlich der Weichsel ein schnelles Ende zu bereiten". Es hatten vorzugehen:

das XIII. Korps über Osiek,
das X. Korps über Kiernozia,
die 3.l.Div., unmittelbar unter der Armee, über Sanniki,
das III. Korps, mit der 3.Inf.Div. auf dem linken Flügel, über Gabin nördlich an Sanniki vorbei.

Der Angriff war auf dem rechten Flügel und in der Mitte gegen schwachen, am linken Flügel gegen zähen Feindwiderstand in gutem Fortschreiten, als die Armee um 9.30 Uhr ein allgemeines Abdrehen nach Osten auf Sochaczew anordnete. Die 10. Armee hatte um diese Änderung gebeten, weil der Druck gegen ihre Westflanke ständig wuchs. Eine Erscheinung, die durch das Zusammenpressen des Gegners in dem Kessel zwangsläufig erfolgen mußte und vorauszusehen war. Die 8. Armee folgte trotzdem der Bitte, um schnell Entlastung zu bringen. Als am Nachmittag die Flieger Ansammlungen des Feindes dicht südlich der Weichsel meldeten, fürchtete die 8. Armee Durchbruchsversuche nicht nur nach Osten über die Bzura, sondern auch nach Norden über die Weichsel bei Wyszogrod. Sie befahl deshalb wieder: Angriffsrichtung Nordost. Diesem Kompanieexerzieren mit Armeekorps auf dem Schlachtfeld war die Truppe nicht gewachsen. Befehle und Gegenbefehle jagten einander. Sie drangen nur teilweise bis zu den Bataillonen durch. Sich kreuzende Gefechtsstreifen, Straßenverstopfungen, Mißverständnisse und dgl., bekannte Folgeerscheinungen von Ordre und Contreordre, brachten das Vorgehen schließlich zum Erliegen.

Die 3.l.Div. kam über Zychlin, das sie am Tag vorher genommen, überhaupt nicht hinaus. Am Abend stand das XIII. Korps nördlich Lowicz und südwestlich Kiernozia, das X. Korps westlich und nordwestlich Kiernozia. Beim III. Korps hatte die 3.Inf.Div. einen Keil bis nördlich Sanniki vorgetrieben, die Brigade Netze, 50. und 208.Inf.Div. hingen von Gabin bis nördlich Kutno ab. In dem stark verengten Raum erschwerte die Verzahnung von Freund und Feind den Fliegerkampfkräften bereits erheblich das Erkennen der eigenen Truppe. Beim Gegner zeigten sich Auflösungserscheinungen.

Die 10. Armee griff am 17. 9. auf der ganzen Front zwischen Warschau bis Rybno nach Norden an, um dem nach Osten und Nordosten drängenden Polen das Zurückfluten entlang der Weichsel auf Modlin und Warschau zu verlegen. Den linken Flügel, das XVI. Korps (4.Pz., 1.Pz. und neu unterstellte 19.Inf.Div. des XI. Korps) traf dabei, wie zu erwarten gewesen, starker Feinddruck. Trotzdem gewannen die 1.Pz. und 19.Inf.Div. westlich der Bzura bei ständiger Bedrohung der linken Flanke gut Boden. Besonders das Vordringen der 1.Pz.Div. von Rybno nach Norden bis 6 km an die Weichsel heran brachte der schwer kämpfenden 4.Pz.Div. die notwendige Entlastung. Hier rannte den Tag über der Feind immer wieder gegen den kleinen Brückenkopf nördlich Sochaczew an unter gleichzeitigen Angriffen von Norden und sogar Osten rechts der Bzura.

Dieser Bedrohung ihrer rechten Flanke ostwärts des Flusses suchte die 4.Pz.Div. angriffsweise durch Vorstoß bis zur Weichsel zu begegnen. Der Geländegewinn blieb jedoch gering.

Inzwischen trat rechts neben dem XVI. Korps das XV. Korps in breiter Front über die große Straße Warschau—Blonie—Sochaczew zum Angriff nach Norden an. Ihm waren unterstellt die 31.Inf.Div., deren Aufgabe die Abriegelung Warschaus blieb, die 1.l.Div., 29.mot.Div. und 2.l.Div. Die Armee gab ihre hier vorgesehene Reserve (erst 29.mot., dann vorübergehend 2.l.Div.) frei, zog dafür das Gen.Kdo. XI. Korps mit der 18.Inf.Div. bei Lowicz heraus und setzte es nach Osten auf Warschau in Marsch.

Auf dem rechten Flügel stieß, dicht westlich Warschau vorbei, die 1.l.Div. trotz aller Geländeschwierigkeiten unter heftigen Kämpfen bis Lomianki an der Weichsel, halbwegs zwischen Warschau und Modlin, durch. Erstmalig war durch diesen Erfolg die polnische Hauptstadt auch im Nordwesten abgeriegelt, die beiden Festungen voneinander getrennt. Während in der Mitte die 29.mot.Div. mit ihren erst allmählich von Radom eintreffenden Verbänden gegen erbitterten Widerstand nicht vermochte, in die Puszcza Kampinoska einzudringen, kam auf dem linken Flügel die 2.l.Div. bis über Leszno—Kampinos vor und gab damit dem XVI. Korps wenigstens einen gewissen Rückhalt.

Bei der 8. Armee leisteten die Polen am 18. 9. nur noch an wenigen Stellen Widerstand, im übrigen ergaben sie sich in Massen. Im Vorstoß von Süden nach Norden fand das XIII. Korps bei Ilow Anschluß an die 3.Inf.Div., die entlang der Weichsel auf Wyszogrod voreilte. Ebenfalls auf Ilow rückte von Südwesten über Kiernozia und Sanniki das X. Korps heran. Das III. Korps wurde an der Straße Kutno—Gabin angehalten, die 3.l.Div. als Armeereserve nach dem s. Z. hart umkämpften Glowno südlich der Bzura, die 213.Inf.Div. nach Kutno gezogen.

Am 19. 8. war die Schlacht für die 8. Armee im wesentlichen beendet. Vereinzelt westlich der Bzura noch aufflackernder Widerstand versprengter Gruppen wurde gebrochen, die Gefangenenzahlen schwollen stürmisch an. Die Korps säuberten das Schlachtfeld und begannen mit dem Ordnen ihrer Verbände.

Die 10. Armee hatte am 18. 9. in der alten Gliederung auf der ganzen Front den Angriff direkt nach Norden fortgesetzt. Auf dem linken Flügel stand die 4.Pz.Div. des XVI. Korps ostwärts der Bzura um 13.00 Uhr mit vordersten Teilen an der Weichsel. Die Division schwenkte an der Bzura nach Westen ein, um den Abschnitt zu sperren. Da links von ihr, westlich des Flusses die beiden anderen Divisionen des Korps (19.Inf.Div., 1.Pz.-Div.) sich verzweifelter polnischer Gegenangriffe zu erwehren hatten und deshalb nur langsam Boden gewannen, gelang es stärkeren Feindgruppen, die schwachen Sicherungen der 4.Pz.Div. an der Bzura zwischen Sochaczew und der Mündung zu durchbrechen. Die Kampfgruppe an der Weichsel wurde umstellt und von allen Seiten bestürmt. Sie igelte sich ein.

Der Angriff des XV. Korps brachte zunächst keine Entlastung. Die Puszcza Kampinoska erschwerte alle Bewegungen bei Dauerregen in kaum vorstellbarem Ausmaß. 29.mot. und 2.l.Div. stießen auf starken Gegner, der zwar nicht einheitlich, aber erbittert immer wieder von allen Seiten angriff. In dem unübersichtlichen Gelände und dem Durcheinander der Kämpfe kamen die Regimenter zeitweise in kritische Lagen.

Einzelne Teile erlitten Rückschläge, andere wurden vorübergehend eingeschlossen. Die 1.l.Div. auf dem rechten Flügel griff von Lomianki längs der
großen Straße auf Modlin an, gewann aber auch nur wenig Raum.

Die Armee zog die 1.Pz.Div. zur Verstärkung des rechten Flügels aus
dem Angriff westlich der Bzura. Hier, auf ihrem äußersten linken Flügel,
drängten im Raum nordwestlich Sochaczew die deutschen Verbände sich
bereits derart, daß der Bewegungsraum fehlte.

Für den 19. 9. ordnete die 10. Armee die weitere Säuberung des Geländes südlich der Weichsel an, wobei die 1.l.Div. die Polen von Modlin abschneiden sollte. Das Armeeoberkommando rechnete trotz der ständig
wachsenden Auflösung des Feindes damit, daß die noch in der Puszcza
Kampinoska befindlichen Reste unter Führung entschlossener Offiziere
nach Warschau durchzubrechen versuchen würden.

Dem XVI. Korps gelang es, am Vormittag ostwärts der unteren Bzura
bis an die Weichsel vorzustoßen und die eingeschlossenen Teile der
4.Pz.Div. zu befreien. Westlich der Bzura kam die 19.Inf.Div. im Angriff
nach Norden bis an die Weichsel. Damit war hier den Polen der Weg
nach Osten versperrt. Zahlreiche Gefangene fielen in deutsche Hand.
Noch Widerstand leistende Feindteile wurden im Zusammenwirken mit
der 3.Inf.Div., die von Westen kam, zerschlagen. Der Wehrmachtsbericht
vom 20. 9. meldete 105 000 Gefangene, und unübersehbares Kriegsmaterial als Beute. Am 20. 9. wurde auch das I.R. 12 der 31. Inf.Div, das stand-
haft seit dem 16. 9. seine Stellung bei Gorki gehalten hatte, aus seiner
Einkesselung befreit.

Für die Kämpfe in der Puszcza Kampinoska setzte die 10. Armee nun
auch das Generalkommando XI. Korps ein. Dieses sollte mit der 31.Inf.-
Div., 1.l.Div., 18.Inf.Div. und 1.Pz.Div. ein Entkommen der Polen nach
Warschau, das XV. AK mit der 29.mot.Div. und der 2.l.Div. einen Durchbruch nach Süden verhindern. Noch bevor jedoch die 18.Inf.Div. und
1.Pz.Div. in der Gegend nordwestlich Warschau eintrafen, wurde die
1.l.Div. bei Lomianki von Norden, Westen und Süden durch überlegene
polnische Kräfte angegriffen. Es handelte sich um die Kav.Brigaden Podolien und Großpolen, die 15. und 25.Inf.Div., die 8.poln.Div. aus Modlin
und um verschiedene Verbände aus Warschau. Die 1.l.Div. wurde gezwungen, die große Straße Modlin—Warschau freizugeben. Erst am
22. 9. gelang es der 24.Inf.Div., in derselben Gegend wieder bis zur
Weichsel durchzustoßen und die beiden Festungen erneut zu trennen.

Die sehr blutigen und erbitterten Kämpfe in dem Ostteil der Puszcza
Kampinoska dauerten noch bis zum 23. 9. an. Immer wieder versuchten
die Polen mit größter Hartnäckigkeit nach Warschau durchzubrechen. Das
XI. AK, dem die 31.Inf.Div., 1.l.Div., 24.Inf.Div., 18.Inf.Div. und 1.Pz.Div.
unterstellt waren, säuberte schließlich das ganze Gelände und schloß
Warschau im Süden und Westen ab, während das XV. AK mit der 29.mot.-
Div. und 2.l.Div. nach ebenso harten Kämpfen Modlin im Süden ab-
riegelte.

Ein überschlägliches Ergebnis der großen Schlacht brachte der Wehrmachtsbericht bereits am 21. 9. Er ist später nie ergänzt worden.

Die Operationen auf polnischer Seite

Fortsetzung und Abschluß

Skizzen 10 und 11

Der Angriff der Armee Posen auf Strykow (Kav.Brigaden Pommerellen, Podolien, 25., 17., 14.Inf.Div.) und von Teilen der Armee Pommerellen (Kav.Brig. Großpolen, 4., 16.Inf.Div.) auf Glowno brachte zwar am 12. 9. noch Teilerfolge, aber keine Entscheidung, keinen Durchbruch, durch den die deutsche Führung die Vorhand hätte verlieren können. Die sinnlos an der Grenze bei Posen versäumte Zeit war nicht aufzuholen. Die schwelenden Kämpfe um Warschau und die drohende Gefahr, den Unterlauf der Bzura beiderseits Sochaczew gesperrt zu finden, erlaubte keine langwierige Zermürbungsschlacht über Tage hinweg. Man darf wohl unterstellen, daß sich General Kutrzeba sehr schweren Herzens entschloß, am 12. 9. das keineswegs aussichtslose Gefecht abzubrechen.

Der Übergang deutscher Truppen bei Plock über die Weichsel mag den letzten Anstoß gegeben haben. Ein Vorstoß stärkerer Feindkräfte von hier nach Süden oder gar Südosten konnte sich gefährlich auswirken. Die noch verfügbare 15.Inf.Div. der Armee Pommerellen wurde sofort zur Verstärkung der bei Plock kämpfenden 5.Inf.Div. der Armee Modlin mit Offensivauftrag eingesetzt. Beide Divisionen bestürmten zwar vergeblich den Brückenkopf der deutschen 3.Inf.Div. bis zum 15. 9., vermochten jedoch immerhin einen gefährlichen Einbruch hier, der in den Rücken der polnischen Front geführt hätte, zu verhindern.

General Kutrzeba befahl die Zurücknahme der Armee Posen in der Nacht vom 12. zum 13. hinter die Bzura. Unter Belassung von Sicherungen am Fluß sollten die 25., 17., 14.Inf.Div. und die Kav.Brigade Podolien dann den Tag über ruhen und in der Nacht vom 13. zum 14. auf Sochaczew antreten. Den Schutz dieser Bewegungen hatten nach Westen (gegen das deutsche III. Korps) verteidigungsweise die verstärkte 27.Inf.Div. und die Kav.Brig. Pommerellen, nach Norden angriffsweise die 5. und 15.Inf.-Div. (s. oben), nach Süden und Südosten angriffsweise die Armee Pommerellen zu übernehmen. Hierzu hatte sich die Armee Pommerellen nach rechtzeitigem Abbruch des Angriffs auf Glowno am 13. 9. so bereitzustellen, daß sie mit der 4., 16., 26.Inf.Div. und Kav.Brig. Großpolen am 14. früh beiderseits Lowicz vorbei in Richtung Skierniewice angreifen konnte.

Es spricht für den polnischen Soldaten, daß diese schwierigen Bewegungen bei völliger Beherrschung des Luftraumes durch die deutschen Flieger von der bereits angeschlagenen Truppe vollzogen wurden. Die Armee Posen löste sich in der Nacht vom 12. zum 13. 9. vom Feinde und trat befehlsgemäß am Abend des 13. ungehindert auf Sochaczew an. Die Deutschen folgten nicht. Der Angriff der Armee Pommerellen brachte am 14. zunächst gute Erfolge. Die Bzura wurde überschritten, eine vorübergehende Krise am linken Flügel bei der 26.Inf.Div., allerdings nur unter Aufgabe des Flusses an einer kleinen Stelle, zwischen Lowicz und Sochaczew gemeistert.

Der 15. 9. leitete den dritten Abschnitt der Schlacht ein. Der Angriff über Lowicz auf Skierniewice kam ins Stocken, ohne genügend Bewegungsraum gewonnen zu haben, der Rückzugsstreifen beiderseits Sochaczew über die untere Bzura in die Puszcza Kampinoska blieb infolgedessen gefährlich schmal. Als nun noch polnische Flieger eine Belegung sämtlicher Straßen und Wege westlich und südwestlich Warschau mit Panzern und mot. Kolonnen, Marschrichtung untere Bzura, meldeten, gewann wiederum der Faktor Zeit ausschlaggebende Bedeutung.

General Kutrzeba sah sich gezwungen, auch diesen Angriff vorzeitig abzubrechen. Unter weitgehender Schwächung der West- und Südfront mußte der Durchbruch nach Osten kurzfristig erkämpft werden, sollte das Ende nicht völliger Untergang sein. 4. und 16.Inf.Div. sollten beiderseits Lowicz mit der Front nach Süden die rechte Flanke, 27.Inf.Div. und Kav.Brig. Pommerellen mit der Front nach Westen den Rücken decken, alles andere nunmehr direkt nach Osten über die untere Bzura angreifen. Nebeneinander wurden dazu angesetzt 26., 14., 17., 25.Inf.Div., Kav.-Brigaden Großpolen und Podolien. 15. und 5.Inf.Div. hatten von Plock aus in Eilmärschen den linken Flügel an der Bzuramündung bei Wyszogrod zu erreichen.

Schon die Umgruppierung in dem eng gewordenen Raum brachte Verwirrung durch deutsche Flieger und schwere Verluste. Im wesentlichen kam sie jedoch trotz aller Behinderung zustande. Als dann jedoch in die rechte Flanke der 14.Inf.Div. bei Rybno westlich Sochaczew deutsche Panzer (1.Pz.Div. und 19.Inf.Div.) von Süden kommend einbrachen, waren die Würfel gefallen. Die 14.Inf.Div. wich nach Nordwesten zurück, ihr rechter Nachbar, die 26.Inf.Div., schloß sich an. Dem Beispiel folgte auch deren rechter Nachbar, die 16.Inf.Div., die zusammen mit der 4.Inf.Div. die Bzura beiderseits Lowicz bisher erfolgreich verteidigt hatte. Auch die 4.Inf.Div. blieb nunmehr allein nicht mehr stehen. Auf dem linken Flügel kam der Angriff der 17. und 25.Inf.Div. noch vor dem Fluß ins Stocken. Die völlige Vernichtung zeichnete sich ab, doch immer noch führte General Kutrzeba.

Der Durchbruchsversuch, der bei und südlich Sochaczew gescheitert war, sollte am 17. 9. nördlich des Ortes wiederholt werden. Als erste Welle hatten hier zusammen mit den beiden Kav.Brigaden die 14., 17., 25.Inf.Div. den Flußübergang zu erzwingen, um dann am Südrand der Puszcza Kampinoska den Weg nach Warschau freizuhalten. Unter dem Schutz der rechten Flanke durch die 15.Inf.Div. beiderseits des Flusses dicht nördlich Sochaczew sollten die 4., 5., 16., 26.Inf.Div. als zweite Welle aus den Wäldern südlich Wyszogrod heraus folgen. Die Aufgaben der verstärkten 27.Inf.Div. und der Kav.Brig. Pommerellen als Nachhuten nach Westen blieben bestehen. Sie mußten voraussichtlich geopfert werden.

Es war der letzte Versuch zu retten, was aus der verzweifelten Lage noch zu retten war. Namhaften Teilen der 25., 15.Inf.Div. und der Kav.-Brigaden Podolien und Großpolen gelang der Durchbruch über die untere Bzura tatsächlich. Von allen anderen Verbänden entkamen nur einzelne Gruppen an den verschiedensten Stellen über den Fluß. Sie wurden in den nächsten Tagen in der Puszcza Kampinoska gesammelt, geordnet, kämpften zusammen mit Teilen der Armee Lodz und der Armee Modlin erbittert weiter und erzwangen sich am 20. 9. gegen die deutsche 1.l.Div. bei Lomianki sogar den Durchbruch nach Warschau.

Die Hauptkraft der Armeen Posen und Pommerellen streckte am 18. und 19. westlich der Bzura die Waffen. Unter den Gefangenen befand sich auch der Oberbefehlshaber der Armee Pommerellen, General Bortnowski, mit seinem ganzen Stab.

Der rechte Flügel der 10. Armee vom 12.—14. 9.

Karten 12 und 14

Auf Grund der ergänzenden Weisung des OKH vom 11. 9. abends erhielt die 10. Armee den Befehl, auf ihrem rechten Flügel mit starken Kräften über die mittlere Weichsel in Richtung Krasnik—Lublin den Angriff fortzusetzen. Durch schnelles Antreten und Vorgehen sollte die Bewegungsfreiheit ostwärts des Stromes gesichert, die Bildung einer neuen Feindfront an der Weichsel und ein Angriff in die Nordflanke der über den San vorstoßenden 14. Armee verhindert werden. Die Heeresgruppe Süd rechnete mit starken Feindkräften im Raum Brest—Siedlce—Lublin, die, wenn auch im beschränkten Umfange, noch durchaus Handlungsfreiheit besaßen. Es kam darauf an, diesem Gegner zwischen Weichsel und Bug den Weg nach Süden zu verlegen.

Nach verschiedenen anderen Planungen waren für den Angriff am 12. 9. das IV. Korps (4., 14.Inf.Div., 2.l.Div.) und das XIV. Korps (13.mot., 1.l.Div., 46.Inf.Div.) vorgesehen. Das XV. Korps (29.mot., 3.l.Div.) und die 5.Pz.Div. sollten dem wichtigen rechten Flügel der 14. Armee bei Lemberg zugeführt werden. Sogar die Verschiebung des XVI. Korps von Warschau dorthin wurde zeitweise in Erwägung gezogen.

Diese Absichten der deutschen Führung sind durch die Entwicklung der Kämpfe an der Bzura und durch notwendig werdende Säuberungsunternehmungen des Kessels von Radom wiederholt durchkreuzt und schließlich unmöglich gemacht worden.

Zwar hatten am 10. und 11. 9. die Hauptkräfte der polnischen Verbände in der Lysa Gora die Waffen gestreckt, aber deutscherseits ist hier die Zähigkeit und der Kampfeswille des polnischen Soldaten zweifellos unterschätzt worden. In der wegelosen Lysa Gora selbst und in den großen, unübersichtlichen Waldgebieten ihres Nordhanges über die Radomka hinweg bis zur Pilica entbrannte ein erbitterter, zermürbender Kleinkrieg, der die Kräfte des XV. und XIV. Korps völlig, des IV. Korps zum Teil weiterhin band. Als das XV. Korps am 15. 9. mit der 1.l, 2.l. und 29.mot.Div. nach Norden auf Warschau, die 3.l.Div. nach Lodz abzogen, stand zur Säuberung des großen Waldgebietes um Radom nur das XIV. Korps mit der 13.mot. und 46.Inf.Div. zur Verfügung. Einzelne Teile der 13.mot.Div. hatten den Weichselübergang bei Pulawy und Deblin am 15. 9. bereits erkämpft, als die 10. Armee erneut die Zusammenfassung des Korps bei Radom befahl. Stärkerer Feind sperrte die große Straße nach Warschau. Noch am 17. 9. wurde bei Glowaczew an der Radomka-Mündung westlich Kozienice erbittert gekämpft, und erst am 18. 9. waren die Waldungen hier so weit gesäubert, daß vom 19. 9. ab das XIV. Korps zu anderer Verwendung verfügbar war.

So kam es, daß am 12. 9. tatsächlich nur das IV. Korps zu dem befohlenen Angriff Richtung Krasnik—Lublin mit der 4. und 14. Div. antrat.

Bis zum 13. 9. erweiterte das Korps den bei Annapol am Vortag erkämpften Brückenkopf und bildete einen zweiten durch die 14.Inf.Div. bei Solec, 30 km nördlich. Infolge der schwierigen Anmarschwege und Stromverhältnisse ging das Übersetzen nur langsam vonstatten. Am 14. 9. war die erste Brücke gebaut, am 15. 9. bei Solec die zweite.

Am 17. 9. abends stand das IV. Korps nach stetigen, aber leichten Gefechten mit der 4.Inf.Div. westlich des Wierpz im Vormarsch über Krasnostaw auf Hrubieszow am Bug, mit der 14.Inf.Div. dicht südlich des vom Feind besetzten Lublin. Rechts bestand keine Verbindung mit der 14. Armee. Hier war in der Flanke um Turobin starker Feind gemeldet, der nach Norden angriff. Links hatte das XIV. Korps auf dringende Vorstellungen hin nur die Aufklärungsabteilung der 13.mot.Div. aus den Kämpfen um Radom freimachen und von Pulawy auf Lublin in Marsch setzen können. Sie stieß auf weichenden Gegner, kam aber nur bis 12 km an Lublin heran, so daß auch mit Angriffen aus nördlicher Richtung gerechnet werden mußte.

Das Korps stand vor einer schwierigen Lage. Für die vielseitigen Aufgaben, zu deren Erfüllung ursprünglich eine ganze Armee vorgesehen gewesen, waren zwei Infanteriedivisionen übriggeblieben, die nunmehr allein mitten im Feind standen.

Die 14. Armee vom 12.—17. 9.

Einleitung der Schlachten von Lemberg und Tomaszow

Karten 12 und 14, Skizze 15

Die mannigfaltigen Aufgaben der **14. Armee** nach der Weisung des OKH vom 9. 9.

1. Vorgehen mit starkem rechten Flügel über den oberen San, um den Gegner am unteren San zu umfassen;
2. weiterer Vorstoß sodann in Richtung Chelm, nötigenfalls unter Ausholen über den oberen Bug;
3. Befriedung Ostgaliziens;

erfuhren am 11. 9. noch die Erweiterung:

1. "... mit über Lemberg und südlich vorgenommenem starkem rechten Flügel ein Ausweichen des Gegners Richtung Rumänien zu verhindern...",
2. für eine spätere Befriedung von Ostgalizien rechtzeitig Kräfte bereitzuhalten.

Armee, Heeresgruppe und OKH teilten einmütig die Auffassung, daß eine Verstärkung der 14. Armee, insbesondere des äußersten rechten Flügels, durch schnelle Truppen zur Erfüllung der gestellten Aufgaben notwendig und erforderlich sei. Als mot. Verbände standen der Armee nur die 4.l. und 2.Pz.Div. des XXII. Korps zur Verfügung. Neben der 5.Pz.-Div., die von Sandomierz baldigst in den Raum von Przemysl herangezogen werden sollte, wurde bereits am 11. 9. deshalb die Zuführung eines mot.Korps der 10. Armee befohlen, — (bestimmt war erst das XIV., dann das XV. Korps) — eines weiteren Korps, des XVI. vor Warschau, geplant. Die notwendig werdende Säuberung des Kessels von Radom verzögerte zunächst die Durchführung dieser Planung, die sodann durch die Entwicklung der Kämpfe an der Bzura völlig vereitelt wurde. Die Aufgaben, die der Armee gestellt waren, blieben jedoch bestehen. Sie suchte sich selbst durch Heranziehen der 3.Geb.Div. über Sanok hinter den äußersten rechten Flügel zu helfen.

Überraschung und Bestürzung rief deshalb ein Befehl des OKH vom 12. 9. hervor, der den Abtransport der 3.Geb.Div. zusammen mit der 62.Inf.Div., die bei Krakau stand, nach dem Westen anordnete. Einsprüche von Korps und Armee gegen diese Schwächung des Schwerpunktes, noch dazu vor dem Fall von Przemysl, verhallten ergebnislos. Die Geb.Div. mußte über die Karpaten nach Presow, Ostslowakei, in Marsch gesetzt werden.

Es kann wohl festgestellt werden, daß die Rückführung der 3.Geb.Div. zu diesem Zeitpunkt auch psychologisch ein Fehler war. Die aktive Truppe mit ihrer jungen Mannschaft marschierte nach kurzem Einsatz nach Hause, während an ihr vorbei auf den engen Gebirgsstraßen die Reservisten der 57. und 56.Inf.Div., die schon den Ersten Weltkrieg mitgemacht hatten, in die Schlacht zogen und vor Aufgaben gestellt wurden, denen sie auf Grund mangelnder Ausbildungszeit kaum gewachsen waren.

Befehlsgemäß trat am 12. 9. auf dem rechten Flügel der Armee das XVIII. Korps auf Lemberg an. Die vortreffliche 1.Geb.Div. unter Gen.-Maj. Kübler bestimmte hier Takt und Tempo der Kampfhandlungen in den nächsten Tagen. Ohne Rücksicht auf die Bedrohung ihrer rechten Flanke aus Ostgalizien und der linken von Przemysl her stieß die Division mit einer starken mot. Vorausabteilung 80 km in den Feind hinein bis zum Westrand von Lemberg vor. Die Masse erreichte Sambor und führte laufend in Pendelverkehr der Vorausabteilung Verstärkung zu.

Erst 100 km westlich davon stand die 2.Geb.Div. zwischen Sanok und Przemysl in Abwehrkämpfen gegen starke polnische Kräfte, die aus der Festung heraus angriffen. Die 57.Inf.Div. erreichte im Vormarsch über den Lupkowpaß den San bei Sanok, die 56.Inf.Div. mit den Anfängen Presow.

Den kühnen Befehl der Armee, Przemysl und Lemberg im Handstreich zu nehmen, vermochte das XVIII. Korps allerdings nicht auszuführen. Przemysl ist eine sehr alte Stadt, die bereits im 10. Jahrhundert urkundlich erscheint. Der Name stammt von dem böhmischen Königsgeschlecht der Przemysliden, das 1306 im Mannesstamme erlosch. Erst Burg, sturmfrei über der Mündung des Wiar in den San gelegen, später Festung, hat es von jeher die Wege zwischen Karpaten und Weichsel verriegelt. Der geographischen Lage entsprechend ist seine Geschichte wechselvoll und blutig. Zuletzt haben die Russen die österreichische Festung vom 7. 11. 1914 bis 22. 3. 1915 vergeblich bestürmt, bis General von Kusmanek schließlich wegen Hungersnot nach $4^{1}/_{2}$monatiger Einschließung mit etwa 100 000 Mann die Waffen streckte. Die zahlreichen Forts entsprachen wohl nicht mehr völlig neuzeitlichen Ansprüchen, aber sie waren alle noch erhalten. Der Wert des Platzes als Kreuzungspunkt der Straßen und Eisenbahnen blieb sehr erheblich.

Lemberg = Löwenberg, seit Mitte des 14. Jahrhunderts Residenzstadt polnischer Könige, ausgestattet mit Magdeburger Recht, bildete mit seinen rund 400 000 Einwohnern den wirtschaftlichen Mittelpunkt Ostgaliziens. Die kulturelle Bedeutung wird durch die Anwesenheit von drei Erzbischöfen bewiesen, eines griechisch-katholischen seit 1303, eines römisch-katholischen seit 1412 und eines armenisch-katholischen seit 1626. Es war kaum anzunehmen, daß der Pole diesen bedeutenden und wichtigen Knotenpunkt nicht mit allen Mitteln verteidigen würde, die ihm noch zur Verfügung standen.

Diese Annahme trog nicht. Die 1.Geb.Div., weit vorgestaffelt vor der Gesamtfront, hatte sich sehr bald heftigster Angriffe von allen Seiten zu erwehren. Sie riegelte trotzdem, vom 12.—17. 9. ganz auf sich allein gestellt, die Stadt im Westen ab, erstürmte und verteidigte in schweren Kämpfen die beherrschenden Höhen nördlich des Ortes und sperrte gleichzeitig die große Straße von Przemysl an der Seenkette, die die Wereszyca, ein linker Nebenfluß des Dnjestr, bei Grodek-Jagiellonski in sehr erwünschter Weise bildet.

Links neben dem XVIII. Korps wurde das XXII. Korps exzentrisch über Rawa Ruska und Tomaszow in nordöstlicher Richtung angesetzt. Die deutsche Führung rechnete noch mit 6—8 polnischen Divisionen in dem

Raum zwischen dem Oberlauf des Wierpz und der Weichsel. Nach bewährtem Muster sollten die schnellen Truppen diesen Gegner durchbrechen und von Osten her einkesseln, während das VIII. und VII. Korps von Westen her über den unteren San nördlich der Wislok-Mündung vordrückten. Die große Schlacht von Tomaszow (s. Skizze 15) war damit eingeleitet. Sie endete erst am 20. 9. mit der Gefangennahme von mehr als 60 000 Mann (Wehrmachtsberichte vom 21. und 22. 9.).

Die Lösung der Frage, ob das XVII. Korps mit seinen drei Infanterie-Divisionen wie bisher hinter dem XXII. Korps nach Nordosten zu folgen hatte oder nach Osten auf Przemysl und Lemberg gezogen werden mußte, war noch nicht spruchreif. Das Korps erhielt Befehl, von Rzeszow zunächst am San zwischen Przemysl und Wislokmündung aufzuschließen.

Die Bewegungen der mot. Verbände des XXII. Korps wurden durch ungewöhnlich schlechte Wege, da der Straßenknotenpunkt Przemysl ja noch nicht frei war, und erstmalig entscheidend durch Betriebsstoffmangel gehemmt. Der Eisenbahnendpunkt Krakau lag 300 km zurück, das ganze große Gebiet war noch keineswegs befriedet, die Straßen zerstört, so daß der Bedarf mit den verfügbaren Nachschubkolonnen nicht gedeckt werden konnte. Die Luftwaffe half erfolgreich mit Transportflugzeugen aus.

Am 13. 9. abends überschritt das XXII. Korps mit der 4.l.Div. die große Straße Lublin—Lemberg bei Rawa Ruska im Vormarsch von Radymno nach Nordosten auf Wlodzimierz unter lebhaften Kämpfen. Die 2.Pz.Div. kam links daneben von Jaroslau über Tomaszow bis Zamosc.

Beim XVII. Korps war auf dem rechten Flügel im Vormarsch auf Radymno die 7.Inf.Div. nordwestlich Przemysl auf Feind gestoßen und hatte in Richtung auf die Festung angegriffen. Die 45.Inf.Div. überschritt den San bei Jaroslau, die 44.Inf.Div. folgte dahinter.

Das VIII. Korps schloß mit der 28. und 8.Inf.Div. am San nördlich der Wislokmündung auf. Das VII. Korps (27. und 68.Inf.Div.) erzwang gegen schwachen Widerstand den Übergang über die Weichsel bei Baranow und Tarnobrzeg, 10 km nördlich davon. Die 5.Pz.Div., nunmehr in Sandomierz, wurde der 14. Armee wieder unterstellt. Für die beabsichtigte Verschiebung über Rzeszow nach dem rechten Flügel südlich Przemysl sollte ihr die z. Z. noch nicht fertige Weichsel-Brücke bei Tarnobrzeg ab 15. 9. nachmittags zur Verfügung stehen.

Die Heeresgruppe Süd glaubte, auch am 14. 9. die Hauptkräfte der 14. Armee noch im Angriff Richtung Nordosten belassen zu müssen. Sie gab daher auf eine Anfrage des AOK 14, ob der Schwerpunkt nach der Gesamtlage in Richtung Kowel oder Chelm zu liegen habe, für das XVIII. Korps die Richtung Lemberg und südlich, für das XXII. Korps die Richtung Wlodzimierz. Der um 23.00 Uhr erlassene Befehl rechnete mit einem Vorstoß polnischer Kräfte
1. aus Ostgalizien auf Stryj—Lemberg,
2. von Chelm—Lublin auf Rawa Ruska—Bilgoraj
und ordnete an, daß das XVIII. Korps, dem die bei Presow ausgeladene 56.Inf.Div. nachzuführen sei, die Stoßrichtung auf Lemberg und südlich, die Hauptkräfte der Armee die Richtung nach Nordosten beibehalten sollten. Das XXII. Korps, gefolgt vom XVII. Korps, hatte auf Wlodzimierz—Hrubieszow, das VIII. auf Zamosc, das VII. auf Turobin vorzugehen.

Das AOK 14 wollte am 14. September zunächst den Feind in und um Przemysl durch Zusammenwirken des XVIII. und XVII. Korps vernichten, den Angriff auf Lemberg erst nach dem Fall von Przemysl durchführen und an der übrigen Front dem Feind folgen.

Es gelang jedoch an diesem Tag noch nicht, Przemysl völlig zu nehmen. Von Westen drang zwar die 7.Inf.Div. in die Befestigungen ein, auch setzten sich Vorausabteilungen der 45. und 44.Inf.Div. in den Besitz einiger Höhen nördlich der Stadt, aber die 2.Geb.Div., die südlich an der Festung vorbei auf Boratycze vorging, konnte den dortigen starken Feind erst am Abend werfen und den befohlenen Angriff auf die Südostfront nicht mehr durchführen. An allen auf Lemberg führenden Straßen wurden Vorkehrungen zu treffen gesucht, um ein Entweichen der Besatzung nach Osten zu verhindern. Die Sperren, die hier südlich Jaworow das XXII. Korps an der großen Straße und Bahn Przemysl—Lemberg befehlsgemäß am 12. 9. zurückgelassen hatte, waren — wie zu erwarten — zerbrochen. Es ist nicht angängig, einem mot. Korps ein Ziel in 150 km Entfernung zu geben (hier Wlodzimierz und Zamosc) und es gleichzeitig am Ausgangspunkt anzupflocken. Die an sich schon sehr schwierige Lage der bayerischen Gebirgsjäger vor Lemberg und an der Seenkette von Grodek-Jag. ist durch den Wegfall der Sperre noch erheblich verschärft worden. Die 1.Geb.Div. hatte sich starker Angriffe aus allen Himmelsrichtungen zu erwehren.

Vom XXII. Korps erreichten am 14. 9. die 4.l.Div. unter Kämpfen Krylow und Hrubieszow und bildeten dort Brückenköpfe über den Bug. Die 2.Pz.Div. mußte bei Zamosc angehalten werden, um den drohenden Durchbruch einer starken Feindgruppe aus der Gegend von Bilgoraj nach Nordosten zu verhindern. Mit Nachhuten dieses Gegners waren die unter großen Marschschwierigkeiten vorgehenden Divisionen des VIII. Korps südlich des Tanew in Berührung getreten, während die vordersten Teile des VII. Korps erst an den Unterlauf des San gelangten.

Zwischen der Gegend von Zamosc und der Weichsel vermutete das AOK 14 die Teile der Armee Krakau, die ihr bisher entkommen waren, und die gesamte Armee Piskor, die mit der Sicherung der mittleren Weichsel beiderseits Pulawy beauftragt gewesen war. Auch von der Armee Preußen hatten sich sicherlich Trümmer aus der Lysa Gora hierher gerettet. Mit einer Stärke von insgesamt acht, wahrscheinlich zehn polnischen Divisionen war zu rechnen. Trotzdem blieb es nur bei dem ursprünglichen Ansatz des XXII. Korps von Osten, des VIII. und VII. Korps von Westen. Dem naheliegenden Gedanken, gleichzeitig auch das XVII. Korps von Süden angreifen zu lassen, glaubte das AOK, frühestens nach dem Fall von Przemysl nähertreten zu können. Seine drei Inf.Div. wurden hier dringend benötigt, da die vorgesehene Zuführung des XV. Korps von Radom unterblieben und mit einem rechtzeitigen Eintreffen der 5.Pz.Div. nicht zu rechnen war. Die Division hatte von Sandomierz quer über die ganze Armeefront hinweg einen Anmarsch von 200 km vor sich auf Wegen, die bisher wohl kaum jemals von Kraftfahrzeugen befahren worden waren.

Am 15. 9. säuberten Teile der 7.Inf.Div. Przemysl von Feindresten, während ihre Masse nach Osten zur Verfolgung antrat. Die auf zwei bis drei Divisionen geschätzte Festungsbesatzung suchte über die Seenenge von Grodek-Jag. zu entkommen. Sie griff hier mittags die Westgruppe der 1.Geb.Div. an und drückte deren Nordflügel zurück. An ihm vorbei drängten die Polen nach Nordosten und stießen so auf die andere Gruppe der 1.Geb.Div., die auf den Höhen nördlich Lemberg ohnehin schon einen schweren Stand hatte. Um schnell Entlastung zu bringen, setzte das XVIII. Korps die 2.Geb.Div. von Boratycze und ein verstärktes Regiment der 57.Inf.Div. von Sambor in Richtung Grodek-Jag. an.

Auf dem rechten Flügel der nach Nordosten verfolgenden Hauptteile der 14. Armee traf die 4.l.Div. am 15. 9. nach dem Übergang über den Bug südwestlich Wlodzimierz auf Widerstand, den sie bis zum Abend nicht brechen konnte. Die 2.Pz.Div. blieb um Zamosc—Tomaszow mit Front nach Westen stehen, um die aus Richtung Bilgoraj anmarschierenden Polen abzufangen. Das mit seinen beiden linken Divisionen von Jaroslaw über Cieszanow vorgehende XVII. Korps mußte die vordere 45. Inf.Div. bei Cieszanow nach Norden gegen einen überraschend aus den Waldungen angreifenden starken Gegner entwickeln. Das VIII. Korps blieb nördlich davon am Tanew liegen. Das VII. Korps erreichte ohne Feindberührung bei Rozwadow und nördlich den unteren San.

Da die 14. Armee ihre Hauptkräfte, darunter das XXII. Korps mit den beiden einzigen mot. Divisionen, befehlsgemäß nach Nordosten angesetzt und die geplante Zuführung weiterer schneller Truppen an den äußersten rechten Flügel sich zerschlagen hatte, hielt das OKH eine Sperrung des Weges nach Rumänien nicht für gewährleistet. Es schien die Gefahr zu bestehen, daß ostwärts Lemberg stärkere Feindkräfte nach Süden entkamen, zumal Meldungen vorlagen, daß bereits Teile des polnischen Grenzschutzes der rumänischen Grenze zuströmten. Auch waren Bahntransporte von Kowel, über Rowno ausholend, in Richtung Lemberg beobachtet.

Das Oberkommando des Heeres befahl am 15. 9. morgens fernmündlich unmittelbar an die 14. Armee:

„Polen muß baldmöglichst von seinen Verbindungen nach Rumänien abgeschnitten werden. Daher Entsendung beweglicher Kräfte auf Tarnopol, demnächst auch auf Stanislau."

Die gleichzeitig unterrichtete Heeresgruppe Süd befahl daraufhin der 14. Armee, das XXII. Korps in Richtung Brody, Tarnopol abzudrehen, „um die Lemberger Feindgruppe abzuschneiden", die 5.Pz.Div. beschleunigt heranzuführen, das XVIII. und XVII. Korps in Richtung Tarnopol, mit einer Division auf Stryj zur Sicherung des Ölgebietes um Drohobycz vorzuführen, dem VIII. Korps die Richtung auf Rawa Ruska, dem VII. Korps die Richtung auf Zamosc zu geben.

Tatsächlich wurde damit der Kessel, der sich um die starke Feindgruppe westlich Tomaszow—Zamosc gerade zu schließen begann, wieder geöffnet, der Ring zwar neu, aber gefährlich weit gespannt. Es scheint fraglich, ob diese Befehle gegeben worden wären, wenn die Staatsleitung das OKH über den geheimen Zusatz des Freundschaftsvertrages vom 23. 8. 1939 mit Rußland orientiert hätte.

Noch am 15. 9. nachmittags drehte die 14. Armee ihre rechten Korps in ostwärtiger und südostwärtiger Richtung ab. Das XVIII. Korps sollte Stanislau und Tarnopol nehmen und mit der 57.Inf.Div. das Erdölgebiet von Drohobycz und Stryj besetzen. Das XVII. Korps erhielt die Richtung auf Jaworow, das XXII. auf Tarnopol, das VIII. auf Tomaszow, das VII. auf Zamosc.

Auch am 16. 9. gelang es dem XVIII. Korps nicht, die von Przemysl kommende Feindgruppe zu vernichten, obwohl die 1.Geb.Div. ihre letzten

10*

Reserven einsetzte, die 2.Geb.Div. von Südwesten nachdrängte und die 7.Inf.Div. des XVII. Korps bis Janow vorstieß. Auf dem äußersten rechten Flügel kam die 57.Inf.Div. bis südlich Sambor, die 56.Inf.Div. über den Lupkowpaß an den San, die ab 16. 9. unterstellte 5.Pz.Div. mit den Anfängen bis in die Gegend südlich Przemysl.

Das XXII. Korps fand eine eigenartige Lösung, dem Befehl, Vorstoß auf Tarnopol, gerecht zu werden, und trotzdem den gerade geschlossenen Kessel von Tomaszow nicht umgehend wieder zu öffnen. Um zwei Divisionen sofort und gleichzeitig zu bewegen, fehlte der Betriebsstoff. Vor dem Gedanken, eine einzige Division in denkbar ungünstigem Gelände allein ostwärts des Bug von Wlodzimierz über Brody auf Tarnopol anzusetzen, schreckte General v. Kleist — wohl mit Recht — zurück. Andererseits konnte ebenso unmöglich die 4.l.Div. allein bei Wlodzimierz stehen bleiben ohne Anschluß nach irgendeiner Seite. So befahl das Generalkommando Ablösung der 2.Pz.Div. um Tomaszow—Zamosc durch die 4.l.Div., dann Abmarsch der 2.Pz.Div. über Rawa Ruska, ostwärts an Lemberg vorbei auf Tarnopol. Der Wechsel der beiden Divisionen in der Sperrlinie Tomaszow—Zamosc schien zweckmäßig, weil eine Panzerdivision für diesen Sonderauftrag geeigneter war, als die organisatorisch in ihrer Zusammensetzung mißglückte leichte Division. Die Ablösung verzögerte sich durch den Anmarsch der 4.l.Div. von Wlodzimierz nach Zamosc (fast 100 km) und weil die 2.Pz.Div. gerade angegriffen wurde. Die 2.Pz.Div. stand trotzdem zwar am Abend des 16. 9. um und südostwärts Rawa Ruska, aber ihr Betriebsstoff war zu Ende.

Das VIII. Korps befand sich im Angriff über den Tanew. Es erbat und erhielt die Genehmigung, erst nach Durchschreiten des Waldgebietes aus der Richtung Nordost nach Osten abzudrehen. Das VII. Korps überschritt den San bei Rozwadow und nördlich.

Viel Raum in der neuen Richtung (Osten anstatt Nordosten) hatte die 14. Armee am 16. 9. nicht gewonnen. Sie hoffte jedoch, die westlich Lemberg nach Nordosten durchgebrochene Besatzung der Festung Przemysl, der sich weitere Teile der Armeen Krakau und Karpaten zugesellt hatten, in Gegend Lemberg durch das XVIII. Korps in Zusammenwirken mit Teilen des XVII. Korps und der Luftwaffe vernichten zu können. Hauptaufgabe für den 17. blieb die Verfolgung in Richtung Tarnopol.

Auch an diesem Tage kam beim XVIII. Korps die mit der Besetzung des Ölgebietes beauftragte 57.Inf.Div. im Kampf mit stärkeren Feindkräften nur wenig über Sambor hinaus. Die 5.Pz.Div. vermochte sie nur mit einem mot.Schützenregiment zu unterstützen, da sie mit der Hauptkraft infolge von Straßenverstopfungen südlich Przemysl hängenblieb.

Versuche des XVIII. und des XVII. Korps, den Feind zwischen der Seenenge von Grodek-Jag. und Jaworow durch konzentrischen Angriff der 1.Geb.Div., eines verstärkten Regimentes der 57.Inf.Div. und der 7.Inf.Div. zu vernichten, führte trotz harter Kämpfe in dem Waldgelände von Janow auch an diesem Tage nicht zum Ziel, obwohl auch die nördlich davon auf Rawa Ruska vorgehende 44.Inf.Div. mit Teilen in den Kampf eingriff.

Vor Lemberg selbst hatte die 1.Geb.Div. einen schweren Stand. Sie traf dennoch Vorbereitungen zu einem Angriff auf die Stadt am 19. 9., für den das XVIII. Korps Verstärkungen zur Verfügung stellen und die 2.Geb.Div. südlich ausholend nach Winniki heranziehen wollte.

148

Den beiden Armeekorps auf dem Nordflügel, dem VIII. und VII., gelang es am 17. 9. in der Tanew-Gegend nicht, den weichenden Feind zu stellen. Erst vor Jozefow stieß die 28.Inf.Div. auf Gegner in starken Stellungen, die sie abends nicht mehr angreifen konnte. Die 8.Inf.Div. nahm Bilgoraj und erreichte die Waldausgänge bei Terespol. Das VII. Korps drehte befehlsgemäß nach Osten ab und kam dadurch zwangsläufig hinter den linken Flügel des noch nach Nordosten strebenden VIII. Korps. Es folgte nunmehr als zweites Treffen bis Bilgoraj. Vor ihm waren anscheinend polnische Kräfte nach Norden ausgewichen, die um Turobin sammelten. Gegen die in der Linie Zamosc—Tomaszow mit Front nach Westen stehende 4.l.Div. des XXII. Korps griff der Feind nicht, wie erwartet, mit stärkeren Kräften an.

Der Gegner schien nach Norden abzuziehen und der 14. Armee zu entkommen. Diese bat daher die Heeresgruppe, den rechten Flügel der 10. Armee auf Turobin abzudrehen um den Kessel auch im Norden zu schließen.

Die 2.Pz.Div. des XXII. Korps konnte am 17. 9., nach Zuführung von Betriebsstoff auf dem Luftwege, wenigstens mit der Schützenbrigade den Marsch von Rawa Ruska fortsetzen. Sie nahm im Angriff Zolkiew. Das weitere Vorgehen unterblieb infolge des Einmarsches der Sowjetarmee. Da die Linie Stryj—Lemberg—Wlodzimierz nach Osten nicht überschritten werden durfte, sah das XXII. Korps seine Aufgabe nunmehr nur in der Sperrung der Linie Zamosc—Rawa Ruska—Zolkiew gegen Durchbruchsversuche der Polen aus westlicher Richtung.

13. September

Das Oberkommando der Wehrmacht gibt bekannt:

Am 12. September setzte das deutsche Ostheer mit seinem Süd- bzw. seinem Nordflügel die stürmische Verfolgung des Feindes fort.

Beiderseits Przemysl vorstoßend, wurden Sambor und Jaworow genommen und mit vorgeworfenen Abteilungen Lemberg erreicht. Die südlich Radom eingeschlossenen polnischen Truppen haben aufgehört zu existieren, die gewaltige Beute an Gefangenen, Geschützen und Kampfgerät aller Art wird noch gesichtet und gezählt. Alle Versuche der um Kutno umstellten 5 polnischen Divisionen und 2 Kavallerie-Brigaden, nach Süden durchzubrechen, sind gescheitert, der konzentrische Gegenangriff unserer Divisionen ist im Gange. Ostwärts und südostwärts von Warschau sind Straße und Bahnlinie Warschau—Siedlce mit starken Kräften überschritten worden. Am äußersten Ostflügel stehen motorisierte Truppen 40 km nördlich Brest. Weit hinter der Front ist die zu spät aus Lomza nach Süden weichende 18. Division nördlich des Bug gestellt worden.

Die Luftwaffe griff auch gestern erfolgreich Straßen, Brücken und Eisenbahnen ostwärts der Weichsel an. Im Bahnhof Krystynopol brennen 3 Züge. Der Flugplatz Luck wurde schwer beschädigt, die Flugzeugfabrik Biala-Podlask in Brand geschossen. 14 feindliche Flugzeuge wurden zerstört, davon 2 im Luftkampf. Die Luftaufklärung brachte ausgezeichnete und für die Führung wertvolle Ergebnisse.

Im Westen wurde der Birnberg, etwa 6 km südostwärts Saarbrücken, auf dem sich der Feind mit 2 Kompanien festgesetzt hatte, im Gegenangriff durch unsere Vorposten wieder genommen. Sonst nur geringe Vorpostenkämpfe.

Luftangriffe auf deutsches Reichsgebiet fanden nicht statt.

14. September
Das Oberkommando der Wehrmacht gibt bekannt:

Die Operationen in Südpolen fanden nurmehr geringen Widerstand und gewannen rasch nach Osten Raum. Die Straße Lublin—Lemberg wurde mit starken Kräften bei Rawa-Ruska und Tomaszow erreicht, die Weichsel nördlich Sandomierz an mehreren Stellen überschritten.

Als vorläufiges Ergebnis der Vernichtungsschlacht bei Radom sind 60 000 Gefangene, darunter zahlreiche Generale, 143 Geschütze und 38 Panzerwagen eingebracht. Der umfassende Angriff gegen die um Kutno umstellten polnischen Divisionen schreitet vorwärts.

Der Ring um die polnische Hauptstadt wurde gestern auch im Osten geschlossen. Ostwärts Modlin über den Narew vorgehend, nähern sich unsere Truppen auch von Nordwesten der Stadt. Die über die Straße Warschau—Siedlce vorgedrungenen deutschen Kräfte haben mit Teilen nach Südwesten und Westen eingedreht.

Die 18. polnische Division, darunter der Divisionsstab, streckte gestern nördlich Ostrow-Mazowiecke die Waffen. 6000 Gefangene und 30 Geschütze wurden eingebracht.

Die auf Brest-Litowsk angesetzten Kräfte nähern sich schnell der Stadt. Als letzte der polnischen Grenzfestungen wurde Ossowiec gestern durch ostpreußische Truppen genommen.

Trotz ungünstiger Wetterlage griff die Luftwaffe mit Erfolg den Ostrand von Warschau und rückwärtige polnische Verbindungsstraßen an. 2 feindliche Flugzeuge wurden abgeschossen.

Im Westen sind in dem zwischen Saarbrücken und Hornbach weit vor dem Westwall nach Frankreich vorspringenden deutschen Gebietsteil stärkere französische Kräfte als bisher gegen unsere Gefechtsvorposten vorgegangen. In Minenfeldern und in unserem Abwehrfeuer blieben sie liegen.

15. September
Das Oberkommando der Wehrmacht gibt bekannt:

Am 14. 9. überschritt die Südgruppe des deutschen Ostheeres die Straße Lemberg—Lublin. Die sehr starken und sich verzweifelt wehrenden, um Kutno eingeschlossenen polnischen Kräfte versuchten gestern nochmals nach Südosten durchzubrechen. Auch diese Angriffe schlugen fehl. Ostwärts der Weichsel nähern sich unsere Truppen von Norden, Osten und Südosten der Warschauer Vorstadt Praga. Auch dort wurden Durchbruchsversuche nach Osten abgewiesen.

Die auf die Festung Brest-Litowsk angesetzten Truppen sind von Norden in die Befestigungszone eingedrungen. Die Forts sind z. T. gesprengt. Die Zitadelle ist noch vom Feind besetzt.

Die Stadt Gdingen ist in unserer Hand. Seestreitkräfte griffen in den Kampf um Gdingen und auf der Halbinsel Hela wirkungsvoll ein. Die Einfahrt in den Südhafen von Gdingen wurde erzwungen.

Die Luftwaffe griff trotz schlechter Wetterlage Bahnlinien und Bahnhöfe mit Erfolg an und unterstützte den Kampf des Heeres gegen die um Kutno eingeschlossene feindliche Armee durch Bomben- und Tiefangriffe.

Die noch im Hafen Heisternest liegenden polnischen Kriegsschiffe wurden durch Bomben versenkt.

Im Westen feindliche Artillerietätigkeit ostwärts Saarbrücken. Feind, der im 12. 9. bei Schweix (Grenzort südlich Pirmasens) angegriffen hatte, ging unter dem Eindruck unseres Artilleriefeuers wieder über die Grenze zurück.

Luftangriffe auf deutsches Reichsgebiet fanden nicht statt.

150

16. September

Das Oberkommando der Wehrmacht gibt bekannt:

Die Südgruppe des deutschen Ostheeres trieb auch am 15. 9. die versprengten Teile der polnischen Südarmee vor sich her. Mit ihnen wird vor den Toren Lembergs und am Tanew bei Bilgoraj noch gekämpft. Weit ostwärts davon haben motorisierte Truppen Wlodzimierz erreicht. Przemysl wurde genommen.

Unter Einsatz neuer deutscher Kräfte wurde der Ring um die bei Kutno eingeschlossene polnische Armee verstärkt und im Angriff verengt.

Nach Abwehr der feindlichen Durchbruchsversuche südostwärts Warschau brachten unsere Truppen dort 8000 Gefangene und 126 Geschütze ein und stehen jetzt dicht um Praga.

Bialystok wurde genommen. Der Kampf um die Zitadelle von Brest ist noch im Gange.

Die Luftwaffe vereitelte den Versuch der letzten polnischen Transportbewegungen gegen die Ostgrenze.

Im Westen feindliche Artillerietätigkeit bei Saarbrücken. Örtliche feindliche Vorstöße wurden unter erheblichen Verlusten für den Gegner abgewiesen.

Luftangriffe auf deutsches Reichsgebiet fanden nicht statt.

17. September

Das Oberkommando der Wehrmacht gibt bekannt:

Die Säuberung Ostgaliziens schritt am 16. 9. weiter fort. Lemberg ist von 3 Seiten umstellt, polnischen Kräften zwischen Lemberg und Przemysl der Rückzug nach Südosten verlegt. Nördlich der Sanmündung dringen unsere Truppen in Richtung Lublin weiter vor. Deblin wurde genommen. 100 unzerstörte Flugzeuge fielen dort in unsere Hand. Bei Wlodawa südlich Brest haben sich die vordersten Aufklärungstruppen der aus Ostpreußen und der aus Oberschlesien und der Slowakei angesetzten Armeen die Hand gereicht.

Die Schlacht von Kutno nimmt ihren planmäßigen Verlauf. Von Westen her wurde Kutno genommen, die Bzura nach Norden überschritten. Warschau ist eng umschlossen.

Um die Bevölkerung der polnischen Hauptstadt vor schwerstem Leid und Schrecken zu bewahren, hat die deutsche Wehrmacht den Versuch unternommen, durch einen Offizier den polnischen Militärbefehlshaber von Warschau zur Aufgabe seines zwecklosen Widerstandes in einer offenen Millionenstadt zu veranlassen. Der polnische Militärbefehlshaber in Warschau hat es abgelehnt, den deutschen Offizier zu empfangen.

Der Versuch abgesprengter polnischer Truppen, über Siedlce nach Südosten zu entkommen, endete mit einer Gefangennahme von 12 000 Mann. 80 Geschütze, 6 Panzerwagen und 11 Flugzeuge wurden außerdem erbeutet.

Bei weiterer ungünstiger Wetterlage nahm die Luftwaffe ostwärts der Weichsel durch wiederholte Angriffe auf Truppenansammlungen und Marschkolonnen dem zurückflutenden Gegner die Möglichkeit, seine Verbände zu ordnen. Die Rundfunksender Wilna und Baranowicze wurden durch Luftangriffe zerstört.

Im Westen erlitt der Feind bei einigen Stoßtruppunternehmungen in der Gegend von Zweibrücken erhebliche Verluste. 1 feindlicher Fesselballon wurde abgeschossen. Luftangriffe auf das Reichsgebiet fanden nicht statt.

18. September

Das Oberkommando der Wehrmacht gibt bekannt:

Der Feldzug in Polen geht seinem Ende entgegen.

Nach der völligen Umschließung Lembergs und der Einnahme von Lublin steht ein Teil des deutschen Ostheeres in der allgemeinen Linie Lemberg—Wlodzimierz—Brest—Bialystok und hat damit den größten Teil Polens besetzt. Dahinter vollzieht sich noch an mehreren Stellen die Vernichtung und Gefangennahme einzelner versprengter Reste der ehemaligen polnischen Armee. Die stärkste dieser umschlossenen polnischen Kampfgruppen — etwa ein Viertel des polnischen Heeres — ist südwestlich Wyszogrod zwischen Bzura und Weichsel auf engstem Raum zusammengepreßt und geht seit gestern der Auflösung entgegen.

Aus dem umschlossenen Warschau wurde am 17. 9. durch den polnischen Sender die Bitte an das Oberkommando der deutschen Wehrmacht gerichtet, einen polnischen Parlamentär zu empfangen. Das Oberkommando der Wehrmacht hat seine Bereitwilligkeit dazu erklärt. Bis 17. 9. Mitternacht hat sich kein Parlamentär bei unseren Truppen eingefunden.

Die Luftwaffe griff die südwestlich Wyszogrod eingeschlossenen polnischen Kräfte wirksam an. Polnische Fliegerkräfte traten an der ganzen Front nicht mehr in Erscheinung.

Die deutsche Luftwaffe hat damit die ihr im Osten gestellten Aufgaben im wesentlichen erfüllt. Zahlreiche Einheiten der Fliegertruppe und Flak-Artillerie sind zurückgezogen und stehen für anderweitige Verwendung bereit.

Im Westen keine nennenswerten Kampfhandlungen. Bei Saarbrücken wurde ein französisches Flugzeug von einem deutschen Jäger abgeschossen. Luftangriffe auf deutsches Hoheitsgebiet haben am 17. 9. nicht stattgefunden.

Der russische Heeresbericht

Die sowjetrussischen Truppen überschritten die polnische Grenze am 17. September, morgens um 4 Uhr MEZ. Der Vormarsch erfolgte auf der ganzen Linie der Grenze, von Polozk im Norden bis Kamenez-Podolsk im Süden.

Nach Überwältigung des schwachen Widerstandes polnischer Vorposten wurden im Norden die Ortschaften Głębockie, Molodeczno und andere besetzt. In Richtung auf Baranowicze wurden der Njemenfluß überschritten und die Ortschaften Mir und Snow sowie der wichtige Eisenbahnknotenpunkt Baranowicze besetzt.

In der Westukraine wurde der Vormarsch der Sowjetarmee in bemerkenswertem Tempo durchgeführt: Die Städte Rowno, Dubno, Tarnopol und Kolomea sind bereits in russischer Hand. Durch den Vorstoß auf Kolomea ist die Grenze zwischen Polen und Rumänien von den Sowjettruppen bereits zum größten Teil abgeschnitten. Von den sowjetischen Luftstreitkräften wurden ferner 7 polnische Jagdflieger und 3 polnische Bombenflugzeuge abgeschossen.

Im Führerhauptquartier

Neben der nüchternen Aufzeichnung der Bewegungen der einzelnen Heeres-
verbände erscheint ein Wort über die Arbeit und die „Atmosphäre" im Führerhauptquartier angebracht. Da der Verfasser als „Verbindungsoffizier des Heeres
beim Führer und Obersten Befehlshaber der Wehrmacht" Gelegenheit hatte,
den Polenfeldzug in der nächsten Umgebung Hitlers zu erleben, sei es erlaubt,
Teile seines Tagebuches im Wortlaut zu bringen. Die Aufzeichnungen sind 1939
unter dem unmittelbaren Eindruck der Vorgänge entstanden, der Inhalt und die
Stimmung nicht geändert worden. Vielleicht gibt der Ausschnitt ein Bild von der
ungeheuren Belastung, dem Widerstreit der Gefühle, den Hemmungen, unter
denen die Soldaten damals glaubten, ihre Pflicht dennoch erfüllen zu müssen.

Das Schicksal der Offiziere, soweit sie namentlich erwähnt werden, sei kurz
erwähnt.

v. Brauchitsch. Ab 4. 3. 38 Oberbefehlshaber des Heeres. 19. 12. 41 in Ungnade
seines Amtes enthoben. 18. 10. 1948 als Generalfeldmarschall in englischer Haft
gestorben.

Freiherr v. Fritsch. Ab 1. 2. 34 Oberbefehlshaber des Heeres. 4. 2. 38 schimpf-
lich seines Amtes enthoben. 22. 9. 39 als Generaloberst vor Warschau den Tod
gesucht und gefunden.

Jeschonnek. Ab 1. 2. 1939 Chef des Generalstabes der Luftwaffe. 19. 8. 1943
als Generaloberst Selbstmord.

Jodl. Ab 22. 8. 1939 Chef Wehrmachtsführungsamt. 16. 10. 1946 als Generaloberst in Nürnberg gehenkt.

Keitel. Ab 4. 2. 1938 Chef Oberkommando Wehrmacht. 16. 10. 1946 als
Generalfeldmarschall in Nürnberg gehenkt.

Kinzel. 1939 Oberstleutnant im Gen.Stab des Heeres. Mai 1945 als General-
leutnant Selbstmord.

Köstring. 1939 Militärattaché bei der Deutschen Botschaft in Moskau. 1953 als
General der Kavallerie a. D. gestorben.

Krebs. 1939 Oberstleutnant im Generalstab des Heeres. 1. 5. 1945 als Chef des
Generalstabes des Heeres Selbstmord.

Schmundt. 1939 Chefadjutant des Führers. 20. 7. 1944 tödlich verwundet, gestorben als General der Infanterie 1. 10. 44.

Nach sehr kurzer Nachtruhe schrillte am 17. 9., 4.00 Uhr früh, im
Führersonderzug auf dem Bahnhof Gogolin (Oberschlesien) mein Telefon
und noch halb im Schlaf hörte ich Schmundts Stimme: „Die Russen sind
angetreten. Haben Sie schon nähere Meldungen?" Ich war völlig über-
rascht und alarmierte schleunigst Keitel und Jodl. Wir trafen uns im Befehlswagen, wo sehr bald auch Hitler erschien. Meine Rückfragen in
Berlin hatten nur ergeben, daß eine derartige Meldung des deutschen
Militärattachés in Moskau, General Köstring, vorlag. Er hatte den zuständigen Bearbeiter Rußlands im Generalstab des Heeres, Kinzel, tele-
fonisch angerufen. Auf die erste lakonische Meldung „Die Russen sind
angetreten" war dieser erschreckt aus dem Schlaf mit der Frage aufge-
fahren: „Gegen wen?"

Auch die Begründung:

„Zum Schutz der Ukrainer und Weißrussen, unter voller Wahrung der Neutralität in dem bestehenden Konflikt, und weil keine polnische Regierung mehr vorhanden ist, die russische Regierung demnach an den russisch-polnischen Nichtangriffspakt nicht mehr gebunden ist",

brachte keine völlige Beruhigung. Aus diesem Wortlaut war leicht auch ein Gegensatz zu Deutschland herauszulesen, denn die erwähnten Minderheiten konnten nach Lage der Dinge nur noch durch uns bedroht sein oder werden.

Die offizielle Note (s. Anlage 4) wurde erst später bekannt.

Irgendwelche Meldungen von der Front lagen noch nicht vor, sie konnten rein technisch auch noch gar nicht eingegangen sein. So standen wir tatenlos und grübelnd vor den ausgebreiteten Karten und keiner wußte so recht, was nun eigentlich veranlaßt werden sollte. Klar war uns nur, daß die Truppe sehr schnell Anweisungen in der Hand haben mußte, wenn es an den Fronten, die aufeinander zustrebten, nicht zu Zusammenstößen kommen sollte. In mir wuchs ein dunkles Gefühl: Hier stimmt etwas nicht. Man hat uns Soldaten verheimlicht, was politisch wirklich gespielt wird. Als der herbeigerufene Ribbentrop endlich kam, brach Hitler das allmählich schon peinlich werdende Schweigen: „Na, nun sagen Sie endlich, Ribbentrop, was Sie eigentlich in Moskau militärisch vereinbart haben."

„Als Begrenzung der beiderseitigen Interessensphären und als Demarkationslinie ist mit Stalin der Lauf der vier Flüsse Pissa—Narew—Weichsel—San festgelegt", erklärte daraufhin Ribbentrop und zeichnete gleichzeitig diese Linie auf der ausliegenden Karte — großzügig und teilweise falsch — ein.

Ich hörte damit zu meiner Überraschung das erste Mal von einem geheimen Zusatzprotokoll zu dem Freundschaftsvertrag vom 23. 8. 1939. Keitel und Jodl ging es nicht anders, wie ich aus ihrem sichtbar gezeigten Erstaunen schließen konnte.

Nach dem Krieg erfuhr ich von General Köstring, daß auch der deutsche Botschafter in Moskau durch Ribbentrop nicht informiert worden war. Die Russen haben einen derartigen Dilettantismus nicht für möglich gehalten. Sie haben als selbstverständlich angenommen, daß neben dem Botschafter auch Köstring als deutscher Militärattaché den Wortlaut des geheimen Zusatzabkommens kannte. Der russische Ankläger Rudenko hat deshalb seine Vernehmung als Zeuge vor dem Internationalen Tribunal in Nürnberg 1946 verhindert.

Militärisch war nichts vorbereitet und der große politische Erfolg, den das Antreten Rußlands zweifelsohne darstellte, konnte in seiner Auswirkung praktisch leicht die Quelle von Reibungen und Zerwürfnissen werden, zumindest Verluste bringen. Als General Köstring in Moskau in der Nacht vom 16. zum 17. auf die erste Mitteilung hin derartige Bedenken äußerte, antwortete ihm Woroschilow[23]: „Sie sind ja deutscher General, Sie werden das schon machen." Bei diesem Gespräch war die russische Luftwaffe bereits gestartet, ohne zu wissen, wo sich die deutschen

---

[23]) Woroschilow seit 1925 Volkskommissar für Heer und Marine, später Marschall der Sowjetunion. Ab 1953 Vorsitzender des Präsidiums des Obersten Sowjets.

Angriffsspitzen befanden. Tatsächlich ist es wider alle Erwartung nirgends zu größeren Zusammenstößen gekommen. Nur im Raum von Lemberg haben sich deutsche und russische Abteilungen gegenseitig beschossen und sind verschiedentlich Reichsarbeitsdienst-Abteilungen hinter unserer Front mit Bomben belegt worden, da die russischen Flieger sie wegen ihrer braunen Uniformen für Polen hielten.

Es war Jodl, der in stoischer Ruhe sich als erster mit der Lage, wie sie nun einmal war, abfand, und seine Meinung in Worte zusammenfaßte:

„Die deutschen Angriffsspitzen stehen z. Z. in der allgemeinen Linie Lemberg—Brest—Bialystok—Ostrowice. Die in Moskau festgelegte Demarkationslinie ist also schon um fast 200 km nach Osten überschritten. Die Truppe muß sofort angehalten werden und dort, wo sie gerade ist, verbleiben, bis Einzelheiten über eine Zusammenarbeit mit den Russen festgelegt sind. Diese Verhandlungen müssen schleunigst aufgenommen werden."

Auf Hitlers Zustimmung fing er an, selbst die notwendigen Befehle zu Papier zu bringen. Während Jodl noch schrieb, führte Keitel den Gedanken weiter:

„Ich schlage vor, daß Vormann sofort zu den Russen fliegt, um alles zu vereinbaren."

Hitler: „Einverstanden. Wo können diese Besprechungen stattfinden? Was meinen Sie, Ribbentrop?"

Ribbentrop: „Vielleicht Brest-Litowsk."

Hitler, erregt und regelrecht grob: „Das ist Wahnsinn. Ausgerechnet Brest-Litowsk mit all den Erinnerungen an 1917/18! Kommt gar nicht in Frage."

Als man sich nach vielem Hin und Her auf Bialystok geeinigt hatte, meinte Hitler zu mir: „Das paßt auch ganz gut wegen der Hirsche dort, denn daß Göring mit derartigen Wünschen kommt, ist sicher."

Die ganze Verhandlung wurde in einer verblüffenden Leichtfertigkeit geführt und hatte sich bisher ausschließlich mit Äußerlichkeiten beschäftigt, ohne auf den Kern der Sache überhaupt einzugehen. Es handelte sich doch schließlich darum, ein schweres Versäumnis nachzuholen, und die militärischen Operationen zweier Großmächte noch nachträglich aufeinander abzustimmen, während der Krieg schon angelaufen war, also um eins der schwierigsten Probleme, die es in der Kriegsgeschichte überhaupt gibt. Hier wurde geredet, als ob es sich um die Verabredung zu irgendeiner gesellschaftlichen Veranstaltung handele.

Ich nahm mir vor, mich auf keinen Fall in die Rolle eines Prügelknaben für Unterlassungssünden des Herrn v. Ribbentrop drängen zu lassen, und nicht abzufliegen ohne schriftlich festgelegte Fassung meines Auftrages und meiner Vollmachten. Ich mischte mich daher endlich auch in die Unterhaltung: **„Was** soll ich mit den Russen abmachen? Was für Vollmachten bekomme ich? Wegen des Verhandlungsortes schlage ich vor, Köstring zu befragen, der ja die Verhältnisse am besten kennt."

Während ich nach Hitlers Zustimmung gleich das Gespräch mit Moskau anmeldete, fühlte sich Ribbentrop zu einer Antwort verpflichtet: „Das ist doch ganz klar. Die Russen sollen bis zur Demarkationsgrenze vorrücken und wir hinter die vier Flüsse zurückgehen."

Meine Antwort: „So ganz leicht wird das nicht sein, denn schließlich stehen hinter unseren Angriffsspitzen und zwischen uns und den Russen noch recht starke polnische Verbände, auch sind die Festungen Lemberg und Warschau noch nicht gefallen. Zumindest dürfen keine Mißverständnisse über die Demarkationslinie bestehen oder entstehen. Sie, Herr Reichsminister, haben z. B. vom San gesprochen, aber die Linie auf der Karte von Przemysl längs der Bahn senkrecht nach Süden zum Uzsoker Paß gezogen. Der San fließt in Wirklichkeit im großen Bogen gute 50 km westlich davon um das Ölgebiet herum."

Ribbentrop: „Solche Kleinigkeiten müssen Sie eben aushandeln. Dazu werden Sie ja hingeschickt. Es ist doch ganz klar und selbstverständlich, daß wir das ganze Ölgebiet dort bekommen, denn wir brauchen es."

Einer Antwort auf diese erstaunliche Feststellung wurde ich enthoben, da sich General Köstring in Moskau an meinem Telefonapparat meldete. Nach seiner Ansicht kam als Verhandlungsort nur eine Stadt mit direkter Drahtverbindung nach Moskau in Frage, da die russischen Vertreter mit Sicherheit keine Vollmachten bekämen und die Möglichkeit haben müßten, jederzeit bei Woroschilow oder Stalin selbst zurückzufragen. Wenn also Moskau nicht genehm wäre, käme vielleicht Königsberg in Betracht. Im übrigen glaube er, selbst zur Führung dieser Verhandlungen seiner Stellung nach berufen und befähigt zu sein. Aus Köstrings Stimme klang Verwunderung und Erstaunen über den Plan, die offizielle Vertretung des Reiches, nämlich die Deutsche Botschaft in Moskau, gewissermaßen bei den Verhandlungen auszuschalten und durch eine Sondermission zu ersetzen.

Es war mir eine Genugtuung, seine Antworten satzweise wörtlich zu wiederholen. Hitler nahm mit keinem Wort dazu Stellung. Er fällte auch keine Entscheidung auf meine Erklärung, daß ich kein Wort Russisch verstände und vorschlüge, statt meiner Person den Oberstleutnant Krebs zu entsenden, der vollkommen russisch sprach und einige Jahre in Moskau als Gehilfe Köstrings gearbeitet hatte.

Weitere Verhandlungen, oder besser die im Plauderton geführten Gespräche über dies Thema, wurden durch das Angebot Warschaus über den Rundfunksender Warschau II, kapitulieren zu wollen, unterbrochen. Die durch Funk geführten Verhandlungen endeten sehr plötzlich damit, daß Warschau nicht mehr antwortete. Die Festsetzung und Durchgabe der Bedingungen hatte erhebliche Zeit in Anspruch genommen. Unser Angebot war durchaus anständig und ehrenvoll gewesen.

Da Hitler noch vor dem Zusammentritt des amerikanischen Kongresses am 21. 9. in Danzig eine große politische Rede halten wollte, waren wir am 17. 9. abends von Gogolin bei Oppeln gestartet, um über Frankfurt/Oder—Lauenburg so weit in Richtung auf die Freie Stadt zu fahren, als es auf altem deutschem Boden möglich war.

Am 18. 9., 16.00 Uhr, trafen wir in Goddentow-Lanz an der alten Ostgrenze von Hinterpommern ein. Zu meiner Überraschung konnte ich hier den Oberstlt. Krebs begrüßen. Er war zusammen mit einigen älteren Offizieren der Marine und Luftwaffe herbefohlen, um sich nähere Weisungen für die Verhandlungen über eine Zusammenarbeit mit der russischen Wehrmacht zu holen. Hitler hatte unmittelbar, vermutlich über Schmundt, die Befehle dazu gegeben, mir aber kein Wort über die Aufhebung meines Auftrages gesagt, obwohl er während der letzten Fahrt viele Stunden mit mir an demselben Tisch gesessen hatte. Ich fand das zwar „originell", war aber keineswegs betrübt über diese Lösung. Krebs ist dann auch tatsächlich mit einer Abordnung abgeflogen und am 20. 9. ohne jede Vollmacht in Moskau gelandet, wo sie nur unter Schwierigkeiten durch Köstring auf dem Flughafen ausgelöst werden konnten, da sie nicht einmal angemeldet waren. Die Herren haben dann Köstring bei der Führung der Verhandlungen unterstützt.

Der Abend des 18. 9. verlief ungewöhnlich ruhig, da Hitler an seiner großen Rede arbeitete, von der er sich außenpolitisch sehr viel versprach, und sich bei uns nicht blicken ließ.

Schon früh am 19. 9. rief mich Jeschonnek an. Göring hatte ihm befohlen, darauf hinzuweisen, daß wir für die Kriegswirtschaft unbedingt das Holz des Bialystoker Waldes brauchten und jede zukünftige Grenzziehung darauf Rücksicht nehmen müßte. Ich machte mir den Spaß, Jeschonneks Worte laut zu wiederholen. Der Erfolg war brausendes Gelächter. Hitler meinte nur: „Er sagt Holz und meint Hirsche."

Die ursprünglich auf den Vormittag angesetzte Abfahrt zu dem feierlichen Einzug in Danzig wurde auf den Nachmittag verschoben. Ich benutzte die Gelegenheit, in dem nahen Groß-Boschpol Bekannte aufzusuchen. Die Fahrt war eindrucksvoll. Groß-Boschpol liegt unmittelbar an der Grenze, die der Versailler Vertrag gezogen hatte. Ich fand die Wälder auf deutscher Seite derart verdrahtet und mit Stellungen durchzogen, daß Bilder der Westfront aus dem letzten Kriege auftauchten. Mir wurde erzählt, daß das Leben der letzten Jahre ständig unter der bedrohlichen Angst gestanden hätte: „Wann kommt der Pole? Lohnt es noch, die Felder zu bestellen." Jetzt war der Druck gewichen und eine festlich gekleidete, frohe Menge säumte schon in den Vormittagsstunden die Straße, auf der der Befreier am Nachmittag kommen würde.

Unsere Fahrt nach Danzig und der Einzug in diese alte deutsche Stadt wird mir unvergeßlich bleiben. Es war ein Triumphzug, den zu beschreiben die Worte fehlen. Alles, was überhaupt nur kriechen konnte, schien auf den Beinen zu sein. Jubelnd, winkend, schreiend durchbrach die Menge wie rasend alle Absperrungen und drängte sich an unsere Wagen, um den „Führer" möglichst nahe zu sehen oder einen Händedruck von irgendeinem anderen zu erhaschen. Aus allen Fenstern der geschmückten Häuser regneten Blumen. In der altertümlichen Lang-Gasse kam unsere Kolonne überhaupt nur noch im langsamen Schritttempo vorwärts.. Das war bestimmt keine bestellte Arbeit, das war echte Begeisterung eines Volkes über seine Befreiung aus quälender Angst um Brot und Leben. Als ich vor dem Artus-Hof ausstieg, muß Schmundt wohl gemerkt haben, wie bewegt ich war. Er kam auf mich zu und meinte: „So war es überall. Im Rheinland, in Wien, im Sudetenland und in Memel. Glauben Sie nun an die Mission des Führers?"

Der Artus-Hof am Langen Markt ist von der Genossenschaft des „Gemeinen Kaufmanns" Anfang des 14. Jahrhunderts in der Blütezeit des Deutschen Ritterordens errichtet worden. Der Prachtbau ist, wie alles in Danzig, deutsch. Aus der Zeit der polnischen Zwischenherrschaft nach dem Zusammenbruch des Ordens zeugt in der alten Hansestadt kein Bau, kein Denkmal, spurlos ist die Zeit vorübergegangen und verschwunden.

In der prunkvollen, säulengetragenen Halle dieser historischen Stätte hielt nach jubelnder Begrüßung Hitler seine große Rede. Wie üblich ausgehend von dem „Unrecht und Unsinn" des Versailler Diktates, das „nicht ein einziges Problem gelöst, aber zahllose neue Probleme geschaffen hatte", ging er auf ein Ergebnis dieses „Wahnsinns", die Gründung eines polnischen Nationalitätenstaates ein. Man hätte damit das geschaffen, was man dem alten Österreich als Schuld vorwarf. Nach eingehender Schilderung des Schicksals der Minderheiten, insbesondere der deutschen Bevölkerung in diesem „Gewaltstaat" nach dem Tode Pilsudskis:

> „Zehntausende werden verschleppt, mißhandelt, in der grausamsten Weise getötet. Sadistische Bestien lassen ihre perversen Instinkte aus und — — diese demokratische fromme Welt sieht zu, ohne mit einer Wimper zu zucken",

wiederholte er, ähnlich wie am 1. 9. vor dem Reichstag in Berlin, seine Bemühungen, die schwebenden Probleme zu lösen und den Frieden zu erhalten. Gestützt und vorgeschoben von England lehnte Polen nicht nur alle Vorschläge ab, sondern sprach sogar ganz offen von der bevorstehenden Einverleibung Ostpreußens und Pommerns.

„In London wurde jene famose Garantie abgegeben, die es in die Hand eines größenwahnsinnigen Kleinstaates legte, einen Krieg anzufangen, oder vielleicht auch zu unterlassen." Während er England als den „Generalkriegshetzer" nicht nur seit den letzten Jahrzehnten, sondern Jahrhunderten" brandmarkte, bedauerte er das verführte Frankreich, gegen das wir kein Kriegsziel kennen. „Mein Mitleid mit dem französischen Poilu! Für was er kämpft, weiß er wohl nicht. Er weiß zunächst nur, daß er die Ehre hat (nach Churchill) drei Jahre mindestens zu kämpfen."

Deutlich — vielleicht allzu deutlich — sichtbar wurde Hitlers Bemühen, Frankreich von England zu trennen, seine Hoffnung, einen Keil zwischen die beiden Mächte treiben zu können. Er wollte, wie er uns immer wieder in den letzten Tagen versichert hatte, in einem Friedensangebot so weit gehen, wie es irgend möglich war, ohne daß es als Schwäche oder Angst ausgelegt werden könnte. So öffnete er in seiner Rede auch tatsächlich alle Türen für die Anbahnung von Verhandlungen. Über alles, ließ er mehr als deutlich durchblicken, war zu reden. Die einzigen „unverrückbaren Forderungen" waren: „Polen in der Gestalt des Versailler Vertrages wird niemals mehr auferstehen" und „Danzig bleibt deutsch".

Die Schilderung des 18tägigen Feldzuges gegen Polen unter dem Motto: „Mit Mann und Roß und Wagen hat sie der Herr geschlagen" wurde ein hehres Loblied des deutschen Soldaten.

Für mich verblüffend war, daß in den üblichen Schlußworten sein Dank nicht der „Gnade der Vorsehung" galt, sondern dem „Allmächtigen Gott, der ja jetzt unsere Waffen gesegnet hat".

Der Beifall, der seinen Worten folgte, ist mit „rasend" in seinem tatsächlichen Ausmaß nur schwach angedeutet. Mir schien die Bevölkerung der Stadt, die dicht gedrängt nicht nur den Artus-Hof, sondern auch den Langen Markt füllte, wie von Sinnen. Mühsam mußte für Hitler ein Weg gebahnt werden zu einem der alten Patrizierhäuser, in das der Gauleiter zu einem Essen geladen hatte. Wir mußten lange auf Hitler warten. Er war nach seiner Rede tropfend naß und mußte baden. Dann redigierte er an Hand des Stenogramms noch die für die Presse bestimmte Fassung der Ansprache.

So wurde es spät, bis wir in unser Quartier kamen. Die Fahrt ging nicht zu dem Sonderzug nach Goddentow-Lanz zurück, sondern in das Kasino-Hotel Zoppot. In dem großen Hotel kamen auch Ribbentrop (Reichsaußenminister), Himmler (Reichsführer SS), Lammers (Chef der Reichskanzlei), Dietrich (Reichspressechef) usw. mit ihren Stäben unter. Die größere Bequemlichkeit wurde wettgemacht durch eine veraltete Telefoneinrichtung, die umgebaut werden mußte, und in den folgenden Tagen Gespräche mit Berlin und der Front außerordentlich erschwerte.

An Stelle unseres Befehlswagens trat jetzt Jodls Zimmer. Zusammen mit Keitel habe ich den größten Teil der Tages- und Nachtstunden bis zum 25. 9. hier verbracht. Hitler zeigte sich nur vorübergehend und empfing erfreulicherweise die Mehrzahl der Besucher in seinen eigenen Räumen. Für seine damals noch vorhandene Einstellung mag ein kleines Erlebnis stehen. An einem dieser Tage wurde nachts, Punkt 12.00 Uhr, unsere Zimmertür überraschend aufgerissen und vor uns stand mit feierlichem Gesicht Hitler, dahinter sein Leibdiener mit gefüllten Sektgläsern auf großem silbernem Tablett. Keitel hatte Geburtstag und Hitler kam gratulieren. Er blieb auch noch eine gute Stunde trotz des dicken Zigarrenqualms und trank gegen seine sonstige Gewohnheit sogar einige Gläser mit uns dreien.

Von Jodls Zimmer ging der Blick aus dem Fenster über die ganze Danziger Bucht von Westerplatte bis Gdingen. Vor uns im Norden war Hela deutlich sichtbar. Reste des polnischen Heeres hatten sich in den ständigen Befestigungen auf der Südostspitze der Halbinsel festgesetzt. Die angebotene ehrenvolle Übergabe wurde von ihnen abgelehnt. Da ein Angriff vom Festland her auf der 33 km langen und teilweise nur 50 m breiten Halbinsel unnötige Verluste gekostet hätte, wurde die Marine zur Mitwirkung aufgefordert. Sie brachte zwei alte Linienschiffe nach Westerplatte, die sich dort außerhalb der Reichweite der polnischen Festungsbatterien an Land legten und regelmäßig vormittags zur Seeschlacht vor unseren Fenstern ausliefen.

Der 19. 9. brachte die befürchteten Zusammenstöße mit dem Russen. Seine Verbände erreichten Lemberg und waren erstaunt, hier noch deutsche Truppen im Angriff auf die Festung vorzufinden. Stalin hat ganz augenscheinlich damals befürchtet, daß Hitler sich an die getroffenen Abmachungen nicht halten würde. Aus seinen Äußerungen Köstring gegenüber ging das deutlich hervor. Er glaubte sogar an die Möglichkeit einer Gehorsamsverweigerung der deutschen Generale und konnte sich nicht vorstellen, daß diese ein Land, das sie eben erst erobert hatten, so ohne weiteres gleich wieder räumen würden. Wörtlich meinte er einmal: „Die 300 000 t Öl des Lemberger Bezirkes könnt Ihr während des Krieges bekommen, aber erst räumen. Auch die Hirsche des Bialystoker Forstes könnt Ihr haben, aber auch hier erst räumen!"

Es war nicht leicht, dem Russen klarzumachen, daß die Zurücknahme unserer Verbände, bevor seine Divisionen heran waren, den Resten des polnischen Heeres die Handlungsfreiheit wiedergegeben hätte und deshalb noch nicht eingeleitet war. Um unseren guten Willen zu zeigen, wurde nunmehr ohne jede Rücksicht auf laufende Kampfhandlungen der sofortige Rückmarsch hinter die Demarkationslinie entsprechend der russischen Forderung bis zum 1. 10. befohlen, obwohl das militärisch reiner Unsinn war.

Die Auswirkungen des Befehls waren verblüffend. Der Verhandlungston in Moskau änderte sich ruckartig. Während bisher alle vernünftigen Vorschläge mißtrauisch abgelehnt worden waren, zeigte der Russe jetzt ganz plötzlich größtes Entgegenkommen und ging bereitwillig auf alles ein. So erreichte der Oberbefehlshaber des Heeres in direkter Verhandlung auch eine Verlängerung der Räumungsfrist des Gebietes ostwärts der vier Flußlinien nötigenfalls über den 1. 10. hinaus. Er eröffnete diese Verhandlungen über den Kopf des OKW hinweg nach einem eigenartigen Ferngespräch mit mir am 20. 9. Sein Gespräch begann damals: „Haben Sie denn keinen Zirkel? Haben Sie alles vergessen, was Sie bei mir auf der Kriegsakademie gelernt haben? Räumung der russischen Interessenssphäre bis 1. 10. bringt Tagesmärsche, die unsere angestrengte Infanterie gar nicht mehr leisten kann. Das wird keine geordnete Bewegung mehr, sondern Flucht." Ich konnte nur beteuern, daß der „Führerbefehl" ausschließlich Ribbentrop zu verdanken und eine Änderung auf offiziellem Wege unmöglich sei.

Die Truppe hat damals unter ungeheuren Anstrengungen die Aufgabe erfüllt, die ihr eine dilettantenhafte Politik aufbürdete. Sie hatte gerade das Westufer von Weichsel und San erreicht, als Gegenbefehl kam. Herr von Ribbentrop hatte am 28. 9. in Moskau die Wojwodschaft Lublin gegen Litauen ausgehandelt. Die deutschen Divisionen machten kehrt und marschierten wieder nach Osten. Sie haben auf diese Weise das weite unwegsame Gebiet zwischen San, Weichsel und Bug in knapp drei Wochen dreimal durchmessen. Später bin ich oft gefragt worden, „ob wir da oben damals völlig verrückt gewesen seien." Ich konnte die Frage nur bejahen.

Auf unserer Fahrt am 21. 9. über Langfuhr—Danzig—Westerplatte nach Gdingen begrüßte uns überall der stürmische Jubel der Bevölkerung. Wieder waren alle Straßen überfüllt, obwohl über die Fahrt nichts bekanntgegeben war.

Westerplatte ist der an der alten Mündung der Weichsel gelegene Teil des Danziger Hafens, auf dem Polen das Recht zugesprochen war, ein Munitionslager anzulegen. Vertragswidrig hatte es daraufhin schon 1927 die ganze Westerplatte als polnisches Gebiet in Anspruch genommen und besetzt. Um die zahlreich vorhandenen Munitionsbunker war hier hart gekämpft worden. Der Widerstand polnischer Elitetruppen (Kriegsschüler pp.) konnte schließlich überhaupt erst gebrochen werden, nachdem Sturmpioniere der Roßlauer Pionierschule mit Flugzeugen herangebracht worden waren. Das noch unaufgeräumte Kampfgelände beeindruckte Hitler stark. Immer wieder zog er Vergleiche mit den Flandernkämpfen 1917 bis 1918.

Hier, in Westerplatte, lagen auch die beiden alten Linienschiffe „Schlesien" und „Schleswig-Holstein". Sie unterbrachen ihren Sonderkrieg mit Hela, um Hitler Gelegenheit zu geben, die Front der vor den Schiffen angetretenen Besatzungen abzuschreiten. Es war ein Bild wie im tiefsten Frieden.

Gdingen kannte ich aus den Jahren vor 1914 noch als kleines, abseits gelegenes Fischerdorf von wenigen strohgedeckten Hütten zwischen hohen Sanddünen. Polen hatte inzwischen daraus den Kriegs- und Handelshafen des Landes gemacht. Gdynia war eine selten scheußliche Stadt geworden. Die wundervolle Landschaft hatte man mit stillosen viereckigen Betonklötzen planlos verschandelt. Den Hafenanlagen war eine Großzügigkeit in der Planung nicht abzusprechen. Kilometerlange Steindämme umschlossen ein großes Becken, das allerdings ebenso wie die Fahrrinne in Richtung Hela laufend ausgebaggert werden mußte, denn die Danziger Bucht ist flach und sandig. Alle Ungunst des Geländes hatte man aber in Kauf genommen, um Danzig auszuschalten und einen Hafen auf eigenem Territorium zu haben.

Französisches Geld hatte bei dem Bau ebenso mitgeholfen wie bei der „Kohlenbahn", die unter Umgehung von Danzig auf rein polnischem Gebiet die Verbindung mit Ostoberschlesien herstellte. Der gesamte überseeische Export und Import lief über Gdynia. Jetzt prangten überall bereits neue Schilder mit der Aufschrift „Gotenhafen". Die Stadt sollte Kriegshafen werden, die in den letzten Jahren angesiedelte polnische Bevölkerung wurde deshalb evakuiert.

Der Flug am 22. 9. von Langfuhr nach Wyszkow am Bug war einzigartig schön und aufschlußreich. Prangend in der hellen Herbstsonne zeigte unter uns Ostpreußen mit seinen sauberen kleinen Städten und Dörfern und abgezirkelten gepflegten Feldern den hohen Stand seiner landwirtschaftlichen Kultur. Urplötzlich änderte sich das Bild. Wir hatten die Grenze überflogen, und die Gegend wurde trostlos und öde. Der schmale Grenzfluß südlich Neidenburg trennt zwei Welten. Hundert und mehr Jahre in der Kultur zurück, ungepflegt und verkommen liegt das Land, vielfach überhaupt unbebaut, unter uns. Die kleine Stadt Wyszkow in ihrer Scheußlichkeit verstärkt in Verbindung mit kaum beschreibbarem Dreck noch den Eindruck, in einer anderen Welt zu sein. Einmütig stellten wir in unseren Gesprächen fest, wie schön es sei, daß Wyszkow russisch werden sollte, und wir so damit verschont blieben.

In Szkopowka, dicht am Ausgang von Praga, der Industrievorstadt von Warschau auf dem rechten Weichselufer, berichtete General Petzel über die Einschließung der Stadt und über die bisherigen Kämpfe des ostpreußischen I. Korps. Als wir anschließend im Begriff waren, den hohen Kirchturm zu besteigen, der einen trefflichen Überblick über ganz Warschau bot, hielt mich der Chef des I. Korps, Oberst Weiß, zurück: „Wissen Sie, daß der Generaloberst Freiherr v. Fritsch heute gefallen ist?"

Ich war über die Nachricht so erschüttert, daß ich die Gesellschaft um mich herum nicht vertrug, kehrt machte und den Friedhof aufsuchte, um allein zu sein.

Ich habe den Generalobersten Freiherrn v. Fritsch näher gekannt und hoch verehrt. Selbst in der Nachkriegsliteratur mit ihrem Bestreben, alles, was je Uniform trug, in den Dreck zu ziehen, ist das Urteil über ihn von erstaunlicher Einmütigkeit: Ein untadeliger Ehrenmann und hochverdienter Soldat. Wie ich heute weiß, mußte er fallen, einfach deshalb, weil er im Wege stand. Er hatte außerdem opponiert, und man fürchtete, daß er zu mächtig werden könnte. Göring und Himmler duldeten keine Konkurrenten neben sich.

1938 übersah ich diese Zusammenhänge nicht. Mir waren ebenso wie der großen Masse nur Bruchstücke des schmutzigen Treibens in Berlin bei dem Kampf um die Macht und die Stellung des Heeres bekannt. „In einer Verkettung unglücklicher Umstände sei durch Meineid eines Verbrechers und eine Verwechslung eines Namens die Einleitung eines Verfahrens notwendig gewesen. Das hätte eine Enthebung vom Dienst bedingt. Nachdem die völlige Unschuld des Generalobersten gerichtlich festgestellt, sei er nicht nur völlig rehabilitiert, sondern durch die sehr selten verliehene Ehrenstellung eines Regiment-Chefs sogar besonders geehrt. Nur Oberbefehlshaber des Heeres könne er nicht wieder werden, da ein erneuter Wechsel bei der gespannten Weltlage aus politischen Gründen nicht möglich sei. Ein höchst bedauerliches Versehen das Ganze, aber leider nicht mehr zu ändern." So lauteten dem Sinne nach die amtlichen und vertraulichen Mitteilungen der höchsten Stelle.

Sie haben auch in dieser Verstümmelung und Verdrehung der Tatsachen damals unter den älteren Offizieren helle Empörung erregt. Als Sprecher für die Generalstabsoffiziere des X. Korps habe ich Anfang März dem Kommandierenden General in Hamburg unseren Abschied angeboten. Die sehr ernste Antwort von General Knochenhauer ist mir noch heute so deutlich in Erinnerung, als wäre sie gestern erfolgt: „Ihr Abschied als Demonstration ist sinnlos. Aber wenn Sie mir garantieren, daß auch nur zwei Bataillone meines Korps mit mir gegen Berlin marschieren, will ich den Befehl dazu geben."

Instinktiv haben damals viele, vielleicht die Mehrzahl der älteren Offiziere gefühlt, daß ein Wendepunkt erreicht war. Aber was wir hätten unternehmen können, das weiß ich auch heute nach vielen Jahren des Grübelns darüber noch nicht. Es wäre bestimmt kein einziges Bataillon des Heeres marschiert, von der noch stärker nationalsozialistisch infizierten Luftwaffe und Marine gar nicht zu reden. Das Volk vergötterte Hitler und hätte diese „Palastrevolution" schon gar nicht verstanden.

Es war ja alles in bester Ordnung! Geld wurde in Massen verdient, die Wirtschaft blühte wie seit Jahrzehnten nicht mehr. Die inner- und außenpolitischen Erfolge waren größer, als die kühnsten Optimisten je zu hoffen gewagt hatten. Tatenlos und katzbuckelnd hatte die Welt zugesehen, wie Hitler ein Kapitel des Versailler Vertrages nach dem anderen zerriß. Tief und in Ehrfurcht beugten sich die fremden Diplomaten vor dem Mann, von dem sie heute laut angeben, daß sie ihn schon damals als Verbrecher erkannt hätten. In Wirklichkeit hatte nicht nur das deutsche Volk in seiner Masse, sondern auch das Ausland für Hitler optiert. Das Urteil der Welt über ihn faßte Churchill in seiner Rede am 4. 10. 1938 in die Worte:

„Unsere Führung muß wenigstens ein Stück vom Geiste jenes deutschen Gefreiten haben, der, als alles um ihn in Trümmer gefallen war, als Deutschland in alle Zukunft im Chaos versunken zu sein schien, nicht zögerte, gegen die gewaltige Schlachtreihe der siegreichen Nationen zu ziehen!"

Er hatte alle Deutschen im Herzen Europas geeint, das Reich vor dem Zusammenbruch gerettet, wieder groß, stark und geachtet gemacht und dieses Ziel ohne Blutvergießen erreicht, und ohne lebenswichtige Rechte anderer Staaten zu verletzen. Und da sollten Teile des ungleichartig gewordenen Offizierkorps rebellieren, weil einer der ihren — angeblich versehentlich — in seiner Ehre gekränkt war! Ein hoffnungsloses Beginnen. Als Narren und Volksverräter wären wir abgetan worden. Während des Krieges hat mir in alkoholischer Stunde ein hoher SS-Führer gestanden: „Wir haben damals nur darauf gewartet, daß ihr demonstriert oder noch besser unter Protest Euren Abschied nahmt. Die neue Stellenbesetzung mit unseren Leuten lag schon fertig vor. Die ganze Armee wäre Waffen-SS geworden und damit der noch nur immer hemmende Block auf einmal gefallen."

Fritsch hatte 1939 keine Feldverwendung gefunden. Der Chef (in Österreich Inhaber) eines Regiments hat keine Befehlsgewalt. Es ist eine reine Ehrenstellung. Von alters her ist die Würde nur an Fürstlichkeiten und an verdiente Generale nach dem Ausscheiden aus dem Dienst verliehen worden. Sie galten dann amtlich weiter als aktive Soldaten „ihres" Regiments und trugen auch dessen Uniform. Von diesem formalen Recht, aktiver Soldat zu sein, hatte Fritsch Gebrauch gemacht und das Artillerie-Regiment 12 ins Feld begleitet. Vor Praga hat er sich dann einer Patrouille angeschlossen und ist in unseren vordersten Linien durch Infanterieschuß gefallen. Alle immer wieder auftauchenden Gerüchte, daß er von der Partei ermordet wurde, sind Unsinn. Vermutlich hat er selbst den Tod gesucht. Sein kurzes Testament trägt bemerkenswerterweise als Datum: Achterberg, 15. 8. 1939.

Achterberg ist ein kleiner ehemaliger Gutshof auf dem Truppenübungsplatz Bergen. Fritsch hatte ihn als Zufluchtsstätte gewählt, da er hier unter dem Schutz des Heeres stand und vor Zugriffen der Partei sicher war. Als im Frühsommer 1939 Teile des X. Korps auf dem Truppenübungsplatz lagen, hatte ich den Generalobersten um den Vorzug gebeten, mich bei ihm melden zu dürfen. Er bestellte mich nachmittags zum Tee und empfing mich in Zivil. Auf politische Tagesfragen oder sein tragisches Erleben ging er in der Unterhaltung nicht ein. Eine Einladung zu den Übungen der Truppe oder in das Kasino lehnte er ab. Ich hatte das Gefühl, einem Mann gegenüber zu sitzen, der ruhig und abgeklärt bereits über den Dingen stand und mit dem Leben abgeschlossen hatte. Seine Abschiedsworte werden mir unvergessen bleiben: „Ich muß am Ende meines Lebens einen Irrtum bekennen. Nicht Ruhe und Beharren ist der Sinn der Geschichte, sondern Bewegung, dauernder Umsturz des Bestehenden. Nur das bringt Fruchtbarkeit und Entwicklung. Das Schicksal des einzelnen ist dabei belanglos." Ich habe den hochverehrten Mann nicht mehr wiedergesehen.

Hitler hat in meiner Gegenwart das Thema Fritsch nie berührt. Sein Nichtverstehen dieser großen Persönlichkeit muß sich jedoch aus Ablehnung allmählich in Haß gewandelt haben, vielleicht in der instinktiven Erkenntnis, einem absoluten Antipoden, und dazu noch Rivalen, zumindest innerhalb des Heeres, gegenüberzustehen. Nur so findet sein eigenes Verhalten und eine Äußerung von Schmundt eine Erklärung.

Am 25. 9. kam dieser ganz aufgeregt zu mir in den Befehlswagen mit einem Heerestagesbefehl: „Es ist furchtbar, was Brauchitsch sich da wieder geleistet hat!" Ich überflog den Befehl, der den Tod von Fritsch und seine Leistungen in ehrenden Worten würdigte, und sah Schmundt verständnislos an. „Verstehen Sie denn nicht? Brauchitsch bezeichnet Fritsch darin als den Schöpfer des neuen Heeres. Der Führer ist tief gekränkt, denn er ist doch natürlich der Schöpfer des neuen deutschen Heeres."

Das Staatsbegräbnis für Fritsch in Berlin setzte Hitler auf den 26. 9. vormittags fest. Für sich schob er Unabkömmlichkeit auf dem Kriegsschauplatz vor und beauftragte Keitel offiziell mit seiner Vertretung. Um selbst an diesem Staatsakt nicht teilnehmen zu müssen, lagen wir im Sonderzug völlig taten- und beschäftigungslos vom 25. 9. mittags bis 26. 9. vormittags auf dem kleinen Bahnhof Goddentow-Lanz im fernsten Hinterpommern. Noch bevor die Leiche des Generalobersten unter der Erde war, erfolgte der Zugriff der Gestapo auf seinen Nachlaß durch Haussuchung.

Der 23. 9. verging im Kasino Hotel Zoppot ohne besondere Ereignisse. Der Krieg im Osten war tatsächlich zu Ende. Ob Warschau, Modlin und Hela einen Tag früher oder später kapitulierten, war letzten Endes belanglos und konnte keine Überraschungen mehr bringen. Im Westen war immer noch nichts geschehen, was nicht einzurenken gewesen und eine friedliche Verständigung unmöglich gemacht hätte. Von rein soldatischer Seite her betrachtet, gab es keine Erklärung für das Verhalten der französisch-englischen Führung, da es abwegig war, anzunehmen, sie hätte über das Ausmaß und die Verteilung der deutschen Kräfte eine irrige Vorstellung gehabt. Die Untätigkeit und Zurückhaltung konnte also nur auf poltische Beweggründe zurückgeführt werden, wenn man Unfähigkeit und völliges Versagen nicht in Rechnung stellen wollte. Im Führerhauptquartier gingen die Ansichten darüber auseinander und hatten schon die ganzen letzten Tage über zu heftigen Erörterungen geführt, ohne natürlich über die wahren Ursachen Klarheit zu bringen. Fest stand nur: Wieder einmal hatte der Führer gegen die unkenden Generale recht behalten. Frankreich und England waren nicht marschiert und wollten es augenscheinlich auch nicht. Unter Ausnutzung der vollen Leistungskapazität der Bahnen rollten jetzt die deutschen Divisionen nach Westen. Die Krisis war vorüber. Hitler hatte allerdings geäußert, der Feldzug im Osten sei für ihn erst beendet, wenn auch die polnische Hauptstadt gefallen, und das wolle er „im Felde" abwarten. Wollte er den fremden Diplomaten und den Entscheidungen, die ihn in Berlin erwarteten, ausweichen?

Selbstverständlich fiel kein Wort der Kritik über die „Willensmeinung des Führers", und es war interessant zu sehen, wie jeder Besucher zunächst die völlige Richtigkeit dieser Auffassung beteuerte, um dann krampfhaft nach Möglichkeiten zu suchen, diesen Vorwand aus der Welt zu schaffen. Sie fühlten wohl alle unwillkürlich, daß hier etwas Unsinniges geschah. Die deutsche Staatsführung hatte sich selbst ausgeschaltet. Die führenden Männer markierten „Drang an die Front", wo sie nichts zu suchen hatten. Dafür schwieg die Politik, nutzte die Siege auf dem Schlachtfeld nicht. Das Wort hatte allein der Krieg, von dem Clausewitz schon vor hundert Jahren festgestellt hatte: „Daß der Krieg nur ein Teil des politischen Verkehrs sei, also durchaus nichts Selbständiges." „Daß er als solcher nicht seinen eigenen Gesetzen folgen kann, sondern als Teil eines anderen Ganzen betrachtet werden muß, — und dieses Ganze ist die Politik —."

„Hiernach kann der Krieg niemals von dem politischen Verkehr getrennt werden, und wenn dies irgendwo geschieht, werden gewissermaßen alle Fäden des Verhältnisses zerrissen und es entsteht ein sinn- und zweckloses Ding."

Sinn- und zwecklos war Hitlers Aufenthalt in Zoppot und im Sonderzug auf hinterpommerschen Stationen. Seine Frontbesuche waren Pose geworden, denn es gab weder Lebensgefahr noch irgendwelche Aufgaben für ihn dabei. Es lagen im Herbst 1939 keine strittigen Fragen vor, die an Ort und Stelle durch ihn hätten geklärt und entschieden werden müssen, wie das in den Krisen der späteren Jahre oft genug und immer wieder der Fall war. Da fuhr und flog er aber nicht mehr, sondern entschied — frontfremd — über Tausende von Kilometern hinweg den Einsatz einzelner Bataillone, verlor sich in taktischen Einzelheiten und vergaß all seine anderen Aufgaben. Wieder hatte so **nur** der Krieg das Wort und war damit wieder geworden „ein sinn- und zweckloses Ding".

Der russische Einmarsch und seine Folgen

Karten 12 und 14, Skizze 15

In den frühesten Morgenstunden des 17. 9. überschritt die sowjetische Wehrmacht die polnische Ostgrenze in ihrer ganzen Breite entsprechend den Abmachungen, die der Reichsaußenminister am 23. 8. 39 in Moskau unterschrieben hatte. Die amtliche russische Begründung dieses Schrittes siehe Anlage 4. Da der deutschen Wehrmachtsführung das Bestehen eines geheimen militärischen Zusatzabkommens zu dem Freundschaftsvertrag vom Staatsoberhaupt und vom Auswärtigen Amt verheimlicht worden war, kam der Einmarsch für das OKH so überraschend, daß erst am 18. 9., 0.30 Uhr, die erste Stellungnahme zu der völlig veränderten Lage in Gestalt einer Weisung an die beiden Heeresgruppen erging:

„Eine vorläufige Demarkationslinie Skole—Stryj—Lemberg Ostrand —Kamionka Strumilowa—Bug bis Brest—Brest Ostrand—Bialystok Ostrand—Grajewo darf nicht mehr überschritten werden, ostwärts stehende Einheiten sind zurückzunehmen. In einiger Zeit wird in eine endgültige Demarkationslinie zurückgegangen werden.

Die Heeresgruppen gehen an diese Linie heran, säubern das besetzte Gebiet und veranlassen das Zusammenschließen und Ordnen der Verbände. Heeresgruppe Süd bringt die Kämpfe an der Bzura zum Abschluß und schließt Warschau westlich der Weichsel ab, sie nimmt mit rechtem Flügel der 14. Armee das Ölgebiet bei Skole—Stryj in die Hand. Heeresgruppe Nord hält Warschau ostwärts der Weichsel abgeschlossen. Befehl zum Angriff auf Warschau behält sich Oberbefehlshaber des Heeres vor."

Die Heeresgruppen hatten ferner die für einen Abtransport in Betracht kommenden Verbände zu melden, wobei das OKH mit dem Freiwerden der 23.Inf.Div. bei der Heeresgruppe Nord und der 30., 17., 68. und 27.Inf.Div. bei der Heeresgruppe Süd rechnete.

Nach der Weisung vom 18. 9., 0.30 Uhr, gewissermaßen dem Vorbefehl, folgte am 20. 9. mittags die bereits angekündigte Bekanntgabe der **endgültigen** Demarkationslinie. (Die Endgültigkeit hatte eine Dauer von acht Tagen, bis zum 28. 9.) Der Befehl, dessen Fassung ungewöhnlich ist, lautete:

„1. Der Führer und Oberste Befehlshaber hat folgende Linie als Demarkationslinie zwischen deutschen und russischen Truppen festgelegt: Lauf der Pissa, Lauf des Narew bis zur Weichsel, Weichsel bis zur San-Mündung, Lauf des San bis Przemysl, Linie Przemysl— Chyrow—Uzsokerpaß. (Einzelheiten der Linienführung südlich Przemysl liegen noch nicht fest.)

2. Der Führer hat ferner angeordnet, daß vorwärts dieser Linie kein deutsches Blut mehr fließen soll.

3. Kampfhandlungen ostwärts dieser Linie sind abzubrechen, der Abmarsch hinter die Linie ist unverzüglich einzuleiten.

Ein Angriff auf Praga kommt nicht mehr in Betracht, die Abschließung der Stadt bleibt vorläufig aufrechterhalten.

Weitere Befehle über Durchführung des Abmarsches folgen."

Der Versuch, entgegen dem Wortlaut des Zusatzabkommens, den großen San-Bogen südlich Przemysl mit den dortigen Ölquellen einzubeziehen, scheiterte an dem Einspruch der Russen. Herr v. Ribbentrop hatte hier am 23. 8. in Moskau offensichtlich den Wiar für den Oberlauf des San angesehen und versucht, diesen Irrtum eigenmächtig zu verbessern. Am 21. 9., 20.00 Uhr, wurde die Linienführung südlich Przemysl längs dem Westufer des San—Uzsokerpaß festgelegt. Der ausdrückliche Befehl Hitlers, „daß vorwärts dieser Linie kein deutsches Blut mehr fließen soll", ist bedauerlicherweise von Führung und Truppe auch nach dem 20. 9. nicht befolgt worden.

Der Entschluß, bis an die vorläufige Demarkationslinie heranzugehen, und besonders aber der Befehl vom 18. 9., das ganze Gebiet auch noch zu säubern, obwohl bereits bekannt war, daß die e n d g ü l t i g e Demarkationslinie erheblich weiter westlich liegen würde, hat noch viel Blut gekostet. Er war so ungewöhnlich, daß es in der Weltgeschichte kaum einen ähnlichen Vorgang gibt. Das wesentliche Merkmal von Bündniskriegen ist von jeher das Streben der einzelnen Bundesgenossen, ihre eigenen Kräfte erstens überhaupt und zweitens in Hinblick auf die meist notwendig werdende Schlußabrechnung untereinander zu schonen und die zu leistende Arbeit dem anderen zuzuschieben. Einer rückblickenden Betrachtung muß daher das deutsche Streben, dem Russen ein befriedetes Land zu übergeben, ihm nach Möglichkeit den Einsatz seiner Wehrmacht zu ersparen, unverständlich erscheinen. Stalin verstand diese Selbstlosigkeit schon damals nicht. Er hat andere Gründe unterstellt, mißtrauisch an der Vertragstreue Hitlers gezweifelt und entsprechend reagiert.

Zwischen der Heeresgruppe Süd und der vorläufigen Demarkationslinie befanden sich am 17. 9. noch vier starke Feindgruppen:

1. im Waldgebiet um Janow,
2. im Stadtgebiet von Lemberg,
3. in den ausgedehnten, schwer zugänglichen Waldungen westlich Tomaszow,
4. an dem Wierpz zwischen Lublin und Chelm.

Nach dem Befehl der 14. Armee für den 18. 9. sollten:
das XVIII. Korps

1. die Feindgruppe um Janow im Zusammenwirken mit Teilen des XVII. Korps vernichten,
2. Lemberg nehmen,
3. mit der 57. Inf. und 5. Pz.Div. das Ölgebiet von Drohobycz besetzen, das XVII., VIII., VII. Korps den Gegner westlich Tomaszow mit Hilfe des XXII. Korps einkesseln und zusammendrücken.

Die 10. Armee hatte dem IV. Korps Fortsetzung der Verfolgung auf Hrubieszow—Chelm zur Vernichtung des Gegners an dem Wiepz befohlen.

Diese Befehle zeitigten:

1. Die Schlacht von Lemberg,
2. die Schlacht von Tomaszow,
3. die schweren Rückzugskämpfe des Nordflügels der 14. Armee.

Die Schlacht von Lemberg

Im Zusammenwirken der 1.Geb.Div. mit Teilen der 57.Inf.Div. von Süden, der 7.Inf.Div. von Westen und der 44.Inf.Div. von Norden wurde die Feindgruppe um Janow noch am 18. 9. erledigt. 12 000 Mann streckten die Waffen. Die Beute an Kriegsgerät war groß. Immerhin entkamen namhafte Teile nach Nordosten, da der Kessel hier nicht geschlossen werden konnte. Sie suchten dann nach Süden auf Lemberg durchzubrechen und stießen dabei in den Rücken der Gruppe der 1.Geb.Div., die auf den Höhen nördlich der Stadt seit dem 12. 9. in schweren Kämpfen lag.

Mit Wirkung vom 18. 9., 18.00 Uhr, befahl die 14. Armee eine Umgliederung ihrer Kräfte, um der Vielzahl der gestellten Aufgaben besser gerecht werden zu können. Das Gen.Kommando des XXII. Korps (bisher 4.l., 2.Pz.Div.), neuer Gefechtsstand Chyrow, hatte mit der 57., 56.Inf.Div. und der inzwischen endlich von Sandomierz eingetroffenen 5.Pz.Div. die Besetzung des Ölgebietes von Drohobycz und Stryj durchzuführen. Die 4.l.Div. (um Zamosc) wurde dem VIII., die 2.Pz.Div. (um Rawa-Ruska—Zolkiew) dem XVII. Korps unterstellt, das seine 7.Inf.Div. (um Janow) an das XVIII. Korps abgab.

Das XVIII. Korps ging unmittelbar nach dem Siege bei Janow an die zweite ihm gestellte Aufgabe. Der Sturm auf Lemberg wurde auf den 21. 9. festgesetzt. Dazu erweiterte die 2.Geb.Div. die Einschließung der Stadt im Süden bis Winniki. Hier kam es am Vormittag des 19. 9. zu einem Zusammenstoß mit russischen von Osten anrollenden Panzern. Irrtümlich für polnische Verbände gehalten, wurden sie bekämpft, wobei es auf beiden Seiten Verluste gab. Der weitere Aufmarsch der 2.Geb.Div. wurde am 20. 9. mittags auf die Nachricht hin, daß Lemberg den Russen zu überlassen sei, eingestellt. Als diese baten, die Stadt freizugeben, räumte die Division zunächst Winniki und sammelte dann bis zum Abend im Raum südlich Lemberg zum Abmarsch nach Westen.

Von Janow hatte sich inzwischen die 7.Inf.Div. herangeschoben. Sie schloß Lemberg im Westen ab und fand am 20. 9. endlich auch Verbindung mit den bayerischen Gebirgsjägern auf den Höhen nördlich der Stadt. Hier hatte sich die Lage bedrohlich entwickelt. Lemberg war aufgefordert worden, bis 10.00 Uhr am 21. 9. zu kapitulieren, widrigenfalls der Angriff um 11.00 Uhr beginnen würde. Die Polen hatten dieses Angebot nicht nur abgelehnt, sondern die beherrschenden Höhen nördlich der Stadt erneut von allen Seiten mit so starken Kräften angegriffen, daß bei der völlig auf sich allein gestellten Kampfgruppe neben erheblichen Verlusten bereits fühlbarer Munitions- und Verpflegungsmangel eintrat.

Die Krisis war am Abend des 20. 9. behoben, als völlig überraschend um 20.00 Uhr der schriftliche Befehl des XVIII. Korps einging, daß die seit genau acht Tagen hart umkämpften Höhen zu räumen seien. Die 1.Geb.-Div. hatte ihre Stellungen für die Russen freizumachen, sich unter dem Schutz der Nacht vom Feinde abzusetzen und beim Morgengrauen die vorderste Linie der 7.Inf.Div. in Richtung auf Janow zu durchschreiten.

Der Abmarsch verzögerte sich in der Hauptsache dadurch, daß die 1.Geb.Div. ihre zahlreichen Verwundeten nicht dem neuen Bundesgenossen übergeben zu können meinte. Nachdem in den frühen Morgenstunden des 21. 9. noch ein erneuter starker Angriff abgeschlagen worden war, bot der Befehlshaber der polnischen Besatzung angesichts des bevorstehenden russischen Einmarsches plötzlich der bereits im Aufbruch befindlichen Truppe von sich aus die Kapitulation an. Fast 9000 Polen begleiteten am 22. 9. die Gebirgsjäger bei ihrem Rückmarsch nach Westen als Kriegsgefangene. In Lemberg zogen als Sieger die Russen ein.

Die Besetzung des Ölgebietes von Drohobycz brachte keine wesentlichen Kämpfe. Bereits am 18. 9. nahm die 57.Inf.Div. Drohobycz und Boryslaw, die 5.Pz.Div. Stryj. Mit den anrückenden Russen wurde Verbindung aufgenommen und ihnen am 22. 9. das ganze Gebiet ohne Zwischenfälle übergeben. Das XXII. Korps rückte anschließend mit der 57. und 56.Inf.Div. und der 5.Pz.Div. nach Westen ab.

Die Schlacht von Tomaszow

Die bereits am 17. 9. erwarteten Durchbruchsversuche des Gegners über die Linie Zamosc—Tomaszow—Zolkiew nach Osten setzten am 18. 9. in ungewöhnlicher Stärke ein. Sie aufzufangen, hatte das XXII. Korps bis zu seiner Auflösung am 18. 9. nachmittags als seine Hauptaufgabe betrachtet und sich entsprechend gegliedert. Dem Befehl der Heeresgruppe vom 18. 9. vormittags, bis Sokal am Bug und erneut wieder bis Wlodzimierz vorzustoßen, vermochte es daher nicht nachzukommen. Seine 4.l.Div. lag in harten, wechselvollen Abwehrkämpfen mit der Front nach Westen zwischen Zamosz und Tomaszow fest, während die 2.Pz.Div., in einzelne Kampfgruppen aufgeteilt, bei Zamosc, nördlich Lemberg, ostwärts Rawa-Ruska und südlich Tomaszow stand. Vor der gesamten Front beider Divisionen ballte der Gegner sich durch den Druck des von Westen angreifenden VIII. Korps zusammen.

Weit auseinander gezogen arbeitete sich die 28. und 8.Inf.Div. in dem unübersichtlichen Gelände auf grundlosen Sandwegen über Narol, Jozefow und Krasnobrod auf das hart umkämpfte Tomaszow heran, während das VII. Korps mit der 27.Inf.Div. links umfassend über Rudka auf Tarnawatka herumgriff. (Einzelheiten siehe Skizze 15). Die 68.Inf.Div. verblieb westlich Zamosc als Rückendeckung gegen einen neuen Gegner, der im Anmarsch von Nordosten gemeldet war.

In verzweifelten Angriffen versuchte der eingekesselte Pole sich Luft zu machen, jedoch nur bei Narol glückte am 18. 9. einer stärkeren Feindgruppe, vorwiegend Kavallerie, ein Durchbruch durch die Sperrlinie der 28.Inf.Div. Am 20. 9. mittags streckten nach harten Kämpfen 15 000 Polen westlich Tomaszow die Waffen. Unmittelbar anschließend ergab sich bei Cieszanow auch die polnische 6.Div. vor dem konzentrischen Angriff der 45.Inf.Div. und der inzwischen bei Rawa-Ruska versammelten 2.Pz.-Div. (Wehrmachtsberichte vom 21. und 22. 9.).

Beide Divisionen unterstanden dem XVII. Korps, das zwischen Lemberg und Tomaszow nach Säuberung des Raumes nördlich Lemberg mit einer Voraus-Abteilung der 44.Inf.Div. und Teilen der 2.Pz.Div. bereits am 18. 9. über Zolkiew bis Kamionka Strumilowa am Bug vorgestoßen war. Am 20. 9. wurde nördlich davon auch Krystynopol am Bug von Teilen der 45.Inf.Div. besetzt, während das VIII.Korps auf Sokal antrat.

Die Zurücknahme der 14. Armee

Der Befehl des OKH vom 20. 9. (Wortlaut siehe Seite 165), der den sofortigen Abbruch aller Kampfhandlungen ostwärts der endgültigen Demarkationslinie und den unverzüglichen Abmarsch nach Westen forderte, traf die siegreiche Truppe völlig überraschend. Die Front, die geistig auf diese Veränderung in keiner Weise vorbereitet war, verstand nicht, daß sie heute fluchtartig preisgeben sollte, was sie gestern blutig errungen hatte, und die höheren Führer zweifelten an der technischen Durchführbarkeit der Maßnahme. Starke Feindkolonnen aller Waffen, darunter auch Panzerverbände, strömten aus dem Raum um Chelm auf allen Straßen nach Süden, vorbei an dem Wieprz-Brückenkopf des IV. Korps der 10. Armee bei Krasnostaw. Die Flieger, deren Aufklärungstätigkeit erheblich unter Betriebsstoffmangel litt, stellten schon am 20. 9. ein Abdrehen — offensichtlich vor den anmarschierenden Russen — nach Süd-Westen auf Zamosc fest.

Es ist wohl anzunehmen, daß die Führer dieser letzten Reste der polnischen Wehrmacht die katastrophale Lage ihres Landes zumindest ahnten, insbesondere, nachdem ihr Marschall am 17. 9. von Lublin nach Rumänien flüchtete, aber deshalb gaben diese Männer den Kampf sicher nicht auf. „Noch ist Polen nicht verloren", schien weiterhin ihr Glaube. Sie hofften augenscheinlich, im Süden ihres Landes die Freiheit oder allenfalls noch eine Durchbruchsmöglichkeit nach Rumänien zu finden. Jedenfalls lagen keinerlei Anzeichen für eine beabsichtigte Waffenstreckung vor.

Mit starken Angriffen, spätestens am 22. 9., mußte daher gerechnet werden. Jetzt rächte sich der Entschluß vom 18. 9., bis an die vorläufige Demarkationslinie, den Bug, heranzugehen. Am 17. oder 18. 9. wäre ein Absetzen nach Westen wahrscheinlich ohne größere Kämpfe möglich gewesen, und noch war die russische Einwirkung nicht in Erscheinung getreten, vielleicht bei dem Ausfall der obersten polnischen Führung nicht einmal bekannt geworden. Jetzt drückte von dort der alte Erbfeind. Ein weiteres Ausweichen war unmöglich geworden.

Trotz der siegreichen Schlachten von Lemberg und Tomaszow hatte die 14. Armee am 20. 9. keine volle Handlungsfreiheit mehr. Sie sah die Armeemitte gefährdet, den Nordflügel bedroht. Nur auf dem Südflügel glaubte sie, mit dem XXII. und XVII. Korps den befohlenen Rückmarsch ungefährdet sofort antreten zu können. Dem XVII. Korps wurde freigestellt, den Abmarsch hinter den San je nach Entwicklung der Lage am 22. oder 23. 9. zu beginnen. Auf dem Nordflügel sollten das VIII. und VII. Korps sich Bewegungsfreiheit erzwingen und dazu den neuen Gegner schlagen, falls er angriff und eine Waffenstreckung ablehnte.

Die Vorgänge am 21. 9. rechtfertigten diese Beurteilung der Lage. Während das VIII. und VII. Korps noch das Schlachtfeld säuberten, wurde die 4.l.Div., die beiderseits Zamosc reichlich sorglos zur Ruhe übergegangen war, in den frühen Morgenstunden überfallen. Sie flutete nach Südwesten zurück. Eilig richteten sich das VIII. Korps mit beiden Divisionen um Tomaszow, das VII. Korps mit der 27.Inf.Div. auf den Höhen südostwärts Zamosc zur Verteidigung ein. Die 68.Inf.Div. sammelte als Reserve westlich Zamosc. Der Pole griff am 21. und 22. 9. die ganze Front wiederholt und mit so starken Kräften an, daß ein gefahrloses Absetzen nach Westen nicht gewährleistet schien.

Um den Gegner abzuschütteln, befahl die Armee — anstelle des befohlenen Rückmarsches — für den 23. 9. einen Angriff mit begrenztem Ziel beider Korps in nordostwärtiger Richtung und unterstellte dem VIII. Korps dazu noch die 2.Pz.Div. des XVII. Korps. Sie wurde im Nachtmarsch von Rawa Ruska auf den rechten Flügel nach Tomaszow zugeführt. Es war bekannt, daß russische Panzerverbände den Bug zwischen Hrubieszow und Kamionka Strumilowa erreicht hatten. Dem sowjetischen Befehlshaber in Lemberg wurde daher nahegelegt, durch Vorgehen von Lemberg nach Norden oder von Sokal und Hrubieszow nach Westen bei diesem Angriff mitzuwirken.

Der Gegenangriff gewann zwar Gelände und erreichte die gesteckten Ziele auch ohne Mitwirkung der Russen, aber den gewünschten Erfolg brachte er nicht. Der verzweifelt kämpfende Pole ließ sich nicht abschütteln. Er fand die Lücke der deutschen Angriffsfront zwischen dem VIII. und VII. Korps und brach hier halbwegs zwischen Zamosc und Tomaszow im Gegenangriff bis weit über die große Straße nach Westen vor. Die von Norden und Süden erfolgversprechend angesetzte Zange kam nicht zur Auswirkung, da die Räumungsfristen drängten. Am Abend des 23. 9. griff die Armee ein und befahl noch für den gleichen Tag den Beginn des Abmarsches nach Westen. Dabei wurde dem VIII. Korps die Richtung auf den San beiderseits der Wislok-Mündung, dem VII. Korps die Richtung auf die Weichsel bei Annapol, nördlich der San-Mündung, gegeben. Das Korps sollte zu gegebener Zeit unter den Befehl der 10. Armee treten.

Durch dieses Auseinanderklaffen der beiden Korps erhielt in der Mitte der bereits fast eingekesselte Pole Bewegungsfreiheit. Er nutzte sie. In laufend wiederholten Angriffen suchte er immer wieder nach Süden durchzubrechen. Welche großen Ziele ihm dabei vorgeschwebt haben mögen, ist müßig zu untersuchen.

Die besonders für die 8.Inf.Div. auf dem Nordflügel des VIII. Korps harten und sehr schwierig zu führenden Kämpfe fanden erst am 26. 9. ein Ende, als am Tanew zwischen Bilgoraj und Jozefow der Oberbefehlshaber der Armee Modlin, General Przedrzydski, mit 500 Offizieren und 6000 Mann vor der 8. und 27.Inf.Div. die Waffen streckte. (Siehe Wehrmachtsberichte vom 27. und 28. 9.).

Am Abend des 26. 9. hatten bei der 14. Armee das XXII., XVIII. und XVII. Korps den San nach Westen überschritten. Nur die Divisionen des VIII. und VII. Korps befanden sich noch ostwärts der Demarkationslinie. Die schwierige Absetzbewegung war gelungen. Als auf Grund des Abschlusses eines neuen deutsch-sowjetischen Grenz- und Freundschaftsvertrages (siehe Anlage 6) die Heeresgruppe Süd ab 28. 9. abends die Einstellung des Rückzuges befahl, stand nur noch die 27.Inf.Div. des VII. Korps ostwärts der Weichsel um Krasnik dicht vor der Brücke von Annapol.

Die Zurücknahme der 10. Armee
Karte 14

Vor dem rechten Flügel der 10. Armee stellte die Aufklärung starke Feindkräfte, insbesondere anscheinend Kavallerie, in dem Raum zwischen dem Wieprz und dem Bug um und südlich Chelm fest. Sie wurden von Fliegerkampfkräften erfolgreich angegriffen. Dem IV. Korps (4., 14.Inf.-Div.) wurde für den 18. 9. Fortsetzung der Verfolgung über Krasnostaw auf Hrubieszow und von Lublin auf Chelm befohlen. Der russische Einmarsch und der Befehl des OKH vom 18. 9., 0.30 Uhr, brachten nur die Ergänzung, daß der Bug nach Osten nicht überschritten werden durfte.

Das völlig auf sich allein gestellte Korps trat befehlsgemäß an. Die 4.Inf.Div. nahm in den Mittagsstunden des 18. 9. im Angriff Krasnostaw und bildete einen Brückenkopf auf dem Ostufer des Wieprz. Die 14.Inf.-Div. drang früh in Lublin ein und entsandte, während die Kämpfe in der Stadt noch andauerten, längs der großen Straße und Bahn nach Chelm eine Vorausabteilung, der es ebenfalls gelang, bei Biskupice einen Brückenkopf über den Wieprz zu gewinnen. Vereinzelte Angriffe gegen beide Brückenköpfe wurden abgewiesen.

Obwohl die 4.Inf.Div. noch keineswegs um Krasnostaw aufgeschlossen und die 14.Inf.Div. in Lublin in Säuberungskämpfe verstrickt war, entschloß sich das Korps, den engen Brückenkopf von Krasnostaw als Ausgangsstellung für den weiteren Vormarsch zu erweitern, da der Gegner offensichtlich mehr nach Süden als nach Westen drückte. In zähem Kampf drang am 19. 9. die 4.Inf.Div. 5 km nach Osten vor und wies Gegenangriffe erfolgreich ab. Der Tag brachte außerdem endlich rechts eine Verbindung mit dem VII. Korps um Zamosc und links mit dem XIV. Korps, das mit Aufklärungsverbänden am Unterlauf des Wieprz von der Bystrzyca-Mündung bis Kock sicherte. Damit war an dem Wieprz eine durchlaufende, wenn auch dünne und lückenhafte Front entstanden.

Im Gegensatz zur 14. Armee stellte die 10. Armee bereits am 19. 9. den nur schwer verständlichen und gefährlichen Vorstoß bis zum Bug ein und ordnete an, den Wieprz-Abschnitt zu halten. Sie kam damit dem Befehl des OKH vom 20. 9. mittags zuvor. Um die Nordflanke der 14. Armee nicht zu entblößen, sollte das IV. Korps, vor dessen Front es immer ruhiger wurde, erst am 25. 9. beginnend, in Regimentsgruppen abschnittsweise nach Westen abmarschieren.

Abgesehen von kleineren Kämpfen im Raume von Lublin erfolgte das Absetzen reibungslos. Die 14.Inf.Div. überschritt bereits am 25. 9. die Weichsel bei Pulawy, die 4.Inf.Div. folgte mit der Masse am 28. 9. Ein verstärktes Inf.Rgt. verblieb in Lublin, um den Ausbruch von Unruhen zu verhindern. Planmäßig sollte es die Stadt den Russen am 30. 9. übergeben. Der neue deutsch-sowjetische Freundschaftsvertrag vom 28. 9. (siehe Anlage 6) brachte dann die neue Grenzziehung, nach der Lublin Deutschland zufiel (siehe Skizze 14).

Die Zurücknahme der Heeresgruppe Nord
Karten 12 und 14, Skizze 13

Bei Eingang des OKH-Befehls vom 18. 9., 0.30 Uhr, hatte die Heeresgruppe Nord im Osten nur mit der 4. Armee (XXI. Korps, Gruppe Brand, 23.Inf.Div.) die erste, vorläufige Demarkationslinie geringfügig überschritten. Der Armee wurde befohlen, die Verbände bis zum 21. 9., 0.00 Uhr, hinter die bezeichnete Linie zurückzunehmen und außerdem die 23.Inf.Div. sofort nach Ostpreußen zum Abtransport an die Rheinfront in Marsch zu setzen.

An der Südfront beim noch selbständigen XIX. Korps stieß am 18. 9. die 3.Pz.Div. von Wlodawa ostwärts des Bug mit einer Kampfgruppe bis zur Bahnlinie Chelm—Kowel vor und sprengte dort die wichtige Eisenbahnbrücke über den Bug. Ein Vorstoß westlich des Flusses in Richtung Chelm drang nicht durch. Die Pz.Div. sammelte dann bis zum 20. 9. bei Wlodawa, um der 2.mot.Div. zu folgen, die an diesem Tage bereits von Brest über Bielsk nach Ostpreußen abrollte. 20.mot.Div. und 10.Pz.Div. sicherten inzwischen im Abschnitt Wlodawa—Hajnowka mit der Front nach Osten im Anschluß an das XXI. Korps beiderseits Bialystok.

Am 20. 9. wurde auch das XIX. Korps dem AOK 4 unterstellt, um die technische Durchführung des weiteren Abmarsches nach Ostpreußen, der befehlsgemäß am 21. 9. anzulaufen hatte, in eine Hand zu legen. Mit Vorhuten der Sowjetrussen wurden an der ganzen Front Vereinbarungen über den Ablauf der Räumung im einzelnen getroffen. So erfolgte am 22. 9. nachmittags die Übergabe der Festung Brest unter feierlichem Flaggenwechsel.

Im übrigen wurde der Rückmarsch so geregelt, daß ein Abstand von 25 km zu den sowjetrussischen Truppen blieb. 20.mot.Div. und 10.Pz.Div. marschierten hintereinander von Brest zur Verfügung des OKH nach Ostpreußen, das sie am 26. 9. erreichten. Das XIX. Korps wurde aufgelöst. Die Sicherung der endgültigen Demarkationslinie übernahm das XXI. Korps hinter dem Narew und der alten Reichsgrenze ab Ostrolenka mit der 206. und 21.Inf.Div. Die Gruppe Brand sammelte um Lyck.

Am 28. 9. traten das XXI. Korps und die Gruppe Brand unmittelbar unter den Befehl der Heeresgruppe. Tags darauf begann der Abtransport des Armeeoberkommandos 4 mit Armeetruppen nach dem Westen.

Erheblich größere Schwierigkeiten brachte die Frage, wie die 3. Armee hinter die Demarkationslinie zurückzunehmen sei, ohne die Einschließung Warschaus auf dem Ostufer der Weichsel aufzugeben. Hitler bestimmte schließlich, daß das I. Korps in seinen Stellungen vor Praga nötigenfalls auch unter Überschreitung der Räumungsfristen zu belassen sei. Falls die polnische Hauptstadt nicht vor dem 1. 10. zur Übergabe gezwungen werden konnte, sollte hier und vor Modlin eine Ablösung durch russische Truppen erfolgen und im einzelnen vereinbart werden.

Den Rücken und die tiefe Flanke des I. Korps sicherte, ab 18. 9. wieder mit der Front nach Süden, das Korps Wodrig in der Linie Karcew—Kolbiel—Siedlce mit der 12. und 1.Inf.Div. sowie mit der erneut unterstellten 1.Kav.Brig. Zu nennenswerten Kampfhandlungen kam es hier nicht mehr, da die polnischen Kräfte, die der Einschließung in Warschau entgangen waren, ihr Heil im Süden des Landes zu finden glaubten. Gleichzeitig mit der Aufgabe von Brest durch die 4. Armee konnte daher auch dem Korps Wodrig der Rückmarsch hinter den Narew ab 23. 9. befohlen werden. Nur die 1.Kav.Brigade verblieb als Sicherung etwa in der bisherigen Linie zurück. Am 26. 9. überschritten den Narew die 1.Inf.Div. bei Rozan, die 12.Inf.Div. bei Pultusk.

Die Abschlußkämpfe
um Warschau, Modlin, Gdingen und Hela

Karten 12 und 14, Skizze 13

Die Eroberung von Warschau und Modlin war rein militärisch kein sonderlich schwer zu lösendes Problem. Eigene Kräfte standen ausreichend zur Verfügung und mit dem Auftreten einer polnischen Entsatzarmee war nach der Gesamtlage nicht mehr zu rechnen. Einschließung und Aushungerung unter Zermürbung durch Artilleriefeuer und Fliegerangriffe mußten unfehlbar in kurzer Zeit zur Übergabe führen, zumal beide Festungen auf eine Belagerung nicht eingerichtet und nicht genügend bevorratet waren. Rydz-Smigly wollte ja vor Berlin das deutsche Heer „zerhacken". Größere eigene Verluste waren bei folgerichtiger Durchführung dieses Kampfverfahrens nicht zu erwarten. Zu irgendwelcher Übereilung lag keinerlei Veranlassung vor, da auch die Lage am Westwall sich inzwischen hinreichend geklärt hatte.

Der Umstand, daß eine verantwortungslose polnische Führung in Warschau 1½ Millionen Einwohner in die Verteidigung einbaute, also völkerrechtswidrig mit Zivilisten Krieg führte, erschwerte die Aufgabe keineswegs, erleichterte sie eher. Nur ein Laie konnte sich dadurch bluffen lassen. Eine derartige ungegliederte Menschenmasse ist nicht zu führen und nur zu versorgen, wenn Vorräte überreichlich zur Verfügung stehen. Sie neigt zu Ausbrüchen von Massenschreck und Mutlosigkeit, wenn das Strohfeuer der ersten Begeisterung erloschen ist. Wenige kalte Regennächte unter feindlichem Beschuß führen diesen Zustand unweigerlich herbei. Nur eine einzige Forderung war deshalb vom soldatischen Standpunkt zu stellen — und sie ist immer wieder gestellt worden —: Zeit lassen. Eile oder gar Übereilung kosteten unnötig Blut.

Unter Bezugnahme gerade auf die jüngsten Erfahrungen im spanischen Bürgerkrieg beim Kampf um Madrid wiesen deshalb alle Befehlsstellen immer wieder darauf hin, daß ein schnelles gewaltsames Vorgehen auf einen noch ungebrochenen fanatischen Verteidiger stoßen würde, dem das Gefechtsfeld in einer Großstadt alle Vorteile bot. Vom Angreifer verlangt ein Häuserkampf in einem solchen Falle hohe blutige Opfer. Gefangenenaussagen und Luftbilderkundungen zeigten zudem, daß beide Städte fieberhaft zur Verteidigung eingerichtet wurden. Die z. T. bereits aufgelassenen alten russischen Forts waren besetzt. Sie boten auch gegen schwere Artillerie gute Deckung. Feldmäßig ausgebaute Anlagen verbanden sie untereinander. Zahlreiche Sperren und armierte Häuserblocks durchzogen in mehreren Riegeln hintereinander die Einfallstraßen. Die Entscheidung, ob Angriff oder Belagerung, lag bei Hitler.

Die überall wiederkehrende Behauptung, daß er sich während des Polenkrieges als „Feldherr" nicht betätigt hat, ist nur sehr bedingt zutreffend. Gewiß hat er damals noch nicht wie später einzelne Divisionen geführt, er hat aber trotzdem entscheidend und unglücklich die Operationen beeinflußt. Auf die Folgen, die das Verschweigen des militärischen Zusatzabkommens zu dem Rußlandpakt vom 23. 8. vor den Soldaten zeitigte, wurde an anderer Stelle eingegangen. Vor Warschau hat sein persönliches Eingreifen die Führung der Kämpfe unendlich erschwert.

Hitler hat von vornherein aus politischen Gründen besonderen Wert darauf gelegt, die feindliche Hauptstadt schnell in die Hand zu bekommen. Er hatte zunächst sogar gehofft, dies Ziel noch vor dem Zusammentreten des amerikanischen Kongresses am 21. 9. zu erreichen, und war deshalb sehr enttäuscht, als der Einbruch der 4.Pz.Div. in die Stadt am 8. 9. mißglückte und nicht wiederholt werden konnte. Später forderte er die Erzwingung der Übergabe bis zum 2. oder spätestens 3. Oktober, da er in diesen Tagen vor dem Forum des Deutschen Reichstages in Berlin der Welt den Frieden anzubieten beabsichtigte. Er war aber nicht bereit, den Preis zu bezahlen, den diese Forderung mit sich brachte, zumal alle militärischen Dienststellen auf die hohen Verluste hinwiesen, die ein Straßenkampf in einer Großstadt unweigerlich mit sich bringt. Da er sich zu einem ganzen Entschluß nicht durchringen konnte, sich aber andererseits die letzte Entscheidung vorbehielt, traten die üblichen Folgen ein: Zeitverlust, unklare, sich widersprechende Befehle. Daß Warschau und Modlin trotzdem rechtzeitig am 28. 9. kapitulierten, steht auf einem anderen Blatt.

Bei der Heeresgruppe Nord wurde der bereits angelaufene Angriff auf Praga am 16. 9. von Hitler zunächst ausgesetzt und am 20. 9. nach dem Einmarsch der Russen überhaupt verboten. Auf dem Ostufer der Weichsel, dem späteren russischen Gebiet, sollte kein deutsches Blut mehr fließen. Damit entfiel für das OKH die Möglichkeit, Warschau konzentrisch zu fassen. Auf dem Westufer des Stromes ordnete nach Befehlen und Gegenbefehlen die Heeresgruppe Süd schließlich von sich aus eine Lösung an, die dem unschlüssigen Obersten Befehlshaber der Wehrmacht noch einige Tage Handlungsfreiheit ließ, ohne die Truppe über Gebühr in ihren Bewegungen zu hemmen.

Schon am 19. 9. wurde das an der Bzura freigewordene Armeeoberkommando 8 mit der Einleitung der Operationen gegen Warschau betraut, deren Durchführung es später übernehmen sollte. Es kam zunächst darauf an, die Stadt von der Festung Modlin zu trennen, und auch auf dem Westufer der Weichsel lückenlos abzuschließen. Als nächster Schritt war dieser Einschließungsring sodann so eng zu ziehen, daß aus ihm nötigenfalls auch ein Angriff auf den Stadtkern — falls die Entscheidung Hitlers so fallen sollte — nach ausreichendem Zermürbungsfeuer anlaufen konnte. Als Frist für das Antreten zur engen Einschließung wurde der 25. 9. genannt.

Mitten im Operationsgebiet einer anderen Armee (10.), zunächst noch ohne Truppe, ging General Blaskowitz an die neue Aufgabe, deren technische Durchführung nicht gerade durch die Forderung erleichtert wurde, daß nur aktive Infanterie-Divisionen den letzten Angriff durchführen sollten, falls Hitler sich gegen alle Vorschläge für ein derartiges Kampfverfahren entscheiden sollte. Die schnellen Verbände waren ihrer Gliederung nach dafür ungeeignet und für die Res.Div. schien die Aufgabe zu schwierig. In Aussicht gestellt wurden dem Armeeoberkommando 8 die Generalkommandos XI, XIII, die 10., 18., 19., 31. und 46.Inf.Div. sowie notfalls auch das IV. Korps mit der 4. und 14.Inf.Div. Vorläufig standen diese Verbände jedoch noch in dem großen Dreieck Radom—Bzura—Weichsel verteilt und z. T. in schwere Kämpfe verwickelt.

Sofort verfügbar vor Warschau befanden sich nur Teile der 31.Inf.Div. und der 3.l.Div. Sie sollten die Südfront der Stadt — noch unter dem Befehle der 10. Armee — abriegeln und den Aufmarsch der Artillerie hier sichern. Im Westen und Norden hatten verzweifelt kämpfende polnische Verbände die Schließung des Ringes bislang verhindert. Die Säuberung der Puszcza Kampinoska durch das XI., XV. und XVI. Korps der 10. Armee ging nur langsam vorwärts. Ein planmäßiges Zermürbungsfeuer der Artillerie war so bisher nur von der Ostseite durch das I. Korps über Praga hinweg möglich und daher wenig wirkungsvoll. Luftangriffe größeren Ausmaßes hatte Hitler zur Schonung der Stadt und der Zivilbevölkerung noch nicht freigegeben.

Nach dem Verbot Hitlers für die 3. Armee am 20. 9., gegen Praga angriffsweise vorzugehen, wies die Heeresgruppe Süd am gleichen Tage erneut auf die zu erwartenden großen Verluste bei einem Angriff hin und schlug nochmals vor, die Übergabe von Warschau durch lückenlose Einschließung, Aushungerung, Fliegerangriffe und Artilleriebeschuß zu erzwingen. Eine klare Entscheidung erfolgte von höchster Stelle nicht. Die Heeresgruppe erließ daher wiederum von sich aus am 21. 9. den Befehl für eine enge Einschließung, die durch Angriff mit Schwerpunkt im Norden und Süden in zwei Abschnitten erreicht werden sollte. Erstes Ziel war die Inbesitznahme der äußeren Fortslinie, zweites Ziel der äußere Rand des alten Stadtkernes von der Südbrücke in einem Bogen nach Westen entlang der Ringbahn bis zur Nordbrücke.

Die Befehlsverhältnisse zwischen der 8. und 10. Armee wurden derart geregelt, daß die 8. Armee am 22. 9., 18.00 Uhr, den Befehl über die südliche und westliche Einschließungsfront zwischen Weichsel und der Straße Warschau—Leszno übernehmen sollte, während nördlich davon die 10. Armee vorerst die Feindreste in der Puszcza Kampinoska zu erledigen hatte. Mit dem Abschluß der Kämpfe hier sollte das Armeeoberkommando 10 und das XVI. Korps herausgezogen, das XI. und XV. Korps zur 8. Armee übertreten. Ab 22. 9. wurden dem Armeeoberkommando 8 das Generalkommando XIII. Korps mit der 3.l.Div. und 31.Inf.Div. am Süd- und Westrand von Warschau, die 10.Inf.Div., die sich von Westen her Blonie näherte, und die 46.Inf.Div., die im Anmarsch von Süden um Grojec aufschloß, unterstellt.

Die westlich der Bzura stehenden 221., 208., 50. und 213.Inf.Div. sowie die Brig. Netze waren von der 8. Armee im Einvernehmen mit der 10. Armee in Richtung Warschau—Modlin vorzuziehen, soweit sie nicht mehr zum Aufräumen des Schlachtfeldes benötigt wurden. Generalkommando III. Korps und 17.Inf.Div. wurden zum Abtransport nach dem Westen bestimmt.

Diese Befehle ergingen, während vor Warschau selbst am 21. 9. Waffenruhe herrschte. Der Kommandant der Stadt hatte ein Angebot Hitlers angenommen, neben dem gesamten diplomatischen Korps auch die Angehörigen fremder Staaten abzuschieben. Lange Kolonnen durchschritten bei Praga die beiderseitigen Fronten, wurden hier von Vertretern des Auswärtigen Amtes empfangen und nach Königsberg weitergeleitet. Die langatmigen Erzählungen der Diplomaten schienen eine Erklärung dafür zu bringen, daß Polen den hoffnungslosen und sinnlosen Kampf immer noch weiter führte, daß Warschau und Modlin eine Übergabe ablehnten, die unter den ehrenvollsten Bedingungen mehrfach angeboten worden war. Nach den Nachrichten, die Vertrauensmänner, Funk, Rundfunk usw. laufend gebracht hatten, war ganz Süddeutschland bereits von den siegreichen Franzosen besetzt, der Zugverkehr völlig lahmgelegt, das Ruhrgebiet arbeitete nicht mehr, Deutschland stand unmittelbar vor dem Zusammenbruch.

Hitler empfing diese Meldung freudig erregt. Seiner Gewohnheit gemäß bewies er sich selbst in stundenlangen Monologen die Richtigkeit seiner Politik. Niemals würden Frankreich und England marschieren, sie wollten keinen Krieg und rasselten nur mit dem Säbel. Besonders Frankreich wäre nur bemüht, den Anschein zu erwecken, daß es getreulich seinen Verpflichtungen nachkäme, es wäre aber niemals gewillt, wirklich zu kämpfen. Gelänge es ihm, die Dinge so lange hinzuziehen, bis der Pole sich verblutet hatte, bis der Vertragsteilnehmer nicht mehr bestünde, wäre es sofort zu Verhandlungen bereit. Um diese Zeit zu gewinnen, schrecke es selbst vor der Verkündung offensichtlicher Unwahrheiten nicht zurück, wie u. a. ja auch die täglichen Berichte des französischen Generalstabes über frei erfundene Kampfhandlungen an der Westfront bewiesen. Was ihm — Hitler — 1938 bei der Besetzung der Tschechoslowakei geglückt sei, werde auch jetzt wieder gelingen. Es gäbe keinen Weltkrieg. Anfang Oktober würde er der Welt den Frieden anbieten, den sie annehmen würde. Zuvor aber müsse natürlich Warschau gefallen sein, damit Frankreich und England wirklich freie Hand hätten. Er befahl schließlich, durch Flugblätter und Kriegsgefangene, die zu entlassen und sofort über alle noch bestehenden Fronten hinweg in Marsch zu setzen wären, die noch kämpfenden Polen über die tatsächliche Lage zu unterrichten. Die Zivilbevölkerung Warschaus sei dabei aufzufordern, sich nach Praga in Sicherheit zu bringen, das geschont werden würde.

Der 22. 9. brachte den Durchbruch der 24.Inf.Div. zwischen Warschau und Modlin bis zur Weichsel. Gegen die nunmehr erst wirklich eingeschlossene Stadt erfolgte der erste große Luftangriff der zusammengefaßten Luftflotte 1. Die Luftflotte 4 griff Modlin an. Gleichzeitig begann das konzentrische Zermürbungsfeuer der Artillerie, das nunmehr, ebenso wie die Luftangriffe, sich von Tag zu Tag weiter steigerte.

Am 24. 9., 14.00 Uhr, übernahm die 8. Armee den Befehl zwischen der Weichsel im Norden und der Linie Pabianice—Grojec—Pilica-Mündung im Süden. Unter ihren Befehl traten damit das XI. Korps (24., 18., 19.Inf.-Div.) im Nordostteil der Puszcza Kampinoska und das XV. Korps, das mit der 2.l. und 29.mot.Div. den Brückenkopf von Modlin auf dem Südufer der Weichsel abgeriegelt hatte. Es wurde angeordnet, die beiden schnellen Verbände durch das X. Korps mit der 221. und 213.Inf.-Div. abzulösen. Die Bewegungen liefen bereits.

Am 25. 9. früh stand nach Ablösung der 3.l.Div. das XIII. Korps an der Süd- und Westfront von Warschau angriffsbereit mit der 46., 10. und 31.Inf.Div., das XI. Korps nach Herauslösung der 24.Inf.Div. an der Nordfront mit der 19. und 18.Inf.Div. Wie am 19. 9. geplant und berechnet, begann noch am gleichen Tag der Angriff mit Schwerpunkt im Norden und Süden. Die Vorbereitung durch das konzentrische Feuer der sehr starken Artillerie und durch den Einsatz aller verfügbaren Kampf- und Stuka-Verbände beider Luftflotten hatte vernichtende Wirkung. Flächenbrände brachen aus, große Teile der Befestigungsanlagen sanken in Trümmer. Auf der ganzen Front drangen die angesetzten Stoßtrupps in die äußere Fortslinie ein. Darüber hinaus nahm im Süden die 10.Inf.Div. das Fort Mokotowski und im Norden die 18.Inf.Div. das starke Fort I. Damit waren bereits am ersten Tag zwei wichtige Eckpfeiler auch des inneren Fortsgürtels gefallen. Für den kühnen, erfolgreichen Handstreich gegen Fort I. errangen Oblt. Steinhardt und Lt. Stolz, beide Inf.Rgt. 51, als erste Soldaten der gesamten Wehrmacht das Ritterkreuz des Eisernen Kreuzes.

Am 26. 9. sollte zunächst nur das XIII. Korps den Angriff bis zur Ringbahn fortsetzen, unterstützt vom I. Korps, das ostwärts der Weichsel mit besonderer Erlaubnis Hitlers gegen den Südrand von Praga vorging, um eine Flankierung über den Strom hinweg auszuschalten. Das XI. Korps hatte seine Ausgangsstellungen zu verbessern und erst am 27. 9. erneut anzugreifen. In schweren Kämpfen gegen erbitterten feindlichen Widerstand hatten am Abend die 46. und 10.Inf.Div. die gesteckten Ziele erreicht, während die 31.Inf.Div. noch abhing. Das XI. Korps im Norden nahm sämtliche Außenforts.

Inzwischen fanden sich vor Praga beim I. Korps am 26. 9., gegen 17.00 Uhr, zwei polnische Unterhändler ein, mit der Bitte des Kommandanten von Warschau um einen 24stündigen Waffenstillstand und die Einleitung von Übergabeverhandlungen. Sie wurden mit der Antwort zurückgeschickt, daß nunmehr nur noch eine bedingungslose Übergabe in Frage käme. Am 27. 9., 8.00 Uhr, überbrachten daraufhin zwei bevollmächtigte Vertreter des Befehlshabers das Angebot der bedingungslosen Übergabe der polnischen Hauptstadt.

Der Angriff des XIII. und XI. Korps, der planmäßig um 6.00 Uhr angelaufen war, und gegen unvermindertem Widerstand zum Teil unter Abwehr heftiger Gegenangriffe langsam Boden gewonnen hatte, wurde sofort angehalten. Die Truppe erhielt Befehl, die Feindseligkeiten einzustellen, und sich in der erreichten Linie zur Verteidigung einzurichten. Beim Polen verstummte das Feuer zum Teil erst gegen Abend.

Die Übergabeverhandlungen führte auf Befehl des OKH der Oberbefehlshaber der 8. Armee, General Blaskowitz. Vereinbart wurde zunächst eine 24stündige Waffenruhe ab 27. 9., 14.00 Uhr. 120 000 Polen streckten die Waffen.

Nach Unterzeichnung der Übergabeurkunde am 28. 9., 13.15 Uhr, meinte der polnische Befehlshaber: „Ein Rad dreht sich." Er trug übrigens denselben Namen wie der damalige Gen.Major und Kommandant des Führer-Hauptquartiers: Rommel.

Am 1. 10. zog die 10.Inf.Div. in Warschau, das I. Korps mit der 11. und 217.Inf.Div. in Praga ein.

Modlin
ist die alte russische Festung Nowogeorgieswk an der Mündung des Narew in die Weichsel, die im Ersten Weltkrieg am 19. 8. 1915 von der Armeegruppe Beseler erstürmt wurde. Damals fielen 93 000 Mann in deutsche Hand. Schon Karl XII. von Schweden (1697—1718) legte an dem strategisch wichtigen Platz Befestigungen an, die Napoleon I. (1807) und Zar Nikolaus I. (1825—1855) erweiterten und der polnische Staat nach 1918 sodann unter Einsatz erheblicher Mittel erneuerte. Der über 60 km lange äußere Fortsgürtel schloß im Westen die Stadt Zakroczym, im Osten Novy Dwor ein. Im Süden nutzte ein starker Brückenkopf mit vier großen Werken die unwegsame Puszcza Kampinoska als Vorfeld. Die Stärke der Besatzung wurde auf etwa 3 Divisionen geschätzt.

Nach dem mißglückten Handstreich des II. Korps am 11. 9. und einem vergeblichen Versuch der 228.Inf.Div. am 18. und 19. 9. Novy Dwor von Osten her zu nehmen, riegelte die Gruppe Wyszogrod im Norden, die 228.Inf.Div. in dem spitzen Winkel zwischen Narew und Weichsel im Osten die Festung ab. Am 23. 9. beauftragte die 3. Armee das II. Korps mit der Wegnahme von Modlin, während die 10. Armee das XV. Korps auf den Brückenkopf südlich der Weichsel ansetzte. Das II. Korps entschloß sich zu einem planmäßigen Angriff, der spätestens am 29. 9. mit Schwerpunkt im Norden von der 32.Inf.Div. geführt werden sollte, während der Panzerverband Ostpreußen gegen Zakroczym vorzugehen, die 228.Inf.Div. vor Novy Dwor den Feind zu fesseln hatte.

Die 32.Inf.Div. wurde am 24. 9. aus der Front vor Praga herausgezogen und über den Narew zurückgeführt. Inzwischen marschierte bereits die schwere Artillerie unter dem Schutz der Gruppe Wyszogrod nördlich Modlin auf. Das konzentrische Zermürbungsfeuer des II. und XV. Korps begann am 26. 9., während gleichzeitig die Luftwaffe in rollendem Einsatz ihre Kampfverbände einsetzte. Zahlreiche Brände und Explosionen zeigten eine derartige Wirkung, daß der Panzerverband Ostpreußen und die 32.Inf.Div. vorzeitig schon am 27. 9. nachmittags bis an den Stadtrand vorstießen.

Der Angriffsbeginn war bereits für den 28. 9. früh befohlen, als um 21.00 Uhr beim Gefechtsstand des II. Korps ein polnischer Offizier aus dem Stabe des Befehlshabers in Warschau eintraf, der den Auftrag hatte, auch Modlin zur Übergabe zu veranlassen. Er wurde in die Stadt weitergeleitet, das Vorbereitungsfeuer und die Bombenangriffe gestoppt.

Am 28. 9., 6.30 Uhr, meldeten sich beim II. und beim XV. Korps bevollmächtigte Vertreter des Kommandanten mit dem Angebot einer bedingungslosen Übergabe. Bis auf ein Fort bei Zakroczym, das erst nach ernsten Kämpfen gegen 9.00 Uhr genommen werden konnte, zeigten alle Werke weiße Fahnen. 31 000 Mann gingen in Gefangenschaft.

Die Städte Zakroczym, Modlin und Novy Dwor besetzte am 29. 9. das II. Korps mit dem Panzerverband Ostpreußen, der 32. und 228.Inf.Div., während in den Brückenkopf südlich der Weichsel das X. Korps (213. und 221.Inf.Div.) einrückte, das inzwischen das XV. Korps (2.l.Div. und 29.mot.Div.) abgelöst hatte.

Gdingen und Hela

Wie eine ungeheure Mole streckt sich vor dem Kriegshafen Gdingen die Halbinsel Hela, teilweise nur 500 m breit, 33 km weit in die Danziger Bucht. Das alte kleine Fischerdorf Hela an der Spitze hatte Polen in eine moderne Festung verwandelt mit direktem Gleisanschluß auf dem schmalen Damm an die Kohlenbahn von Oberschlesien. Weittragende Artillerie gab die Möglichkeit, die Weichselmündung zu sperren. Der polnische Flottenchef, Konteradmiral v. Unruh, hatte den festen Platz als Hauptquartier gewählt, Kriegsschüler und sonstige Elitetruppen um sich versammelt.

Unmittelbar nördlich über dem Hafenbecken von Gdingen ragt die Oxhöfter Kämpe, im Süden und Osten durch das Meer, im Norden und Westen durch Sumpf geschützt, sturmfrei, 80 m hoch, wie eine Bastion mit einem Umfang von 10 zu 15 km aus der Ebene. Oxhöft ist niederdeutsch und heißt Schweinshaupt. Der Name ist abgeleitet von dem Bild, den dieser Block dem Auge darbietet. Weithin beherrscht die Hochfläche das Land. Als Gegenstück zu Hela war auch sie zur Festung ausgebaut, überzogen mit einem wirren Netz von Betonbunkern, Drahtverhauen und Gräben aller Art. Solange wie Hela und die Oxhöfter Kämpe polnisch blieben, war Gdingen gesperrt, der Verkehr in der Danziger Bucht gefährdet.

Nachdem in den ersten Septembertagen noch während der Schlacht im Korridor die 207.Inf.Div. im Vorstoß über Berent Danziger Gebiet erreicht hatte, erhielt das Grenzschutzabschnittskommando 1 am 4. 9. von der Heeresgruppe Nord den Auftrag, Gdingen und Hela zu nehmen. Ruhig, sicher und voll Selbstvertrauen gingen die hinterpommerschen Landwehr- und Grenzschutzmänner an die Lösung der Aufgabe, die ihnen auch einen zahlenmäßig weit überlegenen Gegner als Feind gab. Viele dieser Männer, die fast alle Auszeichnungen des Ersten Weltkrieges trugen, sahen dabei die Heimat wieder, aus der sie nach 1918 verjagt worden waren.

Unter den Befehl des Grenzschutzabschnittskommandos 1 trat am 6. 9. auch der Verband Danzig. Am 11. 9. war im Angriff der Fußpunkt der langgestreckten Halbinsel Hela erreicht, die Festungsbesatzung abgeschnitten. Am 14. 9. fiel Gdingen, am 19. 9. nach eingehender Vorbereitung durch Artilleriefeuer in bester Zusammenarbeit mit Marine und Luftwaffe auch die Oxhöfter Kämpe. 13 000 Gefangene waren das stolze Ergebnis.

Während die Besatzung der Festung Hela auf der Spitze der Landzunge neben Fliegerangriffen durch Artilleriefeuer von Land und von See aus niedergehalten wurde, arbeitete sich die 207.Inf.Div. auf dem schmalen Damm selbst planmäßig und erfolgreich vor. Zu dem Anfang Oktober geplanten letzten Angriff kam es nicht mehr. Am 1. 10. streckte Admiral v. Unruh mit 4500 Mann die Waffen.

19. September

Das Oberkommando der Wehrmacht gibt bekannt:

Die Auflösung und Kapitulation der versprengten oder eingeschlossenen Reste des polnischen Heeres schreiten rasch vorwärts. Die Schlacht an der Bzura ist zu Ende. Bisher wurden 50 000 Gefangene und eine unübersehbare Beute eingebracht. Das endgültige Ergebnis läßt sich noch nicht annähernd bestimmen.

Eine kleinere feindliche Kampfgruppe wurde nordwestlich Lemberg vernichtet und dabei 10 000 Gefangene gemacht. Lemberg wurde zur Übergabe aufgefordert. Vor Warschau hat nach Ausbleiben des polnischen Parlamentärs die Kampftätigkeit wieder begonnen. Die Stadt wird von den Polen ohne Rücksicht auf die Bevölkerung, die über 1 Million Menschen beträgt, verteidigt.

Die Luftwaffe hat gestern nur noch einzelne Angriffsflüge durchgeführt. Im Übrigen war ihr Einsatz an der Ostfront nicht mehr nötig.

An der Westfront im Raume von Saarbrücken an einzelnen Stellen schwache Artillerie- und Spähtrupptätigkeit. Beim Gegner wurden vielfach Schanzarbeiten beobachtet. Kampfhandlungen in der Luft fanden nicht statt.

Die von der britischen Admiralität bekannt gegebene Versenkung des Flugzeugträgers „Courageous" ist durch die Meldung des angreifenden deutschen U-Bootes bestätigt worden.

Der russische Heeresbericht

Die Truppen der Roten Armee schlugen am 18. September die Streitkräfte der polnischen Armee weiter zurück und besetzten am Abend im Norden von West-Weißrußland die Stadt Swienciany, den Eisenbahnknotenpunkt Lida, die Stadt Nowogrodek, den Weiler Orlia (am Njemen), die Städte Slonim, Wolkowysk und die Eisenbahnstation Jaglewiczi an der Eisenbahnlinie Minsk—Brest-Litoswk. Im Süden der westlichen Ukraine wurde der Eisenbahnknotenpunkt Sarny besetzt. Vorpostentruppen der Roten Armee nähern sich Lemberg und Wilna.

20. September

Das Oberkommando der Wehrmacht gibt bekannt:

Die Schlacht im Weichselbogen, die vor etwa einer Woche bei Kutno begann und sich dann nach Osten gegen die Bzura zog, erweist sich nunmehr als eine der größten Vernichtungsschlachten aller Zeiten. Die Zahl der Gefangenen hat sich gestern allein an der Bzura auf 105 000 Mann erhöht und wächst ständig. Dazu treten noch außerordentlich hohe blutige Verluste des Feindes. Das erbeutete Kriegsmaterial ist unübersehbar.

Ernsterer Widerstand wird im ganzen von uns besetzten Polen nurmehr in und südlich Modlin sowie in Warschau geleistet.

Unsere in der Verfolgung des Gegners bis zur Linie Stryj—Lemberg—Brest—Bialystok vorgestoßenen Truppen werden nunmehr nach der Vernichtung der dort befindlichen letzten Reste der polnischen Armee wieder planmäßig auf die zwischen der deutschen und russischen Regierung endgültig festgelegte Demarkationslinie zurückgenommen.

Die Kämpfe bei Gdingen wurden gestern mit der Einnahme des Kriegshafens abgeschlossen. Auch hier fielen mehrere tausend Gefangene in unsere Hand. Das Schulschiff „Schleswig-Holstein" und Streitkräfte des Führers der Minensuchboote griffen wirksam in diese Kämpfe ein.

Der Einsatz der Luftwaffe beschränkt sich an der ganzen Front auf Aufklärungstätigkeit.

Im Westen nur örtliche Spähtruppunternehmungen.

Der russische Heeresbericht

Die Truppen der Roten Armee drängten die polnischen Streitkräfte weiter zurück und besetzten nach 2stündigem Kampf gegen Abend im Norden West-Weißrußlands die Stadt Wilna, ferner die Städte Welika-Berestowitsa (50 km östlich von Bialystok), Pruzany, Kobrin (40 km nordöstlich von Brest-Litowsk). Im Süden der westlichen Ukraine wurden die Städte Wladimir-Wolynski, Sokal (am Bug), Brody, Bobrka, Rogatin und Dolina genommen. Kavalleriestreitkräfte und Tankeinheiten drangen in die nordöstlichen und südlichen Vorstädte von Lemberg ein.

21. September

Das Oberkommando der Wehrmacht gibt bekannt:

Noch immer ist das Ergebnis der Schlacht im Weichselbogen nicht in vollem Maße zu übersehen. Bis gestern Nachmittag war die Zahl der Gefangenen auf 170 000 gestiegen und ist immer noch im Wachsen. Eine der beiden an der Schlacht beteiligten deutschen Armeen hat bisher allein 320 Geschütze und 40 Kampfwagen erbeutet. Auf polnischer Seite kämpften nach den bisherigen Feststellungen in dieser Schlacht 9 Divisionen und Teile von 10 weiteren Divisionen und 3 Kavalleriebrigaden.

Im Süden haben sich nach hartem Kampf bei Zamosz und Tomaszow starke polnische Kräfte den deutschen Truppen ergeben, darunter der Oberbefehlshaber der polnischen Südarmee. Seit dem 10. September wurden dort 60 000 Gefangene gemacht und 108 leichte und 22 schwere Geschütze erbeutet.

Die Beute in den Kämpfen um Gdingen ist auf 300 Offiziere, 12 000 Mann und etwa 40 Geschütze gestiegen. Widerstand wird jetzt nur noch in Warschau und Modlin, südostwärts Warschau bei Gora Kalwarja und auf der Halbinsel Hela geleistet.

Im Westen wurden drei Fesselballone und 8 feindliche Flugzeuge abgeschossen. Sonst keine Ereignisse.

Der russische Heeresbericht

Im Laufe des 20. September haben Abteilungen der Roten Armee die polnischen Truppen weiter in die Enge getrieben und bis zum Ende des Tages besetzt: Im Norden im westlichen Weißrußland die Stadt Grodno, im Süden in der Westukraine die Städte Kowel und Lemberg. In der Zeit vom 17. bis 20. September haben die Truppen der Roten Armee 3 polnische Infanteriedivisionen entwaffnet, ferner 2 Kavalleriebrigaden und zahlreiche kleinere Gruppen der polnischen Armee. Es wurden nach bis weitem nicht vollständigen Angaben über 60 000 Soldaten und Offiziere gefangen genommen. Die befestigten Zonen von Wilna, Baranowicze, Moledecno und Sarny wurden mit voller Ausrüstung, Artillerie und Munition besetzt. Unter dem zahlreichen erbeuteten Kriegsmaterial wurden bisher 280 Geschütze und 1200 Flugzeuge gezählt. Die Zählung der Beute wird fortgesetzt.

22. September

Das Oberkommando der Wehrmacht gibt bekannt:

Die Bewegung der deutschen und russischen Truppen auf die vereinbarte Demarkationslinie vollzieht sich planmäßig und im besten Einvernehmen. Bei Lemberg wurden die dort kämpfenden deutschen Truppen durch russische Verbände abgelöst.

Die als Ergebnis der Schlacht bei Tomaszow bereits gemeldeten Gefangenen- und Beutezahlen wachsen noch ständig.

Mehrere polnische Ausbruchsversuche aus Praga wurden abgewiesen. Auf der Strecke Warschau—Siedlce wurde bei Waluszyn nach kurzem Gefecht ein feindlicher Panzerzug genommen.

178 Angehörige des diplomatischen Korps und 1200 sonstige Ausländer konnten gestern Warschau auf dem von den deutschen Kommandobehörden bestimmten Wege verlassen. Sie wurden von deutschen Offizieren in bereitgestellten Zügen noch in der Nacht nach Königsberg befördert. Sämtliche Ausländer sind wohlbehalten und unverletzt.

Im Westen nur vereinzelte Stoßtruppunternehmungen. Ein französisches Jagdflugzeug wurde im Luftkampf abgeschossen.

23. September

Das Oberkommando der Wehrmacht gibt bekannt:

Lemberg ergab sich gestern den bereits im Abmarsch befindlichen deutschen Truppen. Übergabeverhandlungen sind im Einvernehmen mit dem am Ostrand der Stadt stehenden sowjet-russischen Truppen im Gange.

Beim Absuchen der Waldungen an der Bzura fiel am 21. September der Oberbefehlshaber der polnischen Korridorarmee, General Bortnowski, mit seinem ganzen Stabe in unsere Hand.

Nach heftigem Kampf mit einem sich verzweifelt wehrenden Gegner gelang es gestern, die Süduferstraße an der Weichsel zwischen Modlin und Warschau zu überschreiten und damit beide Städte getrennt abzuriegeln. Mehrere tausend Gefangene wurden gemacht.

Im Westen nur an einzelnen Stellen schwache Artillerietätigkeit. Bei Saarbrücken wurde ein französisches Flugzeug durch Flakfeuer zur Landung gezwungen, die Besatzung gefangen genommen. Ein deutsches Flugzeug wurde im Luft-kampf abgeschossen.

Der russische Heeresbericht

Am 22. September haben die Truppen der Roten Armee, die im westlichen Weißrußland operieren, die Stadt Bialystok, sowie die Festung Brest-Litowsk besetzt und dann die Säuberung des Waldgebietes von Augustowo, nordwestlich von Grodno von den Resten des polnischen Heeres begonnen. In der Westukraine haben die Truppen der Roten Armee, denen die Operationen zur Liquidierung des polnischen Heeres übertragen sind, das Gebiet von Sarny von Offiziersgruppen gesäubert. Bei der Liquidierung des Widerstandes der Abteilungen der polnischen Armee im Gebiet von Lemberg haben sich heute 6 polnische Infanteriedivisionen und 2 einzelne Schützenregimenter den Truppen der Roten Armee ergeben, an ihrer Spitze der General Langer. Nach unvollständigen Angaben wurden in der Zeit vom 17. bis 21. September an Soldaten und Offizieren des polnischen Heeres 120 000 Gefangene gemacht, 380 Geschütze und 1400 Maschinengewehre erbeutet.

24. September

Das Oberkommando der Wehrmacht gibt bekannt:

Die Bewegungen der deutschen Truppen auf die Demarkationslinie wurden auf der gesamten Ostfront planmäßig fortgesetzt.

Im Raume Tomaszow—Zamosc—Rudko wurden abgesprengte Feindkräfte bei dem Versuch, sich nach Süden durchzuschlagen, zum Kampfe gestellt. Teile dieses Feindes wurden südwestlich Zamosc eingeschlossen, andere gehen nach Osten zurück und werden dort auf russische Truppen stoßen.

In den letzten Tagen steigerte sich die Zahl der polnischen Überläufer aus Praga und Modlin.

Im Westen an einzelnen Stellen verstärktes Artilleriefeuer. Örtliche feindliche Angriffe wurden abgewiesen.

Der russische Heeresbericht

Die Truppen der Roten Armee haben am Morgen des 23. September den Vormarsch in Richtung auf die Demarkationslinie begonnen, die von der deutschen und der russischen Regierung festgelegt worden ist. Sie besetzten die Städte Stryj und Gorodok und sind auf der Linie westlich von Bialystok bis Brest-Litowsk—Kowel—Wladimir-Wolynski—Lemberg weiter vorgerückt. Im Verlauf der Operationen zur Säuberung der Gebiete der Westukraine und des westlichen Weißrußland haben die Truppen der Roten Armee kleinere Abteilungen des polnischen Heeres nordwestlich von Grodno und nordöstlich von Brest-Litowsk aufgerieben. Nach unvollständigen Angaben wurden am 22. September bei der Liquidierung einer Gruppe des polnischen Heeres nordöstlich von Kowel über 8000 Soldaten und Offiziere gefangen genommen sowie 2000 Pferde und einige Eisenbahntransporte mit verschiedenem Kriegsmaterial erbeutet.

25. September

Das Oberkommando der Wehrmacht gibt bekannt:

Im Osten vollzogen sich die Bewegungen der deutschen Truppen auf die Demarkationslinie am 24. September überall reibungslos und im Einvernehmen mit den russischen Verbänden.

In wiederholtem Einsatz haben Sturzkampfflieger militärisch wichtige Ziele in Warschau mit Erfolg angegriffen.

Im Westen an einzelnen Stellen Spähtrupp- und Artillerietätigkeit auf beiden Seiten. 8 französische Flugzeuge wurden im Luftkampf abgeschossen.

Ein deutsches U-Boot versenkte einen englischen Zerstörer. Auch die Handelskriegführung zeitigte wiederum gute Erfolge.

Der russische Heeresbericht

Der sowjetrussische Generalstab teilt mit, daß die sowjetrussischen Streitkräfte am 24. September auf ihrem weiteren Vormarsch in Richtung auf die Demarkationslinie die Städte Seiny, Augustow und Grubeschow besetzten und an der Linie Augustow—Knychin—Briansk—Rassno (20 km nordwestlich Briansk und 40 km nordwestlich von Brest-Litowsk) — Piszczac (20 km südwestlich von Brest-Litowsk) — Liuboml — Grubeschow — Unow — Janow (20 km nordwestlich von Lemberg) erschienen.

Im Südwesten von Lemberg wurden die Städte Komarno, Drohobycz und Borislaw besetzt. Bei ihren Säuberungsaktionen in den Gebieten West-Weißrußlands und der Westukraine von den letzten Resten der polnischen Armee entwaffneten die sowjetrussischen Streitkräfte bei der Auflösung einer polnischen Heeresgruppe südöstlich der Festung Brest-Litowsk mehr als 10 000 Soldaten und Offiziere und nahmen sie gefangen. Im Süden und Südosten von Grubeschow wurden ein polnisches Infanterieregiment und die Streitkräfte einer motorisierten Brigade gefangen genommen.

26. September

Das Oberkommando der Wehrmacht gibt bekannt:

Im Osten wurde die planmäßige Bewegung auf die Demarkationslinie fortgesetzt. Nur ostwärts des unteren San kam es noch zu kurzen Gefechten mit versprengten Feindteilen, wobei durch eine Panzerdivision 2000 Gefangene gemacht wurden.

Nachdem es trotz aller Bemühungen nicht gelungen ist, den polnischen Kommandanten von der Grausamkeit und Nutzlosigkeit eines Widerstandes in Warschau zu überzeugen, wurde gestern mit den Kampfhandlungen gegen die Stadt begonnen. In kühnem Handstreich wurde das Fort Mokotowski und anschließend ein Teil der Vorstadt Mokotow genommen.

Im Westen Artilleriestörungsfeuer und geringe Spähtrupptätigkeit. Französische Flugzeuge haben — wie einwandfrei erkannt wurde — belgisches Gebiet überflogen.

In Luftkämpfen wurden 5 französische Flugzeuge und 2 Fesselballone, durch Flakfeuer ein französisches Flugzeug abgeschossen.

Der russische Heeresbericht

Im Verlauf des 25. September haben die Truppen der Roten Armee in Fortsetzung ihres Vormarsches auf die Demarkationslinie die Städte Suwalki und Gonionds besetzt und die Linie Suwalki—Gonionds—Surash—Janow (30 km südwestlich von Brest-Litowsk) —Opalin—Dubenka (beide Punkte am Bug, 24—30 km südwestlich bzw. südlich von Cholm) —Komarow, Lawrikow (15 km südöstlich von Rawa-Ruska), Podgajtschiki (25 km nordwestlich von Sambor) —Unjatytsche (10 km nordwestlich von Drogobytsch) —Rybnik (40 km westlich von Stryj) —Kosiow (50 km südwestlich von Stryj) erreicht. Im westlichen Weißrußland und in der Westukraine werden die Operationen zur Säuberung von den Resten der polnischen Truppen fortgesetzt.

27. September
Das Oberkommando der Wehrmacht gibt bekannt:

Im Osten nähern sich unsere Truppen der mit der Sowjetregierung vereinbarten Demarkationslinie. Von den versprengten Teilen des polnischen Heeres, die sich noch zwischen den deutschen und vormarschierenden russischen Truppen befinden, wurde gestern östlich Bilgoraj die 41. polnische Division und 1. Kavallerie-Brigade gefangengenommen.

Die zu Beginn der Kampfhandlungen als offene Stadt angesehene und dementsprechend respektierte Hauptstadt Polens ist durch die Maßnahmen des Kommandanten, die Wiederinstandsetzung der alten Forts und die Bewaffnung von Teilen der Zivilbevölkerung, in eine Festung verwandelt worden. Der Angriff dagegen brachte gestern im Nordteil die erste, im Südteil die zweite Fortlinie in unseren Besitz. Unter dem Eindruck dieser Angriffe hat der polnische Kommandant heute Vormittag die Übergabe der Stadt und der Besatzung angeboten. Der Oberbefehlshaber des Heeres hat den General Blaskowitz beauftragt, die Übergabeverhandlungen zu führen.

Die Luftwaffe griff militärisch wichtige Ziele in Modlin an.

Im Westen nur geringe Gefechtstätigkeit. Der Feind schanzt auf der ganzen Front. 2 französische Flugzeuge wurden im Luftkampf über Freiburg und Sigmaringen abgeschossen.

Deutsche Luftstreitkräfte griffen gestern englische Seestreitkräfte, Schlachtschiffe, Flugzeugträger, Kreuzer und Zerstörer in der mittleren Nordsee mit Erfolg an. Außer einem Flugzeugträger, der zerstört worden ist, wurden mehrere schwere Treffer auf einem Schlachtschiff erzielt. Unsere Flugzeuge erlitten keine Verluste.

Der russische Heeresbericht
Die Truppen der Roten Armee haben ihren Vormarsch auf die Demarkationslinie am 26. September weiter fortgesetzt und dabei die Orte Ossowiec, Chelm, Zamosc, Rawa-Ruska, Sambor und Turka besetzt.

Bei der Liquidierung der Reste des polnischen Heeres in den besetzten Gebieten wurden insgesamt 30 000 Gefangene gemacht, davon allein 25 000 im Abschnitt von Brest-Litowsk.

28. September
Das Oberkommando der Wehrmacht gibt bekannt:

Im Osten hat die Masse unserer Truppen die Demarkationslinie planmäßig überschritten.

In den gestern gemeldeten Kämpfen am Südflügel ostwärts des San wurden im ganzen 500 Offiziere und 6000 Mann gefangen genommen. Neben der schon gemeldeten polnischen 41. Division fielen ein Armeeführer, der Führer eines Grenzschutzkorps sowie die Kommandeure der 7. und 39. Division mit ihren Stäben in unsere Hand.

Die Stadt Warschau, die sich gestern bedingungslos ergeben hat, wird nach Erledigung der notwendigsten Vorbereitungen voraussichtlich am 29. September besetzt werden.

Heute Vormittag hat auch der Kommandant von Modlin die Übergabe der Festung angeboten.

Im Westen keine wesentlichen Kampfhandlungen. Bei einem Luftkampf über Saarbrücken wurde ein feindliches Flugzeug zum Absturz gebracht.

Ein schwerer britischer Kreuzer wurde bei der Isle of Man von einem Kampfstaffel mit Erfolg angegriffen. Eine 250 kg Bombe schlug im Vorschiff ein. Von den am Vortag angegriffenen schweren britischen Seestreitkräften ist ein Flugzeugträger durch eine 500 kg Bombe, ein Schlachtschiff durch zwei 250 kg Bomben in Vor- und Mittelschiff getroffen worden.

Der russische Heeresbericht

Die sowjetrussischen Truppen besetzten auf ihrem Vormarsch in Richtung der Demarkationslinie am 27. September die Städte Grabow (50 km westlich von Augustow), Masowetzsk, Drogischin, Krasnostaw, die Station Zawada (10 km westlich von Zamosc), Krakowez, Mosciska und die Station Sianki (im Quellgebiet des San).

Ferner wurden die Operationen zur Säuberung der westweißrussischen und westukrainischen Gebiete von den Resten der polnischen Armee fortgesetzt.

29. September

Das Oberkommando der Wehrmacht gibt bekannt:

Im Verlauf der planmäßigen Bewegungen über die Demarkationslinie wurde am 28. September Przemysl-Süd durch den deutschen Kommandanten in feierlicher Form an die russischen Truppen übergeben.

Der Ausmarsch der entwaffneten Besatzung von Warschau beginnt heute Abend und wird sich auf 2—3 Tage erstrecken. Der Einmarsch der deutschen Truppen ist daher für den 2. Oktober vorgesehen. Hilfsmaßnahmen für die Verpflegung und die sanitäre Versorgung der Zivilbevölkerung sind eingeleitet.

Die Festung Modlin hat unter dem Eindruck der deutschen Angriffe sowie als Folge der Zermürbung durch Artilleriefeuer und Bombenabwürfe bedingungslos kapituliert. Die Einzelheiten der Übergabe werden nach Weisung der Heeresgruppe Nord durch das vor Modlin eingesetzte Korpskommando festgelegt. In der Festung befinden sich etwa 1200 Offiziere, 30 000 Mann, 4000 Verwundete.

Im Westen Erdkampftätigkeit wie bisher.

Im Luftkampf wurden bei Weißenburg ein französisches, bei Osnabrück ein britisches Flugzeug abgeschossen.

Der russische Heeresbericht

Die Streitkräfte der sowjetrussischen Armee erreichten auf ihrem Vormarsch in Richtung auf die Demarkationslinie am 28. September Grajewo, Tschijew (20 km südwestlich von Mazowetzk), Mesiretschie, Krepiec (12 km südwestlich von Lublin), Szczebreszczin, Malodytsch (15 km nordwestlich von Liubaschow), Przemysl, Ustrzyki Dolnie (40 km südwestlich von Przemysl).

Bei weiteren Säuberungsaktionen in Westweißrußland und in der Westukraine von den Überbleibseln der polnischen Truppen entwaffneten die sowjetrussischen Streitkräfte 5 polnische Kavallerieregimenter und machten sie zu Gefangenen. Ferner erbeuteten sie in der Gegend von Krukenitza 15 Geschütze und lösten verschiedene isolierte Gruppen der polnischen Streitkräfte auf.

30. September

Das Oberkommando der Wehrmacht gibt bekannt:

Im Osten haben sich nach der Kapitulation von Modlin auch die im Brückenkopf von Modlin südlich der Weichel befindlichen 269 Offiziere und etwa 5000 Mann ergeben. 58 Geschütze, 183 Maschinengewehre und zahlreiches anderes Kriegsgerät wurden erbeutet.

Im Westen an verschiedenen Stellen etwas lebhaftere Artillerietätigkeit.

Im Skagerrak und Kattegat wurden in den letzten beiden Tagen 45 Dampfer von deutschen Zerstörern und Torpedobooten auf Bannware untersucht und ein Teil von ihnen aufgebracht.

2 Schwärme von zusammen 12 britischen Kampfflugzeugen suchten in das deutsche Hoheitsgebiet an der Nordseeküste einzufliegen. 1 Schwarm griff in der deutschen Bucht Zerstörer ohne jeden Erfolg an. Die britischen Flugzeuge wurden durch Flakfeuer vertrieben. Bombentreffer wurden nicht erzielt. Den anderen Schwarm stellten deutsche Jagdflieger in der Nähe der ostfriesischen Inseln Wangerooge und Langeoog. Im Luftkampf wurden von 6 britischen Flugzeugen 5 abgeschossen. Die Besatzung zweier deutscher Jagdflugzeuge, die auf See notlanden mußten, wurden unverletzt durch deutsche Kriegsschiffe gerettet.

1. Oktober

Das Oberkommando der Wehrmacht gibt bekannt:

Im Osten geht die Übergabe von Warschau und Modlin planmäßig vor sich.

Im Westen war das feindliche Artilleriefeuer in Gegend Saarbrücken stärker. Sonst keine nennenswerte Kampftätigkeit. Im Westen wurden 2 französische und 10 britische Flugzeuge, über der Nordsee 2 britische Kampfflugzeuge zum Absturz gebracht. — Wir verloren 2 Flugzeuge.

2. Oktober

Das Oberkommando der Wehrmacht gibt bekannt:

Gestern Vormittag sind die ersten deutschen Truppen ohne Zwischenfälle in Warschau eingerückt. Die Besetzung Pragas wurde gestern beendet.

Der letzte Stützpunkt polnischen Widerstandes, die befestigte Halbinsel Hela, hat sich gestern bedingungslos ergeben, noch bevor der von Heer und Kriegsmarine gemeinsam vorbereitete Angriff durchgeführt wurde. Die Besatzung von 52 Offizieren, darunter der polnische Flottenchef, Konteradmiral von Unruh, und 4000 Mann werden heute Vormittag die Waffen strecken.

Im Westen nur örtliche Artillerie- und Spähtrupptätigkeit.

1 britisches Aufklärungsflugzeug wurde östlich Paderborn abgeschossen.

Der Ausklang

Skizzen 12 u. 14

Der Führer und Oberste Befehlshaber der Wehrmacht hatte die Wehrmacht wiederum nicht davon unterrichtet, daß eine Änderung der Demarkationslinie beabsichtigt war, und daß die Verhandlungen darüber bereits liefen. Als der Reichsaußenminister „die endgültige Grenze zwischen Asien und Europa für die nächsten tausend Jahre"[26]) am 28. 9. in Moskau festlegte (s. Anlage 6), standen die Russen etwa in der Linie Grajewo (der Grenzort südlich Lyck) — östlich Lukow — östlich Lublin— Przemysl. Sie drängten ab 29. 9. nur noch im Norden und Süden weiter nach Westen, während in der Mitte, in der Wojwodschaft Lublin, die nach der neuen Regelung an Deutschland fiel, der Vormarsch angehalten wurde. Da andererseits das deutsche Heer auch dieses Gebiet in Unkenntnis der geplanten Änderung unter Gewaltmärschen bereits geräumt hatte, wurde in dem leer gewordenen Raum am Unterlauf des Wieprz alles zusammengedrückt, was in Polen überhaupt noch Waffen trug.

In bewundernswerter Tapferkeit, aber völliger Verkennung der Gesamtlage, versuchten diese letzten Reste der polnischen Wehrmacht den Krieg fortzusetzen. So kam es bei Krasnik, vor der Brücke von Annapol, wo die 27.Inf.Div. rastete, und bei Lublin, das ein Regiment der 4.Inf.Div. den Sowjets übergeben sollte, zu Gefechten. Als auch die Sicherungen der 13.mot.Div. am Wieprz immer wieder angegriffen wurden, und stärkere Feindkräfte im Raum um Kock (50 km östlich Deblin) auftraten, erhielt ein Regiment der 13.mot.Div. am 2. 10. den Befehl, die Lage zu bereinigen. Der erfolglose und verlustreiche Angriff dieses einen Regimentes am 2. 10. auf Kock zog am 3. 10. die gesamte Division und am 4. 10. schließlich und endlich den Einsatz des Generalkommandos XIV. Korps mit der 29.mot.Div. nach sich.

Die deutsche Führung unterschätzte den Gegner erheblich. Nach den nunmehr eingehenden Meldungen der Luftwaffe strebte ein Truppenverband von mindestens Divisionsstärke aus der Gegend des Wieprzknies bei Kock breit entfaltet in nordwestlicher Richtung. Das XIV. Korps rechnete mit einem Durchbruchsversuch auf Warschau, dessen Übergabe bei dem Ausfall der obersten polnischen Führung seit 17. 9. vermutlich noch nicht bekannt geworden war. Die 29.mot.Div. wurde daher von Deblin nördlich umfassend über Ryki—Zelechow auf Lukow angesetzt. Den Ort hatten russische Vorhuten bereits erreicht, jedoch am 4. 10. wieder geräumt, ohne sich an den Kämpfen zu beteiligen.

Die Annahme über die Marschrichtung des Gegners erwies sich als zutreffend. In keineswegs leichten Kämpfen wurde der Pole im konzentrischen Angriff beider Divisionen aus allen vier Himmelsrichtungen am 5. 10. nordwestlich Kock eingekesselt und zusammengedrückt. Am 6. 10.,

---

[26]) Wörtlicher Ausspruch Hitlers in Gegenwart des Verfassers.

2.00 Uhr, bot der polnische Befehlshaber, General Kleber, persönlich die Waffenstreckung an. Das Ergebnis war überraschend. 1255 Offiziere und 16 000 Mann der verschiedensten Truppenteile hatten sich unter seinem Befehl noch zusammengefunden. (S. Wehrmachtsberichte vom 6., 7., 8. u. 10. Oktober.

Mit der Übergabe von Kock erlosch der letzte polnische Widerstand. Größere Kampfhandlungen fanden nicht mehr statt. Der deutsche Vormarsch auf die neue Grenze mit der Sowjet-Union wurde mit dem russischen Rückmarsch in Übereinstimmung gebracht und tageweise für die Zeit vom 5.—12. 10. festgelegt. Die Märsche vollzogen sich planmäßig und reibungslos nach den Anordnungen der Heeresgruppe Süd, die ab 3. 10., 18.00 Uhr, als „Oberbefehlshaber Ost" das Kommando über die gesamte Ostfront übernommen hatte. Ihm waren unterstellt:

1. Die 14. Armee im Abschnitt von der ungarischen Grenze bis zur Mündung des San in die Weichsel mit fünf Inf.Divisionen, einer Geb.Div. und einer leichten Division.
2. Die 8. Armee im Anschluß bis südlich Ostrolenka (Narew) mit neun Inf.Divisionen.
3. Die 3. Armee von Ostrolenka bis an den Wysztiter See an der Nordspitze des Suwalkizipfels mit sieben Inf.Divisionen und der 1.Kav.Brig.
4. Ein neugebildeter Grenzabschnitt unter Befehl des stellvertretenden Gen.Kdos.I.AK. von der Südspitze des Wysztiter Sees entlang der litauischen Grenze bis an die Ostsee. Ihm standen Grenzwachtverbände zur Verfügung.
5. Der Militärbefehlshaber Danzig-Westpreußen mit zweieinhalb Inf.-Divisionen.
6. Der Militärbefehlshaber Posen mit zwei Inf.Divisionen.

Alle anderen Verbände wurden zum Einsatz am Westwall oder zur Wiederherstellung ihrer vollen Kampfbereitschaft in die Heimat abbefördert. Schon seit Ende September liefen die Transportbewegungen auf vollen Touren.

Am 8. 10. verfügte das OKH die Umbenennung
des AOK 14 in Grenzabschnittskommando Süd,
des AOK 8 in Grenzabschnittskommando Mitte,
des AOK 3 in Grenzabschnittskommando Nord.

Am 16. 10. verkündete das OKW, daß weitere Lagenberichte von ihm nicht mehr herausgegeben würden.

3. Oktober

Das Oberkommando der Wehrmacht gibt bekannt:

Im Laufe des 2. Oktober rückten weitere deutsche Truppen in die Festung Warschau ein.

Die Zählung der Gefangenen, sowie der in Warschau und Modlin erbeuteten umfangreichen Bestände an Waffen und sonstigem Kriegsgerät dauert noch an.

Im Westen nur geringe Artillerie- und Flugzeugtätigkeit.

4. Oktober

Das Oberkommando der Wehrmacht gibt bekannt:

Im Osten kam es bei der Säuberung des Gebietes zwischen der bisherigen Demarkationslinie und der neu festgesetzten deutsch-russischen Interessengrenze noch zu Kämpfen mit versprengten Teilen polnischer Truppen.

Im Westen herrschte außer schwacher feindlicher Artillerietätigkeit in Gegend Saarbrücken fast völlige Ruhe.

Im Handelskrieg wurden seit dem 30. September weitere 72 Dampfer von deutschen Seestreitkräften eingeholt. Ein Teil von ihnen wurde wegen Beförderung von Bannware in deutsche Häfen eingebracht.

5. Oktober

Das Oberkommando der Wehrmacht gibt bekannt:

Im Osten wurde die gestern begonnene Säuberung des Gebietes ostwärts der Weichsel von versprengten polnischen Truppenteilen fortgesetzt.

Im Westen nur geringe Artillerie- und Luftaufklärungstätigkeit.

6. Oktober

Das Oberkommando der Wehrmacht gibt bekannt:

Der Führer und Oberste Befehlshaber der Wehrmacht besuchte gestern die Truppen der 8. Armee vor Warschau und ließ Teile der an der Einnahme der Festung beteiligten Divisionen an sich vorbeimarschieren.

Bei Kock ostwärts Dęblin streckten heute 10 Uhr vormittags die letzten Reste des polnischen Heeres, etwa 8000 Mann, unter dem polnischen General Kleber die Waffen. Ostwärts der Weichsel begann gestern die Vorwärtsbewegung zur Besetzung des Gebietes bis zur deutsch-russischen Interessengrenze.

Im Westen schwache Artillerietätigkeit, sonst ruhiger Verlauf des Tages.

7. Oktober

Das Oberkommando der Wehrmacht gibt bekannt:

Ostwärts der Weichsel und im Gebiet von Suwalki vollzog sich das Vorgehen auf die deutsch-russischen Interessengrenze reibungslos im Einvernehmen mit den russischen Truppen.

Unter den letzten Resten des polnischen Heeres, die gestern bei Kock kapitulierten, befanden sich 2 Divisionskommandeure und 100 Offiziere.

Im Westen wurden örtliche Spähtruppunternehmungen des Feindes abgewiesen, sonst nur vereinzeltes Störungsfeuer.

Französische Aufklärungsflugzeuge versuchten nachmittags den Rhein bei Bonn zu überfliegen. Sie wurden durch deutsche Jagd- und Flakabwehr vertrieben, eines von ihnen wurde bei Godesberg im Luftkampf abgeschossen, ein zweites bei Euskirchen zur Notlandung gezwungen. Die 4köpfige Besatzung, darunter ein Oberstleutnant im Generalstab, wurde gefangen genommen.

Eigene Verluste traten nicht ein.

8. Oktober

Das Oberkommando der Wehrmacht gibt bekannt:

Die Bewegungen auf die deutsch-russische Interessengrenze verlaufen weiterhin planmäßig.

Nach den letzten Meldungen des Heeres haben sich bei Kock über die bisher mitgeteilten Zahlen hinaus 2 Divisionskommandeure, 1255 Offiziere und 15 600 Unteroffiziere und Mannschaften den deutschen Truppen ergeben. An Beute wurden 10 200 Handfeuerwaffen, 205 Maschinengewehre, 20 Geschütze, über 5000 Pferde und mehrere Kriegskassen eingebracht.

Im Westen tagsüber beiderseitige Artillerietätigkeit, nachts vereinzelt Störungsfeuer.

9. Oktober

Das Oberkommando der Wehrmacht gibt bekannt:

Im Osten wurde der Vormarsch gegen die Interessengrenze fortgesetzt.

Im Westen örtliche Spähtrupptätigkeit und schwaches beiderseitiges Artilleriefeuer.

In der Luft nur geringe Aufklärungstätigkeit.

10. Oktober

Das Oberkommando der Wehrmacht gibt bekannt:

Im Osten wurde im Vorgehen auf die deutsch-russische Interessengrenze die befohlenen Tagesziele erreicht.

Im Gebiet nördlich des Bug und im Suwalki-Zipfel sind damit die Bewegungen im wesentlichen abgeschlossen.

11. Oktober

Im Osten nähern sich die deutschen Truppen in Mittelpolen der längs des Bug verlaufenden deutsch-russischen Interessengrenze.

13. Oktober

Im Osten stehen die Bewegungen auf die deutsch-russische Interessengrenze vor dem Abschluß.

14. Oktober

Im Osten wurden mit der Besetzung der letzten Abschnitte am Bug die Bewegungen auf die deutsch-russischen Interessengrenze abgeschlossen.

16. Oktober

Nachdem die Truppenbewegungen zur Besetzung des deutschen Interessengebiets in Polen beendet sind, wird das Oberkommando der Wehrmacht nicht mehr berichten.

Schlußwort

Operationsziel ist die Vernichtung der polnischen Wehrmacht. Die politische Führung fordert, den Krieg mit überraschenden, starken Schlägen zu eröffnen und zu schnellen Erfolgen zu führen, lautete die Ziffer 1 des Befehls, den Generaloberst v. Brauchitsch im Juli 1939 unterzeichnet hatte. Kaum jemals in der Geschichte ist ein Auftrag von dem verantwortlichen Feldherrn derart buchstabengetreu erfüllt worden. Innerhalb von vier Wochen war das gesteckte Ziel erreicht, im Kampf mit zahlenmäßig etwa gleichstarkem Gegner ein Cannae bisher unvorstellbaren Ausmaßes geschlagen.

Wieder einmal war Polen von der Landkarte verschwunden. „Den Marsch auf Berlin" traten 700 000 Mann als Gefangene an. Angesichts dieses überwältigenden Erfolges scheinen die Verluste gering, so schwer sie den einzelnen auch trafen. Die deutsche Gesamtwehrmacht verlor 10 572 Gefallene und 30 322 Verwundete. Vermißt wurden 3404 Mann.

Der Soldat hatte s e i n e Aufgabe erfüllt. Den Sieg einzuordnen in die große Politik, ihn zu nutzen, war Sache des Staatsmannes, denn „der Krieg ist ein Instrument der Politik", „er ist nichts, als eine Fortsetzung des politischen Verkehrs mit Einmischung anderer Mittel". Als selbständiger Akt betrachtet oder behandelt ist er „ein sinn- und zweckloses Ding". (Clausewitz, 8. Buch, 6. Kapitel.)

Hitler vermochte den Sieg über Polen nicht auszuwerten. Seine Vorschläge für einen sofortigen Friedensschluß und eine Neuordnung des osteuropäischen Raumes in der großen Rede am 6. 10. 1939 vor dem Reichstag verhallten. England schlug ihm die große Karte, die er zu halten glaubte, aus der Hand, indem es kaltblütig das verbündete Polen abschrieb und als Voraussetzung jeglicher Verhandlungen die Abdankung Hitlers verlangte. Das hieß bedingungslose Kapitulation Deutschlands. Diese unsinnige Forderung an einen Diktator unmittelbar nach einem großen gewonnenen Feldzug war wohl berechnet. Hitler verlor seine Handlungsfreiheit. Er wurde in eine Sackgasse gedrängt, aus der es als einzigen Ausweg nur den Angriff im Westen gab, denn die Fortdauer des derzeitigen Zustandes am Westwall war wohl für die Alliierten mit der ganzen Welt offen hinter sich, nicht aber für das blockierte Deutschland tragbar. Zugleich wurde in diesem Falle Frankreich, dessen Volk keineswegs Neigung zeigte, „für Danzig zu sterben", zu ernsthaftem Kampf gezwungen.

Mit der Preisgabe des polnischen Verbündeten wurde auch das deutschsowjetische Bündnis vom 28. 9. 1939 wertlos gemacht. In richtiger Erkenntnis der Tatsache, daß Rußland gar kein Interesse daran hatte, sich aktiv in einen Weltkrieg zu stürzen, fand England eine verblüffende Auslegung des englisch-polnischen Garantievertrages vom 8. 4. 1939 (Text der Ratifizierungsurkunde vom 25. 8. 1939). Die Verpflichtung, für die Integrität des polnischen Staates mit allen Mitteln einzutreten, hätte selbstverständlich nur gegolten für den Fall, daß Deuschland der Angreifer war, nicht aber Rußland.

Der offenen Kriegsdrohung, die die Präambel des deutsch-russischen Vertrages vom 28. 9. 39 (s. Anlage 6) enthält, wich England mit dieser kühnen Wendung aus. Es überhörte auch die Feststellung, die Molotow, Außenkommissar der UdSSR, in seiner Rede auf der 5. Außerordentlichen Tagung des Obersten Sowjets am 31. 10. 1939 in Moskau abgab, daß England und Frankreich die wahren Urheber des gegenwärtigen imperialistischen Krieges seien (Anlage 7).

So konnte Molotow in derselben Rede die Einverleibung von 196 000 qkm polnischen Gebietes mit 13 000 000 Einwohnern offiziell verkünden, ohne Protestaktionen der Garantiemächte England und Frankreich hervorzurufen. Auch der Genfer Völkerbund schwieg, als Rußland daneben die baltischen Staaten Estland (47 549 qkm, 1 128 000 Einwohner), Lettland (65 791 qkm, 2 000 000 Einwohner) und Litauen (52 242 qkm, 2 300 000 Einwohner) besetzte und vergewaltigte. Die eigenen Verluste bei der ganzen Unternehmung bezifferte Molotow mit 737 Gefallenen und 1862 Verwundeten.

Die gewonnenen Länder wurden gesäubert, die führende nationale Intelligenz, soweit greifbar, liquidiert. Dem bewährten Brauch fielen auch die Führer der polnischen Soldaten, die sich den Russen ergeben hatten, zum Opfer. Im April 1943 wurden im Wald von Katyn am Kasegory-Hügel westlich von Smolensk die Massengräber von 14 000 ermordeten polnischen Offizieren aller Dienstgrade aufgefunden [27]).

In den von Deutschland besetzten Gebieten war die Militärverwaltung des „Oberbefehlshabers Ost" bemüht, Ruhe, Ordnung und Recht wiederherzustellen. Sie hatte keine lange Lebensdauer. Am 26. 10. 1939 trat der Führererlaß vom 12. 10. 1939 in Kraft, der als „Vorplatz des Reiches" das Generalgouvernement, Hauptstadt Krakau, schuf. Die Provinzen Ostpreußen und Oberschlesien wurden erweitert, die Reichsgaue Danzig-Westpreußen und Wartheland neu gebildet.

Dieser territoriale Zuwachs blieb das einzige Ergebnis des ganzen siegreichen Feldzugs. Im übrigen verschärfte er nur die vollständige Isolierung Deutschlands in der Welt. Vincere scis, victoria uti nescis!

Diesem völligen Versagen der Politiker steht scharf gegenüber die Leistung der Soldaten. Der „Blitzkrieg" war kriegsgeschichtlich ein aufsehenerregendes Ereignis. Die Ausnutzung des Motors als Waffe, um

---

[27]) Als Zeitpunkt des Massenmordes stellten gemischte internationale Untersuchungskommissionen den Mai 1940 fest. Am 15. 4. 43 ersuchte die in London residierende polnische Exilregierung erneut das Internationale Rote Kreuz um ein Gutachten. Rußland brach darauf am 26. 4. 43 die diplomatischen Beziehungen zu den Exilpolen ab. Folgerichtig blieb Marschall Rokossowski mit seiner Armee im Herbst 44 während des großen Warschauer Aufstandes untätig ostwärts der Weichsel stehen und sah zu, wie deutsche Truppen die nationale polnische Bewegung bekämpften. Vor dem Internationalen Gerichtshof in Nürnberg erreichte 1946 der russische Ankläger Rudenko die Absetzung des Punktes Katyn von der Tagesordnung. Der polnische Staatsanwalt Dr. Roman Martini, der entgegen Stalins Wunsch auf Anordnung des polnischen Justizministers Swiatkowski den Fall Katyn wieder aufnahm, wurde am 12. 3. 46 in seiner Krakauer Wohnung ermordet.

taktisch Bewegung zu erzwingen und dann operativ auszunutzen, stürzte alle „herkömmlichen" Waffen und Ansichten von dem Thron, den Gewohnheit und Beharrungsvermögen ihnen sonst überall eingeräumt hatten. Staunend und erschreckt stellte die Welt fest, daß die viel verspottete kleine Reichswehr es verstanden hatte, das große Erbe deutschen Soldatentums aus der Niederlage von 1918 zu retten, wiederzubeleben und weiterzugeben an ihren Sproß, das neue deutsche Heer.

Anlagen

Anlage 1

Danzig, den 4. August 1939

Ultimatum Polens an Danzig am 4. 8. 39

An den

Herrn Präsidenten des Senats der Freien Stadt Danzig
Arthur Greiser
Danzig.

Ich habe erfahren, daß die lokalen Danziger Zollbehörden an den Grenzstellen zwischen der Freien Stadt Danzig und Ostpreußen sich an die polnischen Zollinspektoren mit der in ihrer Art beispiellosen Erklärung gewandt haben, daß die Danziger Ausführungsorgane beabsichtigen, sich vom 6. August um 7 Uhr ab der Ausübung der Kontrollfunktionen durch einen gewissen Teil der polnischen Inspektoren zu widersetzen, welche Funktionen sich aus den Rechten der polnischen Regierung an der Zollgrenze ergeben. Ich bin überzeugt, daß dieses Vorgehen der lokalen Organe entweder auf einem Mißverständnis oder auf einer irrigen Auslegung der Instruktion des Senats der Freien Stadt Danzig beruht.

Ich zweifle nicht, daß Sie, Herr Präsident des Senats, keine Zweifel darüber hegen, daß eine derartige Antastung der fundamentalen Rechte Polens unter keinem Vorwand von der polnischen Regierung geduldet wird.

Ich erwarte Ihre zusichernde Antwort, daß Sie Anordnungen erlassen haben, die das Vorgehen Ihrer Untergebenen annullieren, spätestens bis zum 5. August um 18 Uhr.

Angesichts der Tatsache, daß das erwähnte Vorgehen an einer Reihe von Grenzstellen stattgefunden hat, bin ich gezwungen, Sie, Herr Präsident des Senats, zu warnen, daß alle polnischen Zollinspektoren den Befehl erhalten haben, ihren Dienst in Uniform und mit der Waffe am 6. August d. J. und den nachfolgenden Tagen an allen Grenzpunkten auszuüben, die sie für die Kontrolle als notwendig erachten. Alle Versuche, ihnen die Ausübung des Dienstes zu erschweren, alle Überfälle oder Interventionen der Polizeibehörden wird die polnische Regierung als einen Gewaltakt gegen die amtlichen Bediensteten des polnischen Staates während der Ausübung ihres Dienstes betrachten. Falls die obenerwähnten Mißbräuche angewandt werden sollten, wird die polnische Regierung unverzüglich Vergeltung (Retorsion) gegen die Freie Stadt anwenden, für die die Verantwortung ausschließlich auf den Senat der Freien Stadt fällt.

Ich hoffe, bis zu der erwähnten Zeit eine zufriedenstellende Aufklärung zu erhalten.

gez. Chodacki,
Diplomatischer Vertreter der Republik Polen.

Nichtangriffsvertrag zwischen Deutschland und der Union der Sozialistischen Sowjet-Republiken vom 23. 8. 1939.

Die Deutsche Regierung und die Regierung der Union der SSR., geleitet von dem Wunsche, die Sache des Friedens zwischen Deutschland und der UdSSR. zu festigen, und ausgehend von den grundlegenden Bestimmungen des Neutralitätsvertrages, der im April 1926 zwischen Deutschland und der UdSSR. geschlossen wurde, sind zu nachstehender Vereinbarung gelangt:

Artikel 1

Die beiden vertragschließenden Teile verpflichten sich, sich jeden Gewaltaktes, jeder aggressiven Handlung und jeden Angriffs gegeneinander, und zwar sowohl einzeln als auch gemeinsam mit anderen Mächten, zu enthalten.

Artikel 2

Falls einer der vertragschließenden Teile Gegenstand kriegerischer Handlungen seitens einer dritten Macht werden sollte, wird der andere vertragschließende Teil in keiner Form diese dritte Macht unterstützen.

Artikel 3

Die Regierungen der beiden vertragschließenden Teile werden künftig fortlaufend in Konsultation und Fühlung miteinander bleiben, um sich gegenseitig über Fragen zu informieren, die ihre gemeinsamen Interessen berühren.

Artikel 4

Keiner der beiden vertragschließenden Teile wird sich an irgendeiner Mächtegruppierung beteiligen, die sich mittelbar oder unmittelbar gegen den anderen Teil richtet.

Artikel 5

Falls Streitigkeiten oder Konflikte zwischen den vertragsschließenden Teilen über Fragen dieser oder jener Art entstehen sollten, würden beide Teile diese Streitigkeiten oder Konflikte ausschließlich auf dem Wege freundschaftlichen Meinungsaustausches oder nötigenfalls durch Schlichtungskommissionen bereinigen.

Artikel 6

Der gegenwärtige Vertrag wird auf die Dauer von 10 Jahren abgeschlossen mit der Maßgabe, daß, soweit nicht einer der vertragschließenden Teile ihn ein Jahr vor Ablauf dieser Frist kündigt, die Dauer der Wirksamkeit dieses Vertrages automatisch für weitere 5 Jahre als verlängert gilt.

Artikel 7

Der gegenwärtige Vertrag soll innerhalb möglichst kurzer Frist ratifiziert werden. Die Ratifikationsurkunden sollen in Berlin ausgetauscht werden. Der Vertrag tritt sofort mit seiner Unterzeichnung in Kraft.

Ausgefertigt in doppelter Urschrift, deutscher und russischer Sprache.

Moskau, am 23. August 1939.

für die deutsche Reichsregierung
gez. Ribbentrop

in Vollmacht der Regierung der UdSSR.
gez. Molotow

(Ratifiziert durch beide Regierungen gleichzeitig in Moskau und Berlin am 31. 8. 39.)

Geheimes Zusatzprotokoll.

Aus Anlaß der Unterzeichnung des Nichtangriffsvertrages zwischen dem Deutschen Reich und der Union der Sozialistischen Sowjetrepubliken haben die unterzeichneten Bevollmächtigten der beiden Teile in streng vertraulicher Aussprache die Frage der Abgrenzung der beiderseitigen Interessensphären in Osteuropa erörtert. Diese Aussprache hat zu folgendem Ergebnis geführt:

1. Für den Fall einer territorial-politischen Umgestaltung in den zu den baltischen Staaten (Finnland, Estland, Lettland, Litauen) gehörenden Gebieten bildet die nördliche Grenze Litauens zugleich die Grenze der Interessensphäre Deutschlands und der UdSSR. Hierbei wird das Interesse Litauens am Wilnaer Gebiet beiderseits anerkannt.

2. Für den Fall einer territorial-politischen Umgestaltung der zum polnischen Staate gehörenden Gebiete werden die Interessensphäre Deutschlands und der UdSSR ungefähr durch die Linie der Flüsse Narew, Weichsel und San abgegrenzt.

Die Frage, ob die beiderseitigen Interessen die Erhaltung eines unabhängigen polnischen Staates erwünscht erscheinen lassen und wie dieser Staat abzugrenzen wäre, kann endgültig erst im Laufe der weiteren politischen Entwicklung geklärt werden.

In diesem Falle werden beide Regierungen diese Frage im Wege einer freundschaftlichen Verständigung lösen.

3. Hinsichtlich des Südostens Europas wird von sowjetischer Seite das Interesse an Bessarabien betont. Von deutscher Seite wird das völlige politische Desinteressement an diesen Gebieten erklärt.

4. Dieses Protokoll wird von beiden Seiten streng geheim behandelt werden.

Moskau, den 23. August 1939.

Für die	In Vollmacht
Deutsche Reichsregierung	der Regierung der UdSSR
v. Ribbentrop	W. Molotow.

Anlage 3

Der Oberste Befehlshaber der Wehrmacht
OKW/WFA Nr. 170/39 g.K.Chefs. LI
Geheime Kommandosache.

Weisung Nr. 1
für die Kriegführung.

1. Nachdem alle politischen Möglichkeiten erschöpft sind, um auf friedlichem Wege eine für Deutschland unerträgliche Lage an seiner Ostgrenze zu beseitigen, habe ich mich zur g e w a l t s a m e n L ö s u n g entschlossen.

2. Der Angriff g e g e n P o l e n ist nach den für Fall Weiß getroffenen Vorbereitungen zu führen mit den Abänderungen, die sich beim Heer durch den inzwischen fast vollendeten Aufmarsch ergeben.

Aufgabenverteilung und Operationsziel bleiben unverändert.

Angriffstag: 1. September 1939.

Angriffszeit: 4.45 Uhr.

Diese Zeit gilt auch für die Unternehmungen Gdingen — Danziger Bucht und Brücke Dirschau.

3. I m W e s t e n kommt es darauf an, die Verantwortung für die Eröffnung von Feindseligkeiten eindeutig England und Frankreich zu überlassen. Geringfügigen Grenzverletzungen ist zunächst rein örtlich entgegenzutreten.

Die uns von Holland, Belgien, Luxemburg und der Schweiz zugesicherte Neutralität ist peinlich zu beachten.

Die deutsche Westgrenze ist zu L a n d e an keiner Stelle ohne meine ausdrückliche Genehmigung zu überschreiten.

Zur S e e gilt das gleiche für alle kriegerischen oder als solche zu deutenden Handlungen.

Die defensiven Maßnahmen der L u f t w a f f e sind z u n ä c h s t auf die unbedingte Abwehr feindlicher Luftangriffe an der Reichsgrenze zu beschränken, wobei so lange als möglich die Grenze der neutralen Staaten bei der Abwehr einzelner Flugzeuge und kleinerer Einheiten zu achten ist. Erst wenn beim Einsatz stärkerer französischer und englischer Angriffsverbände über die neutralen Staaten gegen deutsches Gebiet die Luftverteidigung im Westen nicht mehr gesichert ist, ist die Abwehr auch über diesem neutralen Gebiet freizugeben.

Schnellste Orientierung des OKW über jede Verletzung der Neutralität dritter Staaten durch die Westgegner ist besonders wichtig.

4. E r ö f f n e n E n g l a n d u n d F r a n k r e i c h d i e F e i n d s e l i g -
k e i t e n gegen Deutschland, so ist es die Aufgabe der im Westen operierenden Teile der Wehrmacht, unter möglichster Schonung der Kräfte die Voraussetzungen für den siegreichen Abschluß der Operationen gegen Polen zu erhalten. Im Rahmen dieser Aufgabe sind die feindlichen Streitkräfte und deren wehrwirtschaftliche Kraftquellen nach Kräften zu schädigen. Den Befehl zum Beginn von A n g r i f f s handlungen behalte ich mir in jedem Fall vor.

Das H e e r hält den Westwall und trifft Vorbereitungen, dessen Umfassung im Norden — unter Verletzung belgischen oder holländischen Gebietes durch die Westmächte — zu verhindern. Rücken französische Kräfte in Luxemburg ein, so bleibt die Sprengung der Grenzbrücken freigegeben.

Die K r i e g s m a r i n e führt Handelskrieg mit dem Schwerpunkt gegen England. Zur Verstärkung der Wirkung kann mit der Erklärung von Gefahrenzonen gerechnet werden. OKM meldet, in welchen Seegebieten und in welchem Umfang Gefahrenzonen für zweckmäßig gehalten werden. Der Wortlaut für eine öffentliche Erklärung ist im Benehmen mit dem Auswärtigen Amte vorzubereiten und mir über OKW zur Genehmigung vorzulegen.

Die Ostsee ist gegen feindlichen Einbruch zu sichern. Die Entscheidung, ob zu diesem Zwecke die Ostsee-Eingänge mit Minen gesperrt werden dürfen, trifft Ob.d.M.

Die L u f t w a f f e hat in erster Linie den Einsatz der französischen und englischen Luftwaffe gegen das deutsche Heer und den deutschen Lebensraum zu verhindern.

Bei der Kampfführung gegen England ist der Einsatz der Luftwaffe zur Störung der englischen Seezufuhr, der Rüstungsindustrie, der Truppentransporte nach Frankreich vorzubereiten. Günstige Gelegenheiten zu einem wirkungsvollen Angriff gegen massierte englische Flotteneinheiten, insbesondere gegen Schlachtschiffe und Flugzeugträger ist auszunutzen. Angriffe gegen London bleiben meiner Entscheidung vorbehalten.

Die Angriffe gegen das englische Mutterland sind unter dem Gesichtspunkt vorzubereiten, daß unzureichender Erfolg mit Teilkräften unter allen Umständen zu vermeiden ist.

(gez.) A. Hitler.

Verteiler:

OKH	1. Ausfertigung	OKW:	
OKM	2. Ausfertigung	Chef WFA	4. Ausfertigung
R.d.L. u. Ob.d.L.	3. Ausfertigung	L	5.—8. Ausfertigung.

Note der Sowjetregierung vom 17. 9. 1939

In der Nacht zum 17. September hat die Sowjetregierung dem polnischen Botschafter in Moskau, Grzykowski, die folgende Note überreichen lassen. Die Note wurde gleichlautend allen ausländischen Missionen in Moskau zugestellt. Sie besitzt folgenden Wortlaut:

„Herr Botschafter! Der polnisch-deutsche Krieg hat die innere Unhaltbarkeit des polnischen Staates erwiesen. Im Laufe der zehntägigen Operationen hat Polen alle seine Industriegebiete und kulturellen Zentren verloren. Warschau als Residenzstadt Polens besteht nicht mehr. Die polnische Regierung ist zerfallen und bekundet keinerlei Lebenszeichen. Das bedeutet, daß der polnische Staat und seine Regierung tatsächlich aufgehört haben zu existieren.

Dadurch haben die Verträge ihre Gültigkeit verloren, die zwischen der Sowjet-Union und Polen bestanden. Sich selbst überlassen und ohne Führung geblieben, hat sich Polen in ein bequemes Feld für jegliche Zufälle und Überraschungen verwandelt, die eine Bedrohung für die Sowjet-Union schaffen können. Infolgedessen kann die Sowjetregierung, die bisher neutral war, sich nicht weiter neutral zu diesen Tatsachen verhalten.

Die Sowjetregierung kann sich auch nicht gleichgültig dazu verhalten, daß die mit ihr blutsmäßig verwandten Ukrainer und Weißrussen, die auf dem Territorium Polens leben und der Willkür des Schicksals ausgeliefert sind, schutzlos bleiben.

Angesichts dieser Sachlage hat die Sowjetregierung das Oberkommando der Roten Armee angewiesen, den Truppen den Befehl zu erteilen, die Grenze zu überschreiten und das Leben und Eigentum der Bevölkerung der westlichen Ukraine und des westlichen Weißrußlands unter ihren Schutz zu nehmen.

Gleichzeitig beabsichtigt die Sowjetregierung, alle Maßnahmen zu treffen, um das polnische Volk aus dem unglückseligen Krieg herauszuführen, in den es durch seine unvernünftigen Führer gestürzt wurde, um ihm die Möglichkeit zu geben, ein friedliches Leben wieder aufzunehmen.

Empfangen Sie, Herr Botschafter, die Versicherung usw."

Staaten, mit denen sich das Deutsche Reich im Kriegszustand befunden hat
* = ehemalige Verbündete

seit 1939			1940		
1.	1. 9.	Polen	1.	9. 4.	Norwegen
2.	3. 9.	Australien	2.	10. 5.	Belgien
3.	3. 9.	Burma	3.	10. 5.	Luxemburg
4.	3. 9.	Ceylon	4.	10. 5.	Niederlande
5.	3. 9.	Groß-Britannien	1941		
6.	3. 9.	Frankreich	1.	6. 4.	Jugoslawien
7.	3. 9.	Indien	2.	6. 4.	Griechenland
8.	3. 9.	Jordanien	*3.	22. 6.	Sowjet-Union
9.	3. 9.	Kambodscha	4.	9. 12.	China (Tschun King)
10.	3. 9.	Laos	5.	11. 12.	USA
11.	3. 9.	Neu-Seeland	6.	11. 12.	Philippinen
12.	3. 9.	Pakistan	7.	11. 12.	Costarica
13.	3. 9.	Vietnam	8.	11. 12.	Cuba
14.	6. 9.	Südafrikanische Union	9.	11. 12.	Dominikanische Republik
15.	10 9.	Kanada	10.	12. 12.	Guatemala

11.	12. 12.	Haiti		1944
12.	12. 12.	Honduras	1. 26. 1.	Liberia
13.	12. 12.	Salvador	*2. 25. 8.	Rumänien
14.	13. 12.	Nicaragua	*3. 8. 9.	Bulgarien
15.	16. 12.	Tschechoslowakei	*4. 15. 9.	Finnland
16.	18. 12.	Panama	*5. 30. 12.	Ungarn

1942

1945

1. 22. 5. Mexiko

2. 22. 8. Brasilien

3. 14. 12. Äthiopien (Abessinien)

1943

1. 16. 1. Irak

2. 29. 8. Dänemark

3. 9. 9. Iran

*4. 13. 10. Italien

5. 29. 11. Columbien

6. 4. 12. Bolivien

1. 8. 2. Paraguay

2. 11. 2. Peru

3. 16. 2. Venezuela

4. 22. 2. Uruguay

5. 26. 2. Ägypten

6. 26. 2. Syrien

7. 27. 2. Libanon

8. 1. 3. Saudiarabien

9. 1. 3. Türkei

10. 27. 3. Argentinien

O h n e   K r i e g s e r k l ä r u n g haben deutsches Staats- und Privateigentum in ihren Ländern beschlagnahmt:

1. Afghanistan
2. Chile
3. Ecuador
4. Indonesien
5. Island
6. Japan (durch USA)
7. Liechtenstein
8. Monaco

9. Österreich (durch Besatzungsmächte)
10. Portugal
11. Schweden
12. Schweiz
13. Spanien
14. Thailand

A n l a g e 6

Deutsch-sowjetischer Grenz- und Freundschaftsvertrag vom 28. 9. 1939

Erklärung der deutschen Reichsregierung und der Regierung der UdSSR
über die Fortführung des Krieges

Nachdem die deutsche Reichsregierung und die Regierung der UdSSR durch den heute unterzeichneten Vertrag die sich aus dem Verfall des polnischen Staates ergebenden Fragen endgültig geregelt und damit ein sicheres Fundament für einen dauerhaften Frieden in Osteuropa geschaffen haben, geben sie übereinstimmend der Auffassung Ausdruck, daß es den wahren Interessen aller Völker entsprechen würde, dem gegenwärtig zwischen Deutschland einerseits und England und Frankreich andererseits bestehenden Kriegszustand ein Ende zu machen.

Die beiden Regierungen werden deshalb ihre gemeinsamen Bemühungen, gegebenenfalls im Einvernehmen mit anderen befreundeten Mächten, darauf richten, dieses Ziel sobald als möglich zu erreichen.

Sollten jedoch die Bemühungen der beiden Regierungen erfolglos bleiben, so würde damit die Tatsache festgestellt sein, daß England und Frankreich für die Fortsetzung des Krieges verantwortlich sind, wobei im Falle einer Fortdauer des

Krieges die Regierungen Deutschlands und der UdSSR sich gegenseitig über die erforderlichen Maßnahmen konsultieren werden.

Moskau, den 28. September 1939.

für die Deutsche Reichsregierung:
v. Ribbentrop
in Vollmacht der Regierung der UdSSR:
W. M. Molotow.

Deutsch-sowjetischer Grenz- und Freundschaftsvertrag

Die Deutsche Reichsregierung und die Regierung der UdSSR betrachten es nach dem Auseinanderfallen des bisherigen polnischen Staates ausschließlich als ihre Aufgabe, in diesen Gebieten die Ruhe und Ordnung wiederherzustellen und den dort lebenden Völkerschaften ein ihrer völkischen Eigenart entsprechendes friedliches Dasein zu sichern.

Zu diesem Zwecke haben sie sich über folgendes geeinigt:

Artikel I

Die Deutsche Reichsregierung, die Regierung der UdSSR legen als Grenze der beiderseitigen Reichsinteressen im Gebiete des bisherigen polnischen Staates die Linie fest, die in der anliegenden Karte eingezeichnet ist und in einem ergänzenden Protokoll näher beschrieben werden soll.

Artikel II

Beide Teile erkennen die im Artikel I festgelegte Grenze der beiderseitigen Reichsinteressen als endgültig an und werden jegliche Einmischung dritter Mächte in diese Regelung ablehnen.

Artikel III

Die erforderliche staatliche Neuregelung übernimmt in den Gebieten westlich der im Artikel I angegebenen Linie die Deutsche Reichsregierung, in den Gebieten östlich dieser Linie die Regierung der UdSSR.

Artikel IV

Die Deutsche Reichsregierung und die Regierung der UdSSR betrachten die vorstehende Regelung als ein sicheres Fundament für eine fortschreitende Entwicklung der freundschaftlichen Beziehungen zwischen ihren Völkern.

Artikel V

Dieser Vertrag wird ratifiziert und die Ratifikationsurkunden werden sobald wie möglich in Berlin ausgetauscht werden. Der Vertrag tritt mit seiner Unterzeichnung in Kraft.

Ausgefertigt in doppelter Urschrift in deutscher und russischer Sprache.

Moskau, den 28. September 1939.

für die Deutsche Reichsregierung:
v. Ribbentrop
in Vollmacht der Regierung der UdSSR:
W. M. Molotow.

Anlage zum deutsch-sowjetischen Grenz- und Freundschaftsvertrag

Beschreibung der Grenzziehung.

Die Grenzlinie beginnt an der Südspitze Litauens, verläuft von da in allgemein westlicher Richtung nördlich von Augustowo bis an die deutsche Reichsgrenze und folgt dieser Reichsgrenze bis zum Flusse Pissa. Von da an folgt sie dem Flußlauf der Pissa bis Ostrolenka.

Sodann verläuft sie in südöstlicher Richtung, bis sie den Bug bei Nur trifft. Sie verläuft weiter den Bug entlang bis Krystynopol, biegt dann nach Westen und verläuft nördlich Rawa-Ruska und Lubaczow bis zum San. Von hier an folgt sie dem Flußlauf des San bis zu seiner Quelle.

(s. Karte 14)

Molotow,

Außenkommissar der UdSSR in seiner großen Rede über Rußlands Außenpolitik auf der 5. Außerordentlichen Tagung des Obersten Sowjets am 31. 10. 39 in Moskau:

„Die wahre Ursache des englisch-französischen Krieges gegen Deutschland besteht nicht darin, daß England und Frankreich angeblich geschworen haben, das frühere Polen wiederherzustellen, und natürlich nicht darin, daß sie sich entschlossen hätten, sich den Kampf für die Demokratie als Aufgabe zu stellen.

Die herrschenden Kreise Englands und Frankreichs haben selbstverständlich andere, wirkliche Motive für den Krieg gegen Deutschland. Diese Motive gehören nicht in das Gebiet irgendwelcher Ideologie, sondern zur Sphäre ihrer höchst materiellen Interessen als gewaltige Kolonialmächte. Das britische Imperium, dessen Bevölkerung 47 Millionen erreicht, herrscht über Kolonien mit einer Bevölkerung von 480 Millionen Menschen. Das Kolonialreich Frankreich, dessen Bevölkerung 42 Millionen nicht übersteigt, umfaßt 70 Millionen Einwohner in den französischen Kolonien. Der Besitz dieser Kolonien, der die Möglichkeit gibt, Hunderte Millionen Menschen auszubeuten, ist die Grundlage der Weltherrschaft Englands und Frankreichs.

Die Furcht vor deutschen Ansprüchen auf diese Kolonialbesitzungen ist der Beweggrund des gegenwärtigen Krieges Englands und Frankreichs gegen Deutschland, das infolge des Zerfalls des Versailler Vertrages in letzter Zeit ernsthaft gestärkt wurde. Die Befürchtungen, diese Weltherrschaft zu verlieren, diktieren den herrschenden Kreisen Englands und Frankreichs die Politik der Schürung des Krieges gegen Deutschland.

Der imperialistische Charakter dieses Krieges ist also für jeden offensichtlich, der die wahre Sachlage sehen will, der die Augen nicht vor den Tatsachen verschließt. Aus alledem ist ersichtlich, wer diesen Krieg braucht, der um der Weltherrschaft willen geführt wird."

Anhang

Kriegsgliederung und Stellenbesetzung des Deutschen Heeres am 1. September 1939

Quellen: Kriegsgliederung und Stellenbesetzung der Heeresgruppe „Nord";
Kriegsgliederung und Stellenbesetzung der Heeresgruppe „Süd";
Kriegsgliederung und Stellenbesetzung „Fall West";
Stellenbesetzung der Reserven Ob.d.H. (Große Verbände), 1 und 2 vom
9. August 1939, 3 und 4 vom 19. August 1939.
1.Abt.(I) Gen.St.d.H. Geheime Kommandosache — Chef-Sache!
Nur durch Offizier!

Oberbefehlshaber des Heeres: Gen.Oberst v. B r a u c h i t s c h
Chef des Generalstabes des Heeres: Gen.d.Art. H a l d e r
Oberquartiermeister I: Gen.Lt. v. S t ü l p n a g e l
Operationsabteilung: Oberst v. G r e i f f e n b e r g
Generalquartiermeister: Gen.Maj. M ü l l e r (Eugen)
General der Luftwaffe beim O.d.H.: Gen.Maj. B o g a t s c h

Heeresgruppe „Süd"

O.B.: Gen.Oberst z.V. v. Rundstedt
Chef: Gen.Lt. v. Manstein
Ia: Oberst Blumentritt
Koluft: Gen.Maj. Schulz (Julius)
Ib: Oberstlt. Frhr. v. Hanstein

Reserven der Heeresgruppe

Gen.Kdo. VII. A.K.
Kd.Gen.: Gen. d. Inf. Ritter
v. Schobert
Chef: Oberst v. Witzleben
Ia: Oberstlt. Vogel

27. Inf.Div.
Kdr.: Gen.Lt. Bergmann
Ia: Oberstlt. Lamey

62. Inf.Div.
Kdr.: Gen.Maj. Keiner
Ia: Hptm. Schuchardt

68. Inf.Div.
Kdr.: Oberst Braun
Ia: Hptm. Nolte

213. Inf.Div.
Kdr.: Gen.Maj. de l'Homme
de Courbiere
Ia: Maj. Gehlen

221. Inf.Div.
Kdr.: Gen.Lt. Pflugbeil
Ia: Hptm. Michael

239. Inf.Div.
Kdr.: Gen.Maj. Neuling
Ia: Oberst Ortner

Luftflotte 4
O.B.: Gen. d. Flieger Löhr
Chef: Oberst Korten

2. Fl.Div.
Kdr.: Gen.Maj. Loerzer
Ia: Maj. Grunow

7. Fl.Div.
Kdr.: Gen.Maj. Student
Ia: Hptm. Trettner

Fliegerführer z.b.V.
Kdr.: Gen.Maj. Frhr. v. Richthofen
Ia: Oberstlt. Seidemann

14. Armee

O.B.: Gen.Oberst List
Chef: Gen.Maj. v. Mackensen
Ia: Oberst Wöhler
O.Qu.: Oberst Zellner
Koluft: Oberst Pistorius

Gen.Kdo. VIII. A.K.
Kd.Gen.: Gen. d. Inf. Busch
Chef: Gen.Maj. Marcks
Ia: Oberstlt. Steinmetz

Gen.Kdo.: XVII. A.K.
Kd.Gen.: Gen. d. Inf. Kienitz
Chef: Oberst Rendulic
Ia: Oberstlt. v. Thadden

Gen.Kdo. XVIII AK.
Kd.Gen.: Gen. d. Inf. Baier
Chef: Gen.Maj. Konrad
Ia: Oberst Hofmann

Gen.Kdo. XXII. A.K.
Kd.Gen.: Gen. d. Kav. z.V. v. Kleist
Chef: Oberst Zeitzler
Ia: Oberstlt. Schwarz

Gr. Schutz-Abschnitts-Kdo. 3
Kdr.: Gen.Lt. z.V. Brandt
Chef: Gen.Maj. v. Knobelsdorff
Ia: Hptm. Petersen

7. Inf.Div.
Kdr.: Gen.Maj. Ott
Ia: Maj. Reichelt

8. Inf.Div.
Kdr.: Gen.Lt. Koch
Ia: Oberstlt. Blaurock

28. Inf.Div.
Kdr.: Gen.Lt. v. Obstfelder
Ia: Maj. v. Grolman

44. Inf.Div.
Kdr.: Gen.Lt. Schubert
Ia: Oberstlt. Herrmann

45. Inf.Div.
Kdr.: Gen.Lt. Materna
Ia: Maj. Münch

1. Geb. Div.
Kdr.: Gen.Maj. Kübler
Ia: Oberstlt. Pemsel

2. Geb.Div.
Kdr.: Gen.Lt. Feurstein
Ia: Oberstlt. Degen

3. Geb.Div.
Kdr.: Gen.Maj. Dietl
Ia: Oberstlt. Bader

Gr.Schutz Verb. 30
Kdr.: Gen.Maj. Engelbrecht
Ia: Oberstlt. Bourquin

2. Pz.Div.
Kdr.: Gen.Lt. Veiel
Ia: Maj. v. Quast

5. Pz.Div.
Kdr.: Gen.Lt. v. Vietinghoff
Ia: Maj. Thunert

4. l.Div.
Kdr.: Gen.Maj. Hubicki
Ia: Maj. Wagener

Slowakisches Heer
Teile von insgesamt 3 in der Aufstellung begriffener Divisionen

10. Armee

O.B.: Gen. d. Art. v. Reichenau
Chef: Gen.Maj. Paulus
Ia: Oberst Metz
O.Qu.: Oberstlt. Kretschmer
Koluft: Oberstlt. Lohmann

Gen.Kdo. IV. A.K.
Kd.Gen.: Gen. d. Inf. v. Schwedler
Chef: Gen.Maj. Model
Ia: Oberstlt. Beutler

Gen.Kdo. XI. A.K.
Kd.Gen.: Gen. d. Art. Leeb
Chef: Gen.Maj. Vierow
Ia: Oberstlt. Gerlach

Gen.Kdo. XIV. Pz.K.
Kd.Gen.: Gen. d. Inf. v. Wietersheim
Chef: Gen.Maj. v. Chappuis
Ia: Oberstlt. Hildebrandt

Gen.Kdo. XV. Pz.K.
Kd.Gen.: Gen. d. Inf. Hoth
Chef: Gen.Maj. Stever
Ia: Oberstlt. Graf v. Sponeck

Gen.Kdo. XVI. Pz.K.
Kd.Gen.: Gen. d. Kav. Hoepner
Chef: Oberstlt. Heim
Ia: Oberstlt. Chales de Beaulieu

4. Inf.Div.
Kdr.: Gen.Maj. Hansen
Ia: Oberstlt. Kühl

14. Inf.Div.
Kdr.: Gen.Lt. Weyer
Ia: Oberstlt. Kühne

18. Inf.Div.
Kdr.: Gen.Maj. Cranz
Ia: Oberstlt. Frhr. v. Strachwitz

19. Inf.Div.
Kdr.: Gen.Lt. Schwantes
Ia: Oberstlt. v. Pfuhlstein

31. Inf.Div.
Kdr.: Gen.Lt. Kaempfe
Ia: Oberstlt. Pohlmann

46. Inf.Div.
Kdr.: Gen.Maj. v. Hase
Ia: Oberstlt. Babel

1. Pz.Div.
Kdr.: Gen.Lt. Schmidt
Ia: Maj. Wenck

4. Pz.Div.
Kdr.: Gen.Lt. Reinhardt
Ia: Maj. Frhr. v. Schleinitz

1. l.Div.
Kdr.: Gen.Maj. v. Loeper
Ia: Oberstlt. Schöne

2. l.Div.
Kdr.: Gen.Lt. Stumme
Ia: Maj. Heidkämper

3. l.Div.
Kdr.: Gen.Maj. Kuntzen
Ia: Maj. Frhr. v. Elverfeldt

13. Div. mot.
Kdr.: Gen.Lt. Otto
Ia: Oberstlt. Fangohr

29. Div. mot.
Kdr.: Gen.Lt. Lemelsen
Ia: Maj. Franz

8. Armee

O.B.: Gen. d. Inf. Blaskowitz
Chef: Gen.Maj. Felber
Ia: Oberstlt. Schilling
O.Qu.: Oberst Jaenecke
Koluft: Oberst v. Gerlach

Gen.Kdo. X. A.K.
Kd.Gen.: Gen. d. Art. z.V. Ulex
Chef: Oberst Körner
Ia: Oberstlt. v. Reuss

Gen.Kdo. XIII. A.K.
Kd.Gen.: Gen. d. Kav.
Frhr. v. Weichs
Chef: Oberst Stemmermann
Ia: Oberstlt. Hofmann

Grenzschutz-Abschnitts-Kdo. 13
Kdr.: Gen.Lt. z.V. v. Schenkendorff
Chef: Gen.Maj. v. Obernitz
Ia: Hptm. Dethleffsen

Grenzschutz-Abschnitts-Kdo. 14
Kdr.: Gen. d. Kav. z.V.

Frhr. v. Gienanth
Chef: Oberst Graf v. Rothkirch
Ia: Hptm. Kraehe

10. Inf.Div.
Kdr.: Gen.Lt. v. Cochenhausen
Ia: Oberstlt. Glasl

17. Inf.Div.
Kdr.: Gen.Maj. Loch
Ia: Oberstlt. Rasp

24. Inf.Div.
Kdr.: Gen.Lt. Olbricht
Ia: Oberstlt. Feyerabend

30. Inf.Div.
Kdr.: Gen.Maj. v. Briesen
Ia: Oberstlt. v. Le Suire

Heeresgruppe „Nord"

O.B.: Gen.Oberst v. Bock
Chef: Gen.Maj. v. Salmuth
Ia: Oberst Hasse
Ib: Hptm. v. d. Groeben
Koluft: Gen.Maj. Krocker

Reserven der Heeresgruppe

73. Inf.Div.
Kdr.: Gen.Lt. v. Rabenau
Ia: Maj. Macher

206. Inf.Div.
Kdr.: Gen.Lt. Höfl
Ia: Maj. Nagel

208. Inf.Div.
Kdr.: Gen.Maj. Andreas
Ia: Hptm. Danke

10. Pz.Div.
Kdr.: Gen.Maj. Schaal
Ia: Maj. Bayerlein

Auf Zusammenarbeit angewiesen mit:

Luftflotte 1
O.B.: Gen. d. Flieger Kesselring
Chef: Oberst Speidel

1. Fl.Div.
Kdr.: Gen.Maj. Grauert
Ia: Hptm. Heuser

Lw.Kdo. Ostpreußen
Kdr.: Gen.Lt. Wimmer
Ia: Oberstlt. Holle

4. Armee

O.B.: Gen. d. Art. v. Kluge
Chef: Gen.Maj. Brennecke
Ia: Oberstlt. Wuthmann
O.Qu.: Oberst Richter
Koluft: Oberst Keiper

Gen.Kdo. II. A.K.
Kd.Gen.: Gen. d. Inf. Strauss
Chef: Gen.Maj. Bieler
Ia: Oberstlt. Böhme

Gen.Kdo. III. A. K.
Kd.Gen.: Gen. d. Art. Haase
Chef: Gen.Maj. Gallenkamp
Ia: Oberstlt. Faeckenstedt

Gen.Kdo. XIX. Panzerkorps
Kd.Gen.: Gen. d. Pz. Tr. Guderian
Chef: Oberst Nehring
Ia: Oberstlt. v. d. Burg

Gr.Schutz-Abschnitts-Kd. 1
Kdr.: Gen. d. Fl. z.V. Kaupisch
Ia: Hauptm. Gundelach

Gr.Schutz-Abschnitts-Kd. 2
Kdr.: Gen.Lt. Büchs
Chef: Oberst Rupp
Ia: Maj. Stange

Stellv. Gr.Schutz-Abschnitts-Kdo. 12
Kdr.: Gen.Lt. z.V. Metz

3. Inf.Div.
Kdr.: Gen.Maj. Lichel
Ia: Maj. Hassenstein

23. Inf.Div.
Kdr.: Gen.Maj. Graf v. Brockdorff
Ahlefeldt
Ia: Oberstlt. Blümke

32. Inf.Div.
Kdr.: Gen.Lt. Böhme
Ia: Maj. Clausius

50. Inf.Div.
Kdr.: Gen.Lt. Sorsche
Chef: Oberst Eberle
Ia: Oberstlt. Zank

207. Inf.Div.
Kdr.: Gen.Maj. v. Tiedemann
Ia: Maj. v. Zitzewitz

218. Inf.Div.
Kdr.: Gen.Maj. Frhr. Grote
Ia: Oberstlt. Kremling

3. Pz.Div.
Kdr.: Gen.Lt. Frhr. Geyr
    v. Schweppenburg
Ia: Maj. v. d. Borne

2. Div. (mot.)
Kdr.: Gen.Lt. Bader
Ia: Maj. Hax

20. Div. (mot.)
Kdr.: Gen.Lt. Wiktorin
Ia: Oberstlt. Friebe

Brigade-Netze
von Grenz-Schutz-Abschnitts-Kdo. 2
Führer: Gen.Maj. Frhr. v. Gablenz

3. Armee

O.B.: Gen. d. Art. v. Küchler
Chef: Gen.Maj. v. Boeckmann
Ia: Oberstlt. Wagner
O.Qu.: Oberstlt. Prüter
Koluft: Oberst Zoch

Gen.Kdo. I. A.K.
Kd.Gen.: Gen.Lt. Petzel
Chef: Oberst Weiss
Ia: Oberstlt. Bucher

Gen.Kdo. XXI. A.K.
Kd. Gen.: Gen.Lt. v. Falkenhorst
Chef: Oberst Buschenhagen
Ia: Oberstlt. v. Kurowski

Gen.Kdo. Wodrig
Kd.Gen.: Gen.Lt. z.V. Wodrig
Chef: Maj. Boeckh-Behrens

Fest.Kdtr. Königsberg
Kdt.: Gen.Maj. Brand
Ia: Hauptm. v. Amsberg

Fest.Kdtr. Lötzen
Kdt.: Gen.Maj. Ottenbacher
Ia: Hauptm. Markert

Verband Danzig
Kdr.: Gen.Maj. Eberhard
Ia: Hauptm. Fett

Gr.Verb. 15
Kdt.: Gen.Maj. Schede
Ia: Hauptm. Dietl

Im Operations-Gebiet
Fest.Kdtr. Pillau

1. Inf.Div.
Kdr.: Gen.Lt. v. Kortzfleisch
Ia: Maj. Steffler

11. Inf.Div.
Kdr.: Gen.Lt. Bock
Ia: Maj. Schaefer

12. Inf.Div.
Kdr.: Gen.Lt. v. d. Leyen
Ia: Oberstlt. Löhr

21. Inf.Div.
Kdr.: Gen.Lt. v. Both
Ia: Maj. v. Tippelskirch

61. Inf.Div.
Kdr.: Gen.Maj. z.V. Haenicke
Ia: Maj. Irkens

217. Inf.Div.
Kdr.: Gen.Maj. Baltzer
Ia: Maj. Schaefer (Otto)

228. Inf.Div.
Kdr.: Gen.Maj. Suttner
Ia: Maj. v. Tresckow

Brigade Lötzen
Kdr.: Oberst Gall

Pz.Verb. Ostpreußen (Pz.Brig. 4)
Kdr.: Gen.Maj. Kempf
Ia: Oberstlt. v. Bernuth

1. Kav.Brig.
Kdr.: Oberst Feldt
Ia: Maj. v. Collani

Heeresgruppe „C"

O.B.: Gen.Oberst z. V. Ritter v. Leeb
Chef: Gen.Maj. v. Sodenstern
Ia: Oberst Müller (Vinzenz)
Ib: Oberstlt. Wagner (Werner)
Koluft: Gen.Maj. Bieneck

Reserven der Heeresgruppe

Gen.Kd. V. A.K.
Kd.Gen.: Gen. d. Inf. Ruoff
Chef: Oberst Röhricht
Ia: Oberstlt. Hauck

Gen.Kd. XXVII. A.K.
Kd.Gen.: Gen. d. Inf. z.V. Ritter
    v. Prager
Chef: Oberst Zorn
Ia: Oberstlt. Speth

87. Inf.Div.
  Kdr.: Gen.Maj. v. Studnitz
  Ia: Maj. Christ
209. Inf.Div.
  Kdr.: Gen.Maj. Stengel
  Ia: Maj. Deinhardt
216. Inf.Div.
  Kdr.: Gen.Lt. Boettcher
  Ia: Oberstlt. Grass
223. Inf.Div.
  Kdr.: Gen.Maj. Körner
  Ia: Hptm. Hesse

225. Inf.Div.
  Kdr.: Gen.Lt. Schaumburg
  Ia: Maj. Gäde
251. Inf.Div.
  Kdr.: Gen.Lt. Kratzert
  Ia: Oberst Krischer
253. Inf.Div.
  Kdr.: Gen.Lt. Kühne
  Ia: Oberstlt. v. Hünersdorff
254. Inf.Div.
  Kdr.: Gen.Lt. Koch
  Ia: Hptm. Zöllner

Im Operationsgebiet:

Stellv. Gen.Kdo. V. A.K.
  Stellv. Kd.Gen.: Gen.Lt. Osswald
  Chef: Oberstlt. Lanz

Stellv. Gen.Kdo. VI. A.K.
  Stellv. Kd.Gen.: Gen.Lt. Glokke
  Chef: Oberst Trierenberg

Auf Zusammenarbeit angewiesen mit:

Luftflotte 2
  O.B.: Gen. d. Flieger Felmy
  Chef: Oberst v. Wühlisch

Luftflotte 3
  O.B.: Gen. d. Flieger Sperrle
  Chef: Gen.Maj. Ritter v. Pohl

5. Armee
O.B.: Gen. d. Inf. z.V. Liebmann
Chef: Gen.Maj. Sixt v. Armin
Ia: Oberstlt. Schmidt (Arthur)
O.Qu.: Gen.Maj. Auleb
Koluft: Oberst Krüger

Gen.Kdo.: VI. A.K.
  Kd.Gen.: Gen. d. Pioniere Foerster
  Chef: Oberst Düwert
  Ia: Oberstlt. Kübler
Gen.Kdo. Eifel
  Kd.Gen.: Gen. d. Inf. Raschick
  Chef: Oberst Brandenberger
  Ia: Oberstlt. v. Kries
16. Inf.Div.
  Kdr.: Gen.Lt. Heinrici
  Ia: Maj. Gundelach
26. Inf.Div.
  Kdr.: Gen.Lt. v. Förster
  Ia: Oberstlt. Tschirdewahn
69. Inf.Div.
  Kdr.: Oberst Tittel
  Ia: Hptm. Müller (Werner)

86. Inf.Div.
  Kdr.: Gen.Maj. Witthöft
  Ia: Maj. Zorn

211. Inf.Div.
  Kdr.: Gen.Maj. Renner
  Ia: Maj. Rossmann

227. Inf.Div.
  Kdr.: Oberst Zickwolff
  Ia: Hptm. Graf v. Klinckowström

Festungskdtr. Aachen
  Kdr.: Gen.Maj. Spang
  Ia: Maj. Baumann

Grenzschutzverb. Trier
  Kdr.: Gen.Maj. Mattenklott
  Ia: Hauptm. Hamberger

1. Armee
O.B.: Gen. d. Inf. v. Witzleben
Chef: Gen.Maj. Mieth
Ia: Oberst Harteneck
O.Qu.: Gen.Maj. Laux
Koluft: Oberst Sperling

Gen.Kdo. IX. A.K.
  Kd.Gen.: Gen. d. Inf. z.V. Geyer
  Chef: Gen.Maj. Hilpert
  Ia: Oberstlt. Koch

Gen.Kdo. XII. A.K.
  Kd.Gen.: Gen. d. Inf. Schroth
  Chef: Oberst Grimmeiss
  Ia: Oberstlt. Jodl

Gen.Kdo. Saarpfalz
Kd. Gen.: Gen. d. Pioniere Kuntze
Chef: Oberst Fretter-Pico
Ia: Oberstlt. Müller (Ludwig)

6. Inf.Div.
Kdr.: Gen.Lt. Frhr. v. Biegeleben
Ia: Oberstlt. v. Waldenburg

9. Inf.Div.
Kdr.: Gen.Lt. v. Apell
Ia: Oberstlt. Lyncker

15. Inf.Div.
Kdr.: Gen.Maj. Behschnitt
Ia: Oberstlt. v. Linstow

25. Inf.Div.
Kdr.: Gen.Lt. Hansen
Ia: Oberstlt. Knesch

33. Inf.Div.
Kdr.: Gen.Lt. Ritter v. Speck
Ia: Oberstlt. Speidel

34. Inf.Div.
Kdr.: Gen.Maj. Behlendorff
Ia: Maj. Hölter

36. Inf.Div.
Kdr.: Gen.Lt. Lindemann
Ia: Oberstlt. Ochsner

52. Inf.Div.
Kdr.: Gen.Maj. Hollidt
Ia: Hauptm. Strempel

71. Inf.Div.
Kdr.: Gen.Maj. Ziegler
Ia: Hauptm. Schulze-Büttger

79. Inf.Div.
Kdr.: Gen.Maj. Strecker
Ia: Hauptm. Jarosch v. Schwedler

214. Inf.Div.
Kdr.: Gen.Maj. Groppe
Ia: Hptm. Fromberger

231. Inf.Div.
Kdr.: Gen.Maj. Schönhärl
Ia: Oberstlt. Buchwiser

246. Inf.Div.
Kdr.: Gen.Maj. Denecke
Ia: Hptm. Knüppel

Kdtur. St. Wendel
Kdr.: Gen.Maj. Weisenberger
Ia: Maj. Assmann

7. Armee

O.B.: Gen. d. Art. Dollmann
Chef: Gen.Maj. Fischer
v. Weikersthal
Ia: Oberst Dostler
O.Qu.: Oberst Hellmich
Koluft: Oberst Kieffer

Grenzschutz-Kdo. Oberrhein
Kd.Gen.: Gen. d. Inf. Wäger
Chef: Oberst Hauffe
Ia: Oberstlt. Adam

5. Inf.Div.
Kdr.: Gen.Lt. Fahrmbacher
Ia: Maj. Gittner

35. Inf.Div.
Kdr.: Gen.Maj. Reinhard
Ia: Oberstlt. Sperl

78. Inf.Div.
Kdr.: Gen.Maj. Brand
Ia: Oberstlt. Voelter

212. Inf.Div.
Kdr.: Gen.Maj. Friedrichs
Ia: Maj. v. Gyldenfeldt

215. Inf.Div.
Kdr.: Gen.Maj. Kniess
Ia: Maj. Hielscher

14. Landw.Div.
Kdr.: Gen.Maj. Richter
Ia: Hptm. Gronemann-Schoenborn

Reserven des Oberkommandos des Heeres

Gen.Kdo.: XXX. A.K.
Kd.Gen.: Gen.Lt. Hartmann
Chef: Oberst Hoßbach
Ia: Oberst Weckmann

22. Inf.Div.
Kdr.: Gen.Maj. Graf v. Sponeck
Ia: Oberstlt. Ehrig

56. Inf.Div.
Kdr.: Gen.Maj. Kriebel
Ia: Maj. Krumpelt

57. Inf.Div.
Kdr.: Gen.Maj. Blümm
Ia: Maj. Schmidt (Hans)

58. Inf.Div.
Kdr.: Gen.Maj. Heunert
Ia: Maj. Westphal

75. Inf.Div.
    Kdr.: Gen.Maj. Hammer
    Ia: Hptm. Helmdach
76. Inf.Div.
    Kdr.: Gen.Maj. de Angelis
    Ia: Maj. Pfafferott
252. Inf.Div.
    Kdr.: Gen.Lt. z.V. v. Boehm-Betzing
    Ia: Maj. Hoeffner
257. Inf.Div.
    Kdr.: Gen.Lt. v. Viebahn
    Ia: Maj. Wentzell

258. Inf.Div.
    Kdr.: Gen.Maj. Wollmann
    Ia: Hptm. Stübichen
260. Inf.Div.
    Kdr.: Gen.Lt. z.V. Schmidt (Hans)
    Ia: Hptm. Sittmann
262. Inf.Div.
    Kdr.: Gen.Maj. Theisen
    Ia: Hptm. Haidlen
263. Inf.Div.
    Kdr.: Gen.Maj. Karl
    Ia: Maj. Laegeler

267. Inf.Div.
    Kdr.: Gen. d. Pz. Tr. Fessmann
    Ia: Hptm. Radtke

Vier Inf.Div. der 4. Welle im Protektorat:

255. Inf.Div.: Gen.Maj. Wetzel
256. Inf.Div.: Gen.Maj. Folttmanr

268. Inf.Div.: Gen.Maj. Straube
269. Inf.Div.: Gen.Maj. Hell

Quellenverzeichnis

Lagekarten, Befehle, Aufzeichnungen, Briefe und persönliche Aufzeichnungen des Verfassers als „Verbindungsoffizier des Heeres beim Führer und Obersten Befehlshaber der Wehrmacht" vor und während des Polenfeldzuges.

Agricola: Das Wunder an der Weichsel — Oldenburg 1937.

Rolf Bathe: Der Feldzug der 18 Tage — Oldenburg 1939.

Jean Dutord: Les Taxis de la Marne — Paris 1956.

Peter Esch: Polen kreuz und quer — Berlin 1939.

Der Friedensvertrag von Versailles — Berlin 1919.

Friedrich der Große: Instruktion für seine Generale von 1747 — Berlin 1936.

Generalstab des Heeres. Kriegswissenschaftliche Abteilung: Kampferlebnisse aus dem Feldzug in Polen 1939 — Berlin 1940 (Sonderdruck aus der „Militärwissenschaftlichen Rundschau").

Russel Grenfell: Bedingungsloser Haß? — Tübingen 1954.

Heinz Guderian: Erinnerungen eines Soldaten — Heidelberg 1951.

Ernst Kabisch: Deutscher Siegeszug in Polen — Stuttgart 1940.

Bernhard von Loßberg: Im Wehrmachtführungstabe — Hamburg 1949.

Joseph Mackiewicz: Katyn — ungesühntes Verbrechen — Zürich 1951.

Erich von Manstein: Verlorene Siege — Bonn 1955.

Bruno Maurach: Zur kriegswissenschaftlichen Erforschung des Polenfeldzuges — Wehrkunde, 5. Jahrgang — München 1956.

Roger Peyrefitte: Diplomaten — Stuttgart 1952

Werner Picht: Das Oberkommando der Wehrmacht gibt bekannt — Berlin 1939.

Polskie Sily Zbrojne drugiej wojnie Swiatowey — London 1951.

Der Prozeß gegen die Hauptkriegsverbrecher vor dem internationalen Militärgerichtshof — Nürnberg 1947.

Werner Frhr. von Rheinbaben: Die Entstehung des Kriegs 1939 — Berlin 1940.

Hans Roos: Die militärpolitische Lage und Planung Polens gegenüber Deutschland vor 1939 — Wehrwissenschaftliche Rundschau, 7. Jahrgang — Frankfurt 1957.

Karl Schwarz: Chronik des Krieges. 1. und 2. Band — Berlin 1940.

Charles Callan Tansill: Die Hintertür zum Kriege — Düsseldorf 1956.

Kurt von Tippelskirch: Geschichte des Zweiten Weltkrieges — Bonn 1951.

Kurt von Tippelskirch: Operativer Überblick über den Feldzug in Polen 1939 — Wehrwissenschaftliche Rundschau, 4. Jahrgang — Darmstadt 1954.

Siegfried Westphal: Heer in Fesseln — Bonn 1950.